Jean-Paul Confais

Grammaire explicative

Schwerpunkte
der französischen Grammatik
für Leistungskurs
und Studium

Max Hueber Verlag

15. 14. 13. | Die letzten Ziffern
2008 07 06 05 04 | bezeichnen Zahl und Jahr des Druckes.
Alle Drucke dieser Auflage können, da unverändert,
nebeneinander benutzt werden.
2. Auflage 1980

Satz: Appl, Wemding
Druck: AZ Druck und Datentechnik GmbH, Kempten
Printed in Germany
ISBN 3-19-003136-3

Vorwort

Die *Grammaire explicative* ist eine Lern- und Wiederholungsgrammatik; sie wendet sich an Fortgeschrittene, d. h. in erster Linie an **Leistungskursteilnehmer** (Kollegstufe, Sekundarstufe II) und **Französischstudenten.** Gegenstand ist die Darstellung der grammatischen Formen und Strukturen der französischen Hochsprache *(français standard)* nach «Français Fondamental 1er et 2e degrés», unter Berücksichtigung der gehobenen Sprache *(français soutenu)* und der gesprochenen Umgangssprache *(français familier)*. Bei der Anordnung des Stoffes wurden einige rein formale oder rein lexikalische Probleme (Genus und Plural der Substantive, Präpositionen) ausgeklammert oder nur kurz behandelt, während die Gebiete, die in anderen Grammatiken zu kurz kommen und erfahrungsgemäß in Prüfungen häufig zu Fehlern führen – z. B. der Gebrauch der Vergangenheitstempora und des Subjonctif, die Wortstellung – besonders ausführlich behandelt wurden.

Die *Grammaire explicative* kann auch als Nachschlagewerk benutzt werden. Das Wort- und Sachregister ist umfangreich und durch die Aufnahme zahlreicher deutscher Einträge, z. B. *als, nur, so, wie,* als Übersetzungslexikon verwendbar. Ferner bietet der Eintrag «Transformationen» einen Überblick über die geläufigsten Satzverkürzungsverfahren und Ersatzstrukturen.

Das Ziel der Spracherlernung besteht im Wesentlichen in der Aneignung gewisser Automatismen. Allein durch Auswendiglernen und imitative Anwendung von Regeln und Mustern lässt sich dies aber nicht erreichen. Bei einer solchen Methode liegt vielmehr die Gefahr nahe, dass der Lernende die Grammatik als Sammlung von willkürlichen und uneinsichtigen Vorschriften ablehnt. Der Grammatikunterricht sollte sich deshalb nicht auf reine Beschreibung beschränken, sondern Einsicht in Funktion und Sinn der grammatischen Regeln vermitteln. Es darf aber auch nicht der Eindruck entstehen, dass Sprache ein starres System ist: es sollte klar werden, daß dieses System Ausnahmen zulässt, gewisse Abnutzungserscheinungen aufweist und sich ständig wandelt.

Die *Grammaire explicative* stellt deshalb nicht nur Regeln auf, sondern sie erklärt diese Regeln und bringt sie gegebenenfalls in Zusammenhang mit anderen Erscheinungen der Fremdsprache oder der Muttersprache (kontrastive Darstellung). Überall, wo dies ohne großen Aufwand möglich ist, wird induktiv vorgegangen, also: vom Beispiel über die Analyse zur Regel. Die Beispiele sind sprachlich einfach gehalten, damit keine lexikalischen Schwierigkeiten die Konzentration auf das jeweilige grammatische Problem erschweren.

Da die Terminologie der modernen Sprachwissenschaft nicht einheitlich ist, wurde die konventionelle lateinische Terminologie verwendet. Schwierigere Termini werden

eingehend erklärt. In den Fällen, wo Interferenzen erfahrungsgemäß häufig vorkommen, z. B. zwischen Imperfekt und Imparfait, Konjunktiv und Subjonctif, wird der Eindeutigkeit halber die französische Bezeichnung der deutschen vorgezogen.
Die *Grammaire explicative* ist eine traditionelle Grammatik, was aber nicht bedeutet, dass die Ergebnisse und Methoden der modernen Linguistik nicht einbezogen wurden. Die Linguistik bleibt jedoch stets im Hintergrund, so dass zur Benutzung dieser Grammatik keine linguistischen Vorkenntnisse erforderlich sind.
Zu dieser *Grammaire explicative* gibt es auch ein *Übungsbuch* (Hueber-Nr. 2.3136) und einen *Schlüssel* (Hueber-Nr. 3.3136).

Regensburg, März 1980 — Jean-Paul Confais

Für ihre wertvolle Hilfe möchte ich Ingeborg Holzapfel, Lektorin beim Max Hueber Verlag, sowie folgenden Damen und Herren besonders danken: Dr. Helmut Berschin, Waltraud Confais, Richard Falzmann, Dr. Josef Felixberger, Dr. Hans Goebl, Léon Karlson, Arwid Krauß, Veronika Krauß, Ulrike Pöpperl, Gerhard Rampp, Birgit Stanglmeier, Peter Stein.

Inhalt

Kapitel 1: Überblick über das Verb

In diesem Kapitel werden die wichtigsten Besonderheiten und Schwierigkeiten des französischen Verbs in Bezug auf **Formen** und **Funktion** der verschiedenen Zeiten in einer Art Überblick dargeboten. Anschließend wird eine Methode vorgeschlagen, nach der man systematisch und relativ leicht die Konjugation aller Verben wiederholen kann.
Man unterscheidet traditionell die *infiniten* und die *finiten* Formen:

1 Die **infiniten Formen** sind die Formen, die keine Zeitangabe enthalten:

der Infinitiv:	*trinken, boire*
das Partizip I (Partizip Präsens):	*trinkend, buvant*
das Partizip II (Partizip Perfekt):	*getrunken, bu*

Das Partizip Präsens (oder das Gérondif) bezieht sich nicht immer auf die Gegenwart. Es bedeutet lediglich, dass der Vorgang gleichzeitig zur Haupthandlung verläuft.

J'ai acheté le journal en faisant mes courses: der Zeitpunkt des Einkaufens liegt in der Vergangenheit.

Das Partizip Perfekt bedeutet meistens, dass der Vorgang in Bezug auf das konjugierte Verb abgeschlossen ist:

Il est parti: der Vorgang *partir* ist abgeschlossen im Hinblick auf *être* (Gegenwart), folglich liegt der Zeitpunkt des Weggehens in der Vergangenheit.

Im Passiv ist jedoch der Vorgang im Partizip Perfekt nicht immer abgeschlossen:

Bouzigue est interrogé par le commissaire = er wird immer noch verhört.

2 Die **finiten Formen** sind die Formen, die durch ihre Endungen in Bezug auf Person und Numerus einerseits und Tempus/Modus andererseits gekennzeichnet sind:

il buvait = 3. Person, Singular + Imparfait, Indikativ.

Lässt man den Modus Imperativ außer acht, so stellt man fest, dass das Französische über **7 Grundformen** verfügt (gegen 4 im Deutschen: *trinkt, trank, trinke, tränke*), die sich in einer Art «Spirale» zusammenfassen lassen[1]:

---

[1] Die Idee dieser Spirale stammt von Jean-Marie Zemb (*L'Apprentissage du français aujourd'hui,* O.C.D.L. Paris 1970, S. 164ff.).

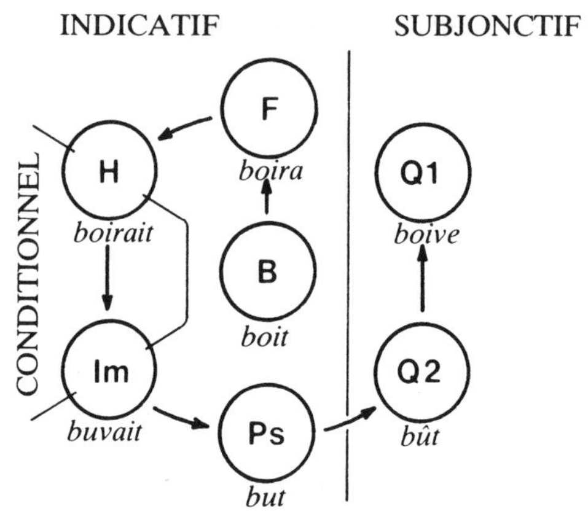

Die Symbole (die nur in diesem Kapitel verwendet werden) bedeuten:

B = **Présent de l'Indicatif** (B wie «Basis»)
F = **Futur simple**
H = **Conditionnel présent** (H wie «Hypothese»)
Im = **Imparfait de l'Indicatif**
Ps = **Passé simple**
Q2 = **Imparfait du Subjonctif** (Q wie «*que*-Satz»)
Q1 = **Présent du Subjonctif**

3 Im Zentrum liegt das **Présent.** Über seine Funktion ist nichts zu sagen, was nicht schon bekannt wäre. Deshalb beschäftigen wir uns gleich mit den formalen Besonderheiten.

Was die Konjugation angeht, ist das Présent sicherlich die schwierigste Zeit des französischen Verbsystems. Die Schwierigkeit liegt zunächst darin, dass es keine Regel gibt, die es ermöglicht, bei jedem Verb den **Stamm** aus dem Infinitiv zu bilden, mit Ausnahme der Verben auf *-er*: Stamm = Infinitiv minus *-er*. Außerdem sind Stammänderungen sehr häufig (auch bei einigen Verben auf *-er*), z. B.:

*esp***è***re, esp***é***rons, esp***è***rent*
*app***ell***e, app***el***ons, app***ell***ent*
boi*s*, **buv***ons*, **boiv***ent*

so dass jeder Verbtyp praktisch für sich allein gelernt werden muss (s. Anleitung §§ 12–13).

Die **Endungen** sind für *nous/vous/ils* bei fast allen Verben gleich: *-ons, -ez, -ent* (Ausnahmen: *nous sommes; vous êtes/dites/faites; ils ont/sont/font/vont*), während es für *je/tu/il* vier Grundmuster gibt:

1	**-e**	**-es**	**-e**	(Verben auf *-er* + Typ *couvrir* und *cueillir* – s. § 13)
2	**-s**	**-s**	**-t**	(z. B. *grandir, faire, craindre, voir*)
3	**-s**	**-s**	Ø	(z. B. *prendre: prends, prends, prend*)
4	**-x**	**-x**	**-t**	(*pouvoir, vouloir, valoir*)

4 Das **Futur** ist historisch gesehen eine zusammengesetzte Form, die aus dem jeweiligen **Infinitiv** und dem **Présent** von *avoir* (ohne *-av-*) gebildet wird:

j'ai, tu as, il a	→ *boir***ai**,	*boir***as**,	*boir***a**
nous avons, vous avez, ils ont	→ *boir***ons**,	*boir***ez**,	*boir***ont**

Das Futur ist sehr früh entstanden und die Lautentwicklung hat dazu geführt, dass bei einigen Verben der Infinitiv nicht mehr zu erkennen ist (z. B. *venir* → *viendrai, savoir* → *saurai*).

5 Das **Conditionnel** ist ebenfalls eine Zusammensetzung aus **Infinitiv** + *avoir,* wobei *avoir* im **Imparfait** steht (ohne *-av-*):

j'avais, tu avais, il avait	→ *boir***ais**,	*boir***ais**,	*boir***ait**
nous avions, vous aviez, ils avaient	→ *boir***ions**,	*boir***iez**,	*boir***aient**

Aber auch in der Funktion lässt sich zwischen Futur und Conditionnel eine Änlichkeit feststellen, denn das Conditionnel kann die Funktion eines *futur du passé* übernehmen, vgl.:

*Il dit qu'il partir***a** → *Il a dit qu'il partir***ait**.

Ähnlichkeiten hat das Conditionnel auch mit dem Imparfait:

6 Das **Imparfait** hat die gleichen Endungen wie das Conditionnel, aber einen anderen Stamm, der von der 1. Person Plural des Présent abgeleitet wird, z. B. *buvons* → *buv-*. Das Imparfait erfüllt im *si*-Satz die gleiche Funktion wie das Conditionnel außerhalb eines *si*-Satzes:

elle serait contente → **si** *elle* **était** *contente*

In diesem Fall bezieht sich das Imparfait (wie das Conditionnel) auf die Gegenwart oder die Zukunft.
Als (echte) Zeit der Vergangenheit steht das Imparfait in Opposition zum Passé composé oder zum Passé simple. Deshalb steht es in der Spirale zwischen Conditionnel und Passé simple.

7 Das **Passé simple** besteht aus: Stamm + Vokal + Endung.

Der Stamm lässt sich bei einer großen Anzahl von Verben aus der 1. Person Plural des Présent ableiten, z.B. *nous craignons → craign-*. Der Vokal ist **a** für die Verben auf *-er*, **in** für *tenir* und *venir*, **i** oder **u** für die übrigen Verben.
Die Endungen sind:

für *i, u, in*:	**s**	**s**	**t**	**^mes**	**^tes**	**rent**
Beispiel:	*fis*	*fis*	*fit*	*fîmes*	*fîtes*	*firent*
für *a*:	**ai**	*as*	**a**	*âmes*	*âtes*	**è***rent*
Beispiel:	*allai*	*allas*	*alla*	*allâmes*	*allâtes*	*allèrent*

8 Das **Imparfait du Subjonctif** hat in der Form Ähnlichkeit mit dem Passé simple: Es hat den gleichen Stamm und den gleichen Vokal wie das Passé simple, aber andere Endungen:

	sse	**sses**	**^t**	**ssions**	**ssiez**	**ssent**
Beispiel:	*fisse*	*fisses*	*fît*	*fissions*	*fissiez*	*fissent*

In der 3. Person Singular unterscheidet es sich nur durch den *accent circonflexe* vom Passé simple (*fit – fît*), außer bei den Verben auf *-er* (*alla – allât*).
Das Imparfait du Subjonctif ist weitgehend aus dem Sprachgebrauch verschwunden: Es findet sich nur noch in einem sehr literarischen Stil.

9 Das **Présent du Subjonctif** weist einige Ähnlichkeiten mit dem Présent de l'Indicatif auf:
Der Stamm kann bei den meisten Verben von der 3. Person Plural des Présent abgeleitet werden, z. B.: *ils craignent → craign-*. Aber einige Verben haben einen Stammwechsel in der 1. und 2. Person Plural, z. B.: *que je boive → que nous* **buv***ions → qu'ils boivent*. Und einige andere haben einen anderen Stamm als im Présent, z. B.: *ils savent → que je* **sach***e* (s. § 13).
Die Endungen sind für alle Verben außer *avoir* und *être* die gleichen:

	e	**es**	**e**	**ions**	**iez**	**ent**
Beispiel:	*boive*	*boives*	*boive*	*buvions*	*buviez*	*boivent*

10 In der Spirale sind auch die Grenzen zwischen den drei **Modi** angegeben. Die Abgrenzung zwischen **Indicatif** und **Subjonctif** macht keine Schwierigkeiten. Dagegen muss die Grenze zwischen **Indicatif** und **Conditionnel** mitten durch die *Zeit* Conditionnel und das Imparfait verlaufen, denn:

- das Conditionnel kann die Funktion eines *futur du passé* erfüllen (s. § 5) und gehört in diesem Fall dem Indikativ an.

– das Imparfait übernimmt im *si*-Satz die Rolle des Conditionnel (s. § 6) und gehört in diesem Fall *nicht* dem Indikativ an.

11 Alle übrigen Zeiten des Aktivs sind **zusammengesetzte Zeiten.** Um sie zu bilden, muss man das Hilfsverb *avoir* oder *être* (Gebrauch s. Kap. 2) in den 7 Grundformen konjugieren und das Partizip Perfekt hinzufügen. Auf diese Weise entsteht eine zweite Spirale:

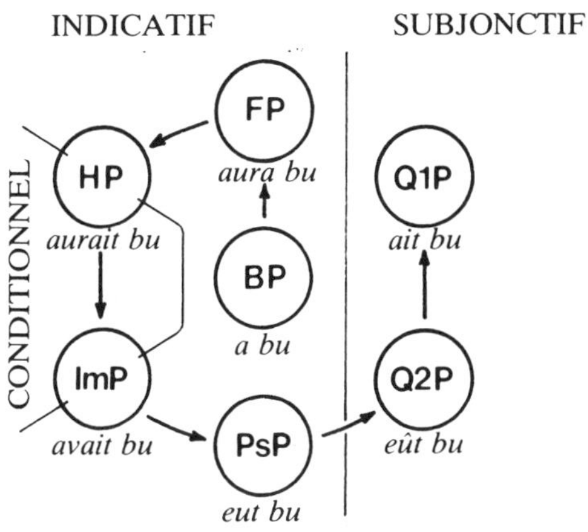

Die zusammengesetzten Zeiten heißen:

BP	=	**Passé composé**
FP	=	**Futur antérieur**
HP	=	**Conditionnel passé**
ImP	=	**Plus-que-parfait**
PsP	=	**Passé antérieur**
Q2P	=	**Plus-que-parfait du Subjonctif**[1]
Q1P	=	**Passé (composé) du Subjonctif**

12 **Die Wiederholung der Konjugation:**
Mit der Spirale lässt sich die Konjugation aller Verben systematisch wiederholen. Dazu benötigt man eine Liste mit den wichtigsten Verbtypen der französischen Sprache (s. § 13).

[1] Das Plus-que-parfait du Subjonctif wird genauso wie das Imparfait du Subjonctif (§ 8) nur noch in einem sehr literarischen Stil verwendet.

Um die Konjugation eines Verbs zu wiederholen, wählt man eine bestimmte Person, am besten *je,* und konjugiert alle Zeiten nacheinander in der Reihenfolge der Spirale. Andere Formen als die der 1. Person Singular braucht man nur dann zu vermerken, wenn sie aus irgendeinem Grund «interessant» sind. Zum Schluss werden noch das Partizip Präsens und das Partizip Perfekt hinzugefügt:

Beispiel: **boire**

bois	*bois*	*boit*	**buv***ons*		**boiv***ent*
boirai			*boirons*		
boirais			*boir***i***ons*		
buv*ais*			**buv***ions*		**buv***aient*
*b***u***s*	*bus*	*but*	*bûmes*	*bûtes*	*burent*
busse		*b***û***t*			*bussent*
boiv*e*			**buv***ions*		**boiv***ent*
buv*ant*					
bu, *bue*					

Auf diese Weise kann man sofort alle Besonderheiten des jeweiligen Verbs überblicken:
- die Endungen;
- die Stammbesonderheiten: ob sich der Stamm verändert und wo er sich verändert;
- die identischen Formen, z. B.: *buvions* = Imparfait de l'Indicatif oder Présent du Subjonctif; *boivent* = Présent de l'Indicatif oder Présent du Subjonctif;
- die Formen, die sich nur durch einen accent circonflexe voneinander unterscheiden, z. B. *but* (Passé simple) und *bût* (Imparfait du Subjonctif).

Die Richtigkeit der Formen können Sie im Anhang (S. 262 ff.) nachprüfen[1].

13 Verbgruppen und Verbtypen

GRUPPE 1: Verben auf **-er**

1. *parler*
2. *app***el***er, j***et***er* ⟷ **geler, acheter**
   *l***e***ver, m***e***ner, p***e***ser, s***e***mer* } [F]
3. *esp***é***rer, rép***é***ter*
4. *essu***y***er, netto***y***er* [F], *payer*
   envoyer Ⓕ
5. **aller** Ⓕ Ⓢ

[1] Besonders empfehlenswert ist *Le nouveau Bescherelle – L'art de conjuguer,* Librairie Hatier (Paris).

GRUPPE 2: Verben auf **-enir**

tenir (contenir, détenir, soutenir ...) } Ⓕ
venir (convenir, devenir, se souvenir ...) } Ⓕ

GRUPPE 3: Verben auf **-ir**

1. *choisir, finir, franchir, grandir ...* ▶ **-iss-**
2. *couvrir, offrir, ouvrir, souffrir* ▶ Präsens wie Gruppe 1 ▶ Part. Perfekt
3. *assaillir, tressaillir* } ▶ Präsens wie Gruppe 1
   cueillir (accueillir, recueillir) [F] } ▶ Präsens wie Gruppe 1
4. *fuir (s'enfuir)*
5. *acquérir (conquérir, s'enquérir, requérir)* Ⓕ
6. *vêtir (se dévêtir, revêtir)*
7. *courir (accourir, parcourir, secourir ...)* Ⓕ
   mourir Ⓕ ▶ Wechsel **eu/ou** ▶ Partizip Perfekt
8. *dormir, mentir, partir, sentir, servir, sortir ...*

GRUPPE 4: Verben auf **-tre**

1. *connaître (méconnaître ...), paraître (apparaître ...)*
   naître ▶ Passé simple + Partizip Perfekt
   croître ▶ *accent circonflexe* (Passé simple + Partizip Perfekt)
2. *mettre (admettre, commettre, permettre ...)*
3. *battre (abattre, combattre, débattre ...)*
4. **être** Ⓕ Ⓢ

GRUPPE 5: Verben auf **-dre**

1. *répandre*
   attendre, fendre, pendre, tendre, vendre ...
   fondre, pondre, tondre
   perdre, mordre, tordre
2. *craindre, contraindre, plaindre* } ▶ **-gn-**
   atteindre, feindre, peindre, teindre } ▶ **-gn-**
   joindre (disjoindre, enjoindre, rejoindre) } ▶ **-gn-**
3. *prendre (apprendre, comprendre, surprendre ...)*
4. *coudre* ▶ **cous-**
5. *résoudre* ▶ **-solv-, -sol-**
   absoudre, dissoudre ▶ Partizip Perfekt

GRUPPE 6: Verben auf **-re**

1. **dire, redire** ▶ 2. Pers. Pl. Présent
   contredire, interdire, médire, prédire
   suffire ▶ Partizip Perfekt ohne *t*
   maudire ▶ **-ss-** statt *-s-*
2. *rire, sourire*
3. *suivre (s'ensuivre, poursuivre)*
4. **faire** *(défaire …)* [F] Ⓢ ▶ 2. Pers. Pl. Présent, 3. Pers. Pl. Présent
5. *conduire, détruire, introduire, traduire …*
   luire, nuire ▶ Partizip Perfekt ohne *t*
6. *écrire, décrire, inscrire, prescrire …* ▶ **-criv-**
7. *rompre (corrompre, interrompre)*
   vaincre ▶ 3. Pers. Sing. Présent ohne *t* ▶ Wechsel **c/qu**
8. *lire (élire, relire)*
9. *plaire (se complaire, déplaire)* ▶ *il plaît*
   (se) taire ▶ *il se tait* ohne *accent circonflexe*
10. *conclure, exclure*
    inclure ▶ Partizip Perfekt mit *s*
11. *boire* ▶ Wechsel **boi-/buv-/boiv-**
12. *croire*
13. **vivre** *(survivre)* ▶ Passé simple + Partizip Perfekt
14. *traire (abstraire, distraire, extraire, soustraire)*

GRUPPE 7: Verben auf **-oir**

1. *s'asseoir* [F] ▶ zwei Konjugationen!
2. **voir** *(revoir, entrevoir)* Ⓕ
   prévoir
   pourvoir ▶ Passé simple mit **u**
3. *apercevoir, décevoir, recevoir* } Ⓕ
   devoir ▶ Part. Perfekt *dû, due* } Ⓕ
4. *pleuvoir* Ⓕ
   mouvoir (Part. Perfekt *mû, mue*), *émouvoir, promouvoir* Ⓕ ▶ Wechsel **eu/ou**
5. **pouvoir** Ⓕ Ⓢ ▶ *puis-je?*
6. **vouloir** Ⓕ Ⓢ
7. **savoir** Ⓕ Ⓢ
8. **valoir, falloir** Ⓕ Ⓢ
9. **avoir** Ⓕ Ⓢ

Zeichenerklärung:

Ⓕ Der Stamm des Futur ist unregelmäßig, d. h., er entspricht nicht dem Infinitiv.

[F] Der Stamm des Futur weicht leicht vom Infinitiv ab (z. B. *jeter* → *jetterai*, *faire* → *ferai*).

Ⓢ Der Stamm des Présent du Subjonctif ist unregelmäßig, d. h., er kann nicht von der 3. Pers. Pl. des Présent abgeleitet werden (z. B. *savent* → *sache*).

▶ sonstige Besonderheiten.

Kapitel 2: Die Hilfsverben avoir und être
Die Veränderlichkeit des Partizips Perfekt

I. Der Gebrauch der Hilfsverben avoir und être

14

Mit **AVOIR** werden verbunden:	
① *avoir* und *être* selbst:	*J'ai eu froid. J'ai été malade.*
② alle Verben, die ein **Objekt** haben, **außer den reflexiven Verben:**	*Il a lavé la voiture.* *Il a écrit un roman.* *Il a monté la valise dans sa chambre.*
③ **die meisten intransitiven Verben:** Ausnahmen s. § 15 ③ und ④	*Il a bien dormi. Il a beaucoup grandi.* *La température a baissé.*
– darunter auch alle **nur unpersönlich** gebrauchten Verben:	*Il a fallu partir.* *Il a plu toute la nuit.* (aber: *Il est arrivé un malheur.*)
– und im Gegensatz zum Deutschen auch die Verben, die eine **Bewegungsart** ausdrücken:	*J'ai couru à la maison.* *Nous avons marché sur le sable.* *J'ai nagé jusqu'au bateau.* *J'ai roulé à 100 km/h.*

15

Mit **ETRE** werden verbunden:	
① *das* **Passiv:**	*Le match sera retransmis en direct.*
② alle **reflexiven** und **reflexiv gebrauchten** Verben:	*Il s'est lavé. Je me suis promené.* *Ils se sont écrit souvent.*
③ **einige intransitive Verben,** die eine **Bewegungsrichtung** ausdrücken:	*Nous sommes allés au cinéma.* *Je suis monté sur la Tour Eiffel.* *Il est tombé dans l'eau.*
aller — *partir (repartir)* *arriver* — *rentrer* *descendre* — *retourner* *entrer* — *sortir (ressortir)* *monter* — *tomber (retomber)* *parvenir* — *venir (revenir)*	⇨ s. auch § 16!

④ **einige** Verben, die einen **Wechsel des Zustandes** oder das **Beibehalten eines Zustandes** ausdrücken: *apparaître* *décéder, mourir* *demeurer, rester* *devenir* *naître*	*Ils sont devenus amis.* *Il est né au mois d'avril.* *Nous sommes restés une semaine.* ⇨ aber *disparaître, périr, persister* und *changer* mit **avoir!**

16 Einige Verben, die eine Bewegungs**richtung** ausdrücken (s. § 15 ③), können mit einem **direkten Objekt** gebraucht werden. In diesem Fall werden sie mit **avoir** verbunden (wie in § 14 ②). Beispiele:

AVOIR, direktes Objekt	**ETRE, kein direktes Objekt**
J'ai descendu la bière *à la cave.* (= hinuntergetragen)	*Je suis descendu à la cave.*
J'ai monté la valise *dans ma chambre.* (= hinaufgetragen)	*Je suis monté dans ma chambre.*
J'ai rentré la voiture *au garage.* (= den Wagen in die Garage fahren)	*Je suis rentré à la maison.*

17 **Wechselnder Gebrauch** bei einigen Verben (Bedeutungsunterschiede):

<table>
<tr><th></th><th>AVOIR</th><th>ETRE</th></tr>
<tr><td>changer</td><td>Elle a beaucoup changé. (sie hat sich sehr verändert)</td><td>Elle est changée. (sie ist verändert)</td></tr>
<tr><td rowspan="2">convenir</td><td>passen, gefallen:
La décision n'a pas convenu à tout le monde.</td><td></td></tr>
<tr><td colspan="2">vereinbaren: avoir oder être
Nous avons convenu (sommes convenus) d'une date.</td></tr>
<tr><td>divorcer</td><td>sich scheiden lassen:
Elle a divorcé l'an dernier.</td><td>geschieden sein:
Elle est divorcée depuis un an.</td></tr>
</table>

	AVOIR	ETRE
paraître	scheinen: *Elle a paru triste.* erscheinen, herauskommen: *Le roman a paru l'an dernier.* = Tätigkeit	 *Le roman est paru depuis un an.* = Zustand
	Wenn keine Zeitangabe steht, kann man *avoir* oder *être* verwenden: *Le roman a paru (est paru) aux éditions Durand.*	
passer	verbringen: *J'ai passé mes vacances à la mer.* vergehen: *Le temps a passé vite.* verblassen: *La couleur a passé.*	vorbeigehen, -fahren usw.: *Le facteur est déjà passé.* steigen (bzw. sinken): *Le prix du café est passé de 10 à 20 F le kilo en quelques mois.*

II. Die Veränderlichkeit des Partizips Perfekt

1) bei nicht-reflexiven Verben:

18 mit **ETRE** ⇨ Das Partizip wird **stets verändert** und richtet sich in Geschlecht und Zahl nach dem **Subjekt.**

Elle est tombée malade. La ville a été détruite.

19 mit **AVOIR** ⇨ Das Partizip wird **nur** verändert, wenn dem Verb **ein direktes Objekt vorangeht.** Das Partizip richtet sich in Geschlecht und Zahl nach diesem Objekt.

– kein vorangehendes Objekt → unverändert:

J'ai **passé** *des vacances formidables.*
J'ai **pris** *ces photos en Italie.*
Elle a **eu** *de la chance.*

– vorangehendes direktes Objekt → verändert:

Les vacances formidables **que** *j'ai* **passées.**
Ces photos, je **les** *ai* **prises** *en Italie.*

Combien de photos *as-tu* **prises***?*
Lesquelles as-tu **prises** *en Italie?*
Quelle chance *elle a* **eue***!*

20 Das Partizip der **unpersönlichen Verben** bleibt unverändert, weil das Objekt kein direktes Objekt ist:

Tous les accidents qu' **il** *y a déja* **eu** *dans ce virage. Toute la patience qu'* **il** *a* **fallu.**

Besonderheiten:

21 Folgt dem Partizip ein **Infinitif,** muss das Partizip nur dann verändert werden, **wenn das vorangehende Objekt von dem Partizip abhängt:**

J'ai aidé une vieille dame *à traverser la rue.*
→ *La vieille dame* que *j'ai* **aidée** *à traverser la rue.*

aber: *J'ai préféré* acheter cette voiture.
→ *La voiture* que *j'ai* **préféré** acheter.

22 ⇨

> **Vor Infinitiv** werden die Partizipien der **Wahrnehmungsverben** *(écouter, entendre, regarder, voir, sentir)* und von **laisser** nur dann verändert, **wenn das vorangehende Objekt zugleich Subjekt des Infinitivs ist.**

Les acteurs *que nous avons* **vus** *jouer.*	(les acteurs ont joué)
La chanteuse *que nous avons* **entendue** *chanter.*	(la chanteuse a chanté)
Les bandits *que la police a* **laissés** *s'échapper.* (s. Anm.)	(ils se sont échappés)

Anm.: Das Partizip von *laisser* kann jedoch unverändert bleiben: *Je les ai* **laissés** oder **laissé** *partir.*

aber:

La pièce *que nous avons* **vu** *jouer.*	(jouer une pièce)
La chanson *que nous avons* **entendu** *chanter.*	(chanter une chanson)
Les vieux quartiers *qu'on a* **laissé** *détruire.*	(détruire un quartier)

Anm.: Das französische Unterrichtsministerium hat in einem Erlass vom 28. 12. 1976 (§ 8) beschlossen, dass in Prüfungen für die oben aufgeführten Fälle künftig keine Fehler angerechnet werden dürfen.

23 ⇨

> **Vor Infinitiv** bleiben die Partizipien von *faire, croire* und der modalen Hilfsverben *devoir, pouvoir, savoir, vouloir* **unverändert.**

Tous les gens qu'on a **fait** *venir ...*
Les voix que j'ai **cru** *entendre ...*
Les travaux que nous avons **dû** *faire ...*
Les fautes qu'il a **pu** *faire ...*

Les fautes qu'il a **su** *éviter ...*
Tous ceux que j'ai **voulu** *inviter ...*

Auch wenn der Infinitiv unausgedrückt bleibt, wird das Partizip nicht verändert: *J'ai invité tous ceux que j'ai* voulu *(inviter).*

24 ⇨ Die Partizipien von *coûter, valoir, courir* und *vivre* werden **nicht verändert,** wenn das vorangehende Objekt eine Bestimmung der **Zeit** oder des **Wertes** darstellt.

unverändert:
Les 100 francs *que ce livre a* **coûté** ...
La somme *que ce terrain a* **valu** *autrefois ...*
Les deux heures *que nous avons* **couru** ... (Ebenso: *que nous avons* **marché**)
Les deux ans *que j'ai* **vécu** *en Allemagne* ... (Ebenso: *les deux heures que j'ai* **dormi**)

verändert:
La peine *que ce travail m'a* **coûtée** ...
Les privilèges *que cette haute position lui a* **valus** (eingebracht) ...
Tous les risques *que nous avons* **courus** ...
Les heures merveilleuses *que nous avons* **vécues** *ensemble* (erlebt) ...

Anm.: Das französische Unterrichtsministerium hat in einem Erlass vom 28. 12. 1976 (§ 12) beschlossen, dass in Prüfungen für die oben aufgeführten Fälle künftig keine Fehler angerechnet werden dürfen.

2) bei reflexiven Verben:

25 *a)* Ist das Reflexivpronomen **Dativobjekt:**

⇨ dann bleibt das Partizip **unverändert**, es sei denn, **ein direktes Objekt geht zusätzlich voran** (= wie § 19).

- kein direktes Objekt vorhanden:

Ils ne **se** *sont plus jamais* **parlé.** (*parler* à qn)
Ils **se** *sont* **souri.** (*sourire* à qn)
Ils **se** *sont* **écrit** *souvent.* (*écrire* à qn)

- nachgestelltes direktes Objekt:
Ils **se** *sont* **écrit** *de longues lettres.*

- vorangehendes direktes Objekt:

Les lettres **qu'***ils* **se** *sont* **écrites.**

26 *b)* Ist das Reflexivpronomen **Akkusativobjekt** und folgt dem Partizip ein **Infinitiv**, so gelten dieselben Regeln wie oben in §§ 21–23:

- keine Veränderung, wenn das Objekt vom Infinitiv abhängt (vgl. § 21):

  Je me suis décidé à acheter cette maison.
  → *La maison* que *je me suis* **décidé** *à* acheter.

- bei *s'entendre, se sentir, se voir* und *se laisser* wird das Partizip nur dann verändert, wenn das Objekt (hier das Reflexivpronomen) zugleich Subjekt des Infinitivs ist (vgl. § 22):

  Elle **s'***est* **laissée** *mourir de faim.*
  Elle **s'***est* **laissé** *influencer.*
  Elle **s'***est* **sentie** *revivre* (= aufleben).
  Elle **s'***est* **senti** *observer.*
  Ils **se** *sont* **vu** *interdire l'accès au bâtiment* («Passiversatz», s. § 225).

27 *c)*

> **In allen anderen Fällen** wird das Partizip **verändert** und richtet sich nach dem **Subjekt**:

- wenn das Reflexivpronomen Akkusativobjekt ist:

  Ils **se** *sont* **regardés**. (*regarder* qn)
  Elle **s'***est* **lavée**.
  (dagegen: *Elle* **s'***est* **lavé** *les mains,* weil *se* Dativobjekt ist – s. § 25)

- bei den reflexiv gebrauchten Verben, die bei nicht-reflexivem Gebrauch ein Akkusativobjekt nach sich haben, z. B.:

  Elle **s'***en est* **aperçue.** (*apercevoir* qc)
  Nous **nous** *sommes* **ennuyés.** (*ennuyer* qn)

- bei allen nur reflexiv gebrauchten Verben, wie *s'écrier, se fier, se méfier, se souvenir,* usw.:

  Elle ne **s'***en est pas* **méfiée**.
  Nous **nous** *en sommes* **souvenus** *longtemps.*

Kapitel 3: Die Zeiten der Vergangenheit

I. Das Passé simple

1) Die Funktion des Passé simple[1]:

28 Das Passé simple ist ein «Perfekt» (*Parfait*). Perfekt bedeutet wörtlich: «vollzogen, **abgeschlossen**». Daraus kann man folgendes schließen: Wenn mehrere Vorgänge im Passé simple stehen, ist der erste Vorgang abgeschlossen, wenn der zweite eintritt; der zweite ist abgeschlossen, wenn der dritte eintritt, usw., z. B.:

> *Une voiture noire* **s'arrêta** (1) *devant l'agence de la Société Normande de Crédit. Trois hommes masqués en* **sortirent** (2) *et* **se précipitèrent** (3) *dans la banque. A peine deux minutes plus tard, ils* **reparurent** (4) *et* **remontèrent** (5) *dans leur voiture, qui* **démarra** (6) *en trombe.*

Das **Passé simple** bezeichnet Vorgänge, die sich in **zeitlicher Abfolge** ereignet haben.

Schematisch kann man die Struktur des Beispieltextes so darstellen (der Schrägstrich bedeutet «abgeschlossen»):

1 / dann 2 / dann 3 / dann 4 / dann 5 / dann 6 / dann (usw.)

29 **Sonderfall: «emploi parallèle»** des Passé simple.

a) Zwei (oder mehrere) *gleichzeitige* Vorgänge können dann im Passé simple wiedergegeben werden, wenn sie beide zusammen einen «Hauptvorgang» bilden. Dies ist oft dann der Fall, wenn die gleichzeitigen Vorgänge verschiedene Urheber (Subjekte) haben:

1. *Près du Bois de Boulogne, les gangsters* abandonnèrent (1) *leur voiture.*
(2) { *Deux d'entre eux* **montèrent** (2 a) *dans un taxi*
et les deux autres **se dirigèrent** (2 b) *vers la station de métro Auteuil.*

[1] Was für das Passé simple gilt, gilt ebenfalls für das Passé composé.

2. *A la fin du repas, Bouzigue* demanda (1) *le silence et*

(2) { **prononça** (2a) *un discours*
que les invités **écoutèrent** (2b) *attentivement.*

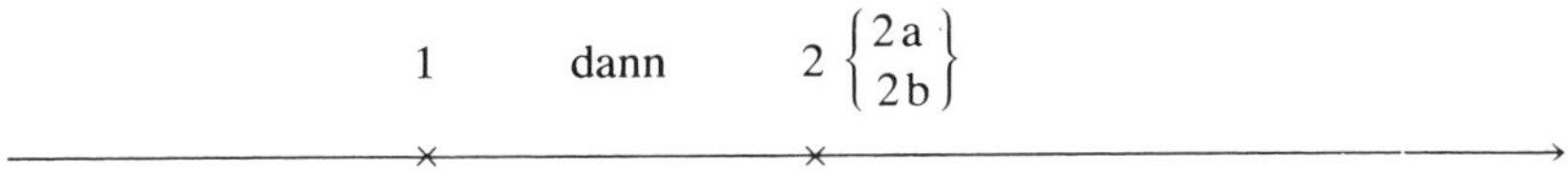

b) Ein Satz im Passé simple kann als eine Art «Überschrift» wirken, d. h. alle anderen Vorgänge zusammenfassen, z. B.:

> Le 21 janvier 1960, à 15 heures, un hold-up **eut lieu** (1) rue La Fontaine. *Une voiture noire* s'arrêta (1a) *devant la Société Normande de Crédit. Trois hommes masqués en* sortirent (1b) *et* se précipitèrent (1c) *dans la banque. A peine deux minutes plus tard, ils* reparurent (1d) *et* remontèrent (1e) *dans leur voiture, qui* démarra (1f) *en trombe.*
> Mais le hasard **fit** (2) bien les choses. *Un accident venait de se produire près du Bois de Boulogne. Cela* provoqua (2a) *un immense embouteillage* (Verkehrsstau) *et les gangsters* durent (2b) *abandonner leur voiture. Après une brève poursuite, la police* réussit (2c) *à les arrêter.*

Schema:

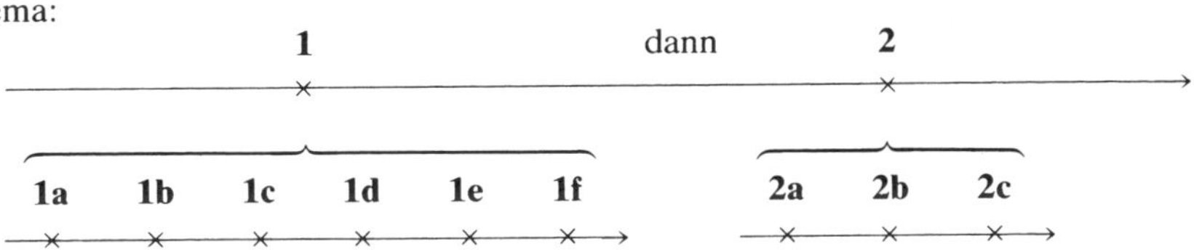

2) Der Gebrauch von Passé simple und Passé composé:

30 ⇨ Im heutigen Französisch kommt das **Passé simple** nur in der **geschriebenen** Sprache vor.

Das bedeutet jedoch nicht, dass das Passé simple einer gehobenen Sprache angehört. In Wirklichkeit wird es immer noch sehr häufig verwendet, auch in Texten, die in einer vulgären Sprache oder im *argot* verfasst sind (z. B. in den Romanen von Frédéric Dard – «San Antonio» – oder von Albert Simonin).
Entscheidend für den Gebrauch von Passé simple und Passé composé ist einzig und allein der **Bezug zur Gegenwart.**
Ein Satz wie *Jeanne d'Arc* **naquit** *le 6 janvier 1412* ist zum Beispiel nur in einem Text denkbar, der das Leben der Jeanne d'Arc ohne jeden Bezug zur Gegenwart beschreibt. Das **Passé simple** wird in Berichten verwendet, für Geschehnisse, die nicht in

Beziehung zur Gegenwart gesetzt werden, z. B. in geschichtlichen Abhandlungen oder in Romanen (die Trennung von Gegenwart und Vergangenheit ist in Romanen umso leichter, als die Handlung meist fiktiv ist), es sei denn, der Verfasser will absichtlich einen Bezug zur Gegenwart herstellen. Da eine Trennung von Gegenwart und Vergangenheit am leichtesten ist, wenn man von einer *dritten* Person berichtet, ist es nicht erstaunlich, dass das Passé simple meist nur in der **3. Person** (Sing. oder Pl.) vorkommt.
Sobald aber eine Äußerung den geringsten Bezug zur Gegenwart impliziert, muss man das **Passé composé** verwenden. Dies ist in der alltäglichen Kommunikation immer der Fall, insbesondere in der **gesprochenen** Kommunikation. Die Faktoren, die dazu beitragen, dass eine Äußerung über Vergangenes gegenwartsbezogen ist, können sehr unterschiedlich sein. Zum Beispiel ist der Bezug zur Gegenwart meistens gegeben, wenn man *von sich* spricht und von eigenen Erlebnissen erzählt (Urlaub, erste Kommunion, Fußballspiel, Autounfall usw.): Deshalb ist das Passé simple in einem Brief, einem Lebenslauf oder einem Tagebuch im heutigen Französisch so gut wie ausgeschlossen. Zum Beispiel kann auch der *Zweck* der Äußerung an die Gegenwart gebunden sein, sei es, weil das Thema aktuell ist (politische, sportliche Ereignisse usw.) oder weil man irgendein Interesse hat, «hier und jetzt» über etwas zu sprechen, z. B. wenn man eine Frage stellt (*Quand as-tu passé ton bac? Comment Jeanne d'Arc est-elle morte?*) oder wenn ein Geschichtslehrer im Unterricht über Jeanne d'Arc spricht: *Jeanne d'Arc* **est née** *le 6 janvier 1412.*

II. Das Passé antérieur

Der Gebrauch des Passé antérieur ist durch verschiedene Bedingungen eingeschränkt:

31 **1) im Hauptsatz:**

> *Il* **eut repeint** *tout l'appartement* en un jour.
> Très vite, *il* **eut dépensé** *toutes ses économies.*

In beiden Sätzen kann das Passé antérieur durch ein **Passé simple** ersetzt werden (*il repeignit …, il dépensa …;* s. auch unten § 33). Während aber das Passé simple nur den Zeitpunkt des Geschehens bezeichnet, bringt das Passé antérieur zusätzlich zum Ausdruck, dass die Handlung sich besonders rasch vollzogen hat. Dabei muss immer eine **Zeitangabe** im Satz vorhanden sein (*en un jour, très vite, bientôt, en un instant,* usw.).

Nach **à peine … que** setzt sich anstelle des Passé antérieur das Plus-que-parfait immer mehr durch:

> *A peine* avait-*il* refermé (eut-*il* refermé) *la porte que le téléphone sonna.*

32 **2) im Nebensatz:**

Das Passé antérieur kommt praktisch nur in **temporalen Nebensätzen** vor. Wie im Hauptsatz braucht es also eine Zeitangabe, in diesem Fall eine Konjunktion (*quand, lorsque, après que, aussitôt que, dès que*), z. B.:

Quand *il* **eut refermé** *la porte, le téléphone sonna.*

Dieser Satz kann durch zwei Sätze im **Passé simple** ersetzt werden:

Il **referma** *la porte. Le téléphone sonna.*

Aber im Gegensatz zum Passé simple, das nur den Zeitpunkt des Geschehens bezeichnet (*referma* geschieht vor *sonna*), bringt das Passé antérieur zusätzlich zum Ausdruck, dass beide Handlungen unmittelbar aufeinander folgen.

33 **3) Die Funktion des Passé antérieur** (im Vergleich zum Plus-que-parfait):

Bouzigue entra (1) *dans un café,* s'assit (2) *à une table libre et* commanda (3) *une bière. Tout en buvant, il* se rappela (4) *qu'il* **avait promis** (5) *de passer un coup de fil à sa femme et* demanda (6) *un jeton* (Telefonmünze).

Quand il **eut téléphoné** (7), *il* } paya (8) *sa consommation et* sortit (9).
Il téléphona (7), } paya (8) *sa consommation et* sortit (9).

Kommentar: Der Vorgang Nr. 5 im Plus-que-parfait ist vor Nr. 4 (und sogar vor Nr. 1) geschehen. Dagegen liegt der Vorgang Nr. 7 zeitlich genau **zwischen Nr. 6 und Nr. 8,** ganz gleich, ob er im Passé antérieur oder im Passé simple wiedergegeben wird. Das Schema macht es deutlich:

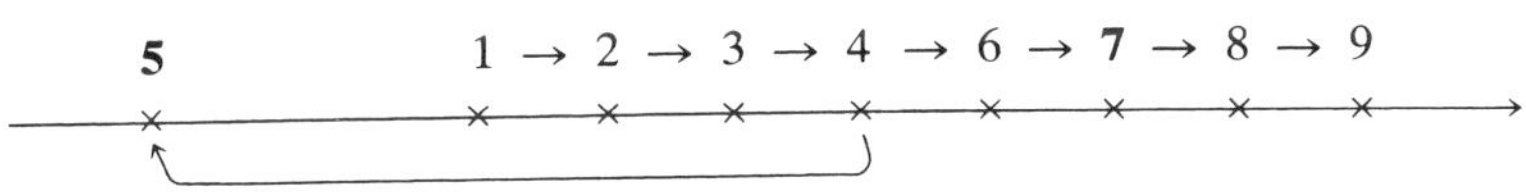

> Das **Passé antérieur** hat in Bezug auf den Zeitpunkt die gleiche Funktion wie das **Passé simple:** Es kann nur einen Vorgang wiedergeben, der zeitlich **nach** dem vorhergehenden Vorgang im Passé simple und **vor** dem darauf folgenden Vorgang im Passé simple liegt (s. auch § 49).

34 Das Passé antérieur ist ebenso wie das Passé simple in der alltäglichen Kommunikation ausgeschlossen. In der Umgangssprache wird deshalb manchmal ein sogenanntes «Passé surcomposé» verwendet:

Quand il a eu terminé *ses études, Bouzigue a décidé de se marier.*

III. Das Imparfait

1) Die Funktion des Imparfait:

35 Imparfait bedeutet «**nicht abgeschlossen**». Daraus kann man folgendes schließen:

> Das Imparfait wird für Vorgänge verwendet, die zu einem bestimmten Zeitpunkt **schon** angefangen haben und **immer noch** andauern. Im Gegensatz zum Passé simple braucht das Imparfait immer einen **Zeitpunkt,** auf den es sich beziehen kann.

A cinq heures ...
Quand Bouzigue sortit du bureau ... } *il* **pleuvait** (schon + immer noch).

Schema:

Zeitpunkt

————————×————————→

(schon) · · · —— · · · *il pleuvait* (immer noch)

Bouzigue mangea (1) *dans un restaurant qui* **se trouvait** (2) *en face de la gare. Mais quand il* voulut (3) *payer, il* s'aperçut (4) *qu'il n'***avait** (5) *pas assez d'argent sur lui.*

1 dann 3 dann 4

———×————————×————————×———→

· · · —— · · · 2 · · · —— · · · 5

36 Da Passé simple und Imparfait zwei verschiedenen Perspektiven entsprechen, kann sich die Bedeutung eines Satzes durch die Wahl der einen oder der anderen Zeit ändern, z. B.:

Après le hold-up, les gangsters montèrent dans une voiture, qui **démarra** *en trombe* = Sie stiegen in ein Auto ein, das (dann) sofort wegfuhr.
Après le hold-up, les gangsters montèrent dans une voiture qui **démarrait** = Sie stiegen in ein anfahrendes Auto ein.

37 Oft wird das Imparfait als «Zeit der Dauer» bezeichnet. Diese Bezeichnung ist irreführend, denn das Passé simple kann z. B. auch für Vorgänge verwendet werden, die sehr lange gedauert haben, vgl.:

La Guerre de Cent Ans **dura** *115 ans.*
Il **attendit** *plusieurs jours.*
Il **resta** *trois jours sans manger.*

Andererseits kann das Imparfait für Vorgänge verwendet werden, die nur wenige Sekunden dauern, z. B.:

Le chauffeur du camion aperçut trop tard le petit garçon qui **traversait** *la route.*
Il fut réveillé par le bruit d'une vitre qui **volait** *en éclats.*

Die **Dauer** als solche kann also **kein Kriterium** für den Gebrauch von Passé simple und Imparfait sein. Wichtig ist nicht, wie lange ein Vorgang dauert, sondern nur, ob ein Vorgang in Bezug auf einen bestimmten Zeitpunkt oder auf einen anderen Vorgang **schon angefangen** hat und **noch andauert.**

38 **Sonderfall:** Mehrere **aufeinander folgende** Vorgänge werden im Imparfait wiedergegeben, wenn sie sich alle zusammen zu einem bestimmten Zeitpunkt wiederholen. In diesem Fall werden sie aus der Perspektive «schon + immer noch» betrachtet (die Wiederholung der Vorgänge hat schon angefangen und dauert noch an):

> *A cette époque* (= Zeitpunkt), *Bouzigue* **se levait** (1) *tous les jours à six heures,* **prenait** (2) *son petit déjeuner à toute vitesse et* **se rendait** (3) *encore à moitié endormi à la station de métro. Il* travaillait (4) *alors dans une banque,* touchait (5) *un salaire dérisoire et* habitait (6) *un minuscule deux-pièces en banlieue.*

Interessant ist hier festzustellen, dass die aufeinanderfolgenden Vorgänge 1, 2 und 3 untereinander nicht vertauscht werden können (jede andere Reihenfolge ergibt einen Unsinn), wohl aber die Gruppe 1 + 2 + 3 mit den anderen Vorgängen:

damals

———————×———————→

· · · — (1 dann 2 dann 3) — · · ·
· · · ——— · · · 4
· · · ——— · · · 5
· · · ——— · · · 6

} vertauschbar: jede andere Reihenfolge ist möglich

Die Perspektive «dann ... dann ...» schließt also die Perspektive «schon + immer noch» nicht aus!

39 **Zeitangaben** wie *deux heures plus tard, peu après, à ce moment* (usw.) reichen nicht immer aus, um den Gebrauch der Zeit eindeutig zu bestimmen, weil sie an sich nicht besagen:

– ob ein Vorgang erst zu diesem Zeitpunkt eintritt, z. B.:

> *Deux minutes plus tard, les gangsters* **ressortirent** *de la banque.*
> *A ce moment, la police* **arriva** (= daraufhin).

– oder ob ein Vorgang zu diesem Zeitpunkt schon angefangen hat, z. B.:

> *Deux minutes plus tard, le sac* **était** (schon + immer noch) *plein de billets de banque.*
> *Les gangsters sortirent de la banque. A ce moment, la police* **arrivait** (= kam gerade an).
> oder: *Les gangsters sortirent de la banque au moment où la police* **arrivait.**

2) Der Gebrauch des Imparfait:

40 *a)* **Gleichzeitigkeit** in Bezug auf einen anderen Vorgang:

Wenn das Imparfait «schon + immer noch» in Bezug auf einen bestimmten Zeitpunkt bedeutet und wenn dieser Zeitpunkt durch einen Vorgang gegeben ist, so heißt es, dass beide Vorgänge wenigstens eine Zeit lang parallel verlaufen:

Le chauffeur du camion **aperçut** *trop tard le petit garçon qui* **traversait** *la route.*

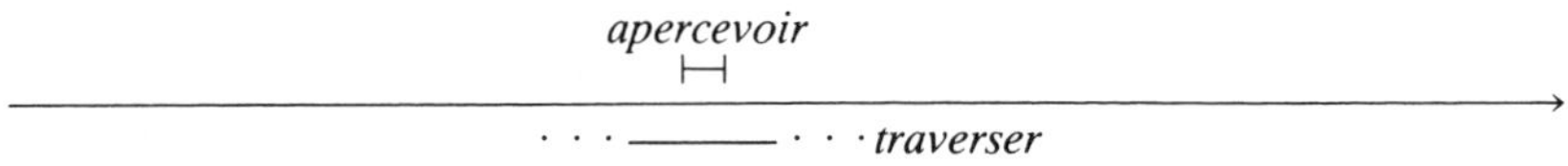

Der Vorgang, der dem Imparfait als Zeitpunkt dient, kann natürlich in einer anderen Zeit stehen als im Passé simple oder Passé composé:

– im Plus-que-parfait:

Le chauffeur du camion a dit aux gendarmes qu'il **avait aperçu** *trop tard le petit garçon qui* **traversait** (in diesem Augenblick, als der Unfall passierte) *la route.* (s. auch § 62)

– im Passé antérieur:

Dès que le commissaire Molhomme **eut soulevé** *la couverture qui* **recouvrait** *le corps, il reconnut Pierrot-le-Marseillais.*

– und sogar im Imparfait, wenn dieses Imparfait schon «fest an einem Zeitpunkt hängt»:

Quand il acheta cette maison, il ne **savait** *pas qu'elle* **était** *pratiquement en ruine.*

41 Manchmal wird der Vorgang im Imparfait von einem (neu eintretenden) Vorgang im Passé simple unterbrochen, z. B.:

Bouzigue **regardait** (1) *tranquillement un western à la télé ...*
Bouzigue **s'apprêtait** (1) *à partir ...*
} *... quand* (als plötzlich) *le téléphone* **sonna** (2).

Folglich müsste man das Schema ändern, etwa so:

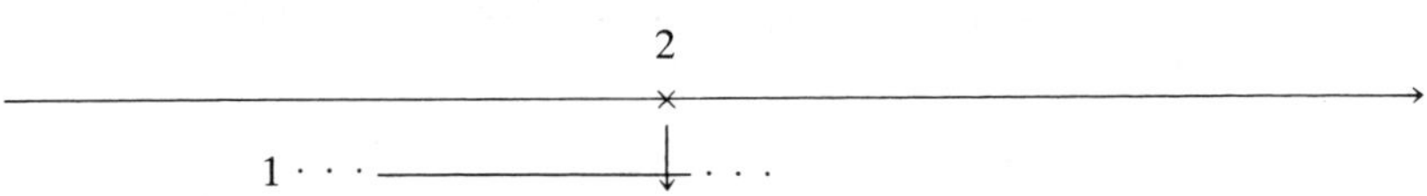

In Wirklichkeit aber ist die Zeitstruktur des Satzes nicht viel anders als in:

Quand le téléphone **sonna,** {
Bouzigue **regardait** *tranquillement un western.*
Bouzigue **s'apprêtait** *à partir.*

Wie lange der Vorgang im Imparfait noch andauert (ob die Linie rechts länger ist als links), ist also völlig unwichtig. Denn die Unterbrechung hat nichts mit der zeitlichen Funktion von Passé simple und Imparfait zu tun, sondern sie ergibt sich einzig und allein aus der Bedeutung der beiden Vorgänge, aus dem Sachverhalt, vgl.:

Il acheta une maison qui **était** *en ruine* = keine Unterbrechung des Vorgangs im Imparfait: Auch nach dem Kauf ist das Haus eine Zeit lang verfallen.

Il acheta une maison qui **appartenait** *à un noble* = Unterbrechung des Vorgangs im Imparfait: Vom Augenblick des Kaufs an gehört das Haus nicht mehr dem Adligen.

42 *b)* **Zukunft in der Vergangenheit** mit *aller* oder *devoir* + Infinitiv:

Le ministre égyptien des Affaires étrangères est arrivé ce matin à l'aéroport de Roissy. Il **a eu** *en fin d'après-midi un long entretien avec le Président de la République.*

→ *Il* **allait (devait) avoir** *en fin d'après-midi un long entretien avec le Président de la République.*

Die futurische Bedeutung ergibt sich aus dem Zusammenspiel des Imparfait (als Zeit zur Wiedergabe von nicht abgeschlossenen Vorgängen) und der Bedeutung der beiden Hilfsverben:

- *aller* + Infinitiv kann auch im Präsens eine nahe Zukunft ausdrücken;
- *devoir* impliziert eine Notwendigkeit und kann somit zum Ausdruck der Zukunft verwendet werden (vgl. dt. *sollen*).

Da dieses «Futur dans le passé» eine Variante zum Passé simple bzw. Passé composé darstellt, liegt eine **stilistische** Intention vor:

- mit dem Passé simple bzw. Passé composé werden alle Vorgänge als abgeschlossen und von der Gegenwart her betrachtet.
- durch das «Futur dans le passé» wird der Leser *künstlich* in die Vergangenheit versetzt und die Vorgänge werden lebendiger dargestellt (vgl. § 46).

c) **Wiederholung**:

Eine Wiederholung wird nicht immer automatisch im Imparfait ausgedrückt. Man muss zwei Fälle unterscheiden:

43 ⇨ **In temporalen Nebensätzen** muss eine Wiederholung **nur dann** im Imparfait ausgedrückt werden (bzw. im Plus-que-parfait, s. § 52), **wenn die Konjunktion an sich keine Wiederholung impliziert,** z. B. nach *quand, lorsque, dès que, aussitôt que*[1].

quand/lorsqu'/dès qu'/aussitôt qu'il **arriva** = ein Mal
quand/lorsqu'/dès qu'/aussitôt qu'il **arrivait** = mehrmals

---

[1] Nach *après que* kommen nur Passé antérieur (§§ 32–33) und Plus-que-parfait in Frage.

Nach *quand* und *lorsque* drückt die Opposition Passé simple – Imparfait den gleichen Bedeutungsunterschied aus wie die deutschen Konjunktionen *als* und *wenn* (= *jedesmal, wenn*):

als *er kam* → quand il **arriva**
wenn *er kam* → quand il **arrivait**

Das bedeutet jedoch nicht, dass *quand + Imparfait* immer dem deutschen *wenn* entspricht und eine Wiederholung ausdrückt, vgl.:

Quand il était petit = **Als** er («schon + immer noch») klein war
Quand il avait dix ans = **Als** er («schon + immer noch») 10 war

44 Dagegen kann nach Konjunktionen oder konjunktivischen Ausdrücken, die **immer eine Wiederholung implizieren** (z. B. *chaque fois que, toutes les fois que, les jours où* usw.), **sowohl das Passé simple als auch das Imparfait** stehen, je nachdem, ob der sich wiederholende Vorgang
– erst nach einem bestimmten Zeitpunkt eintritt:

A quinze ans, Bouzigue tomba éperdument amoureux de sa cousine. **Chaque fois qu'***il* **eut** (= dann) *l'occasion de lui rendre visite, il lui apporta des fleurs.*

– oder zu einem bestimmten Zeitpunkt schon angefangen hat und noch andauert:

A quinze ans, Bouzigue était éperdument amoureux de sa cousine. **Chaque fois qu'***il* **avait** (= damals schon + immer noch) *l'occasion de lui rendre visite, il lui apportait des fleurs.*

Auch im **Hauptsatz** ist nicht die Wiederholung für den Gebrauch von Passé simple und Imparfait entscheidend, sondern nur die zeitliche **Perspektive** (abgeschlossen, nicht abgeschlossen), z. B.:

– «dann oft» oder «dann jeden Tag»:

Bouzigue tomba amoureux de sa cousine. Il **alla** *souvent la voir* (oder: *il* **alla** *la voir tous les jours*).

– «schon + immer noch oft» oder «schon + immer noch jeden Tag»:

A cette époque, Bouzigue était amoureux de sa cousine. Il **allait** *souvent la voir* (oder: *il* **allait** *la voir tous les jours*).

Es gibt sogar Fälle, wo «trotz Wiederholung» das Imparfait ausgeschlossen ist, z. B.:

Il lui téléphona trois fois. Il alla trois fois en France.
(Die Perspektive «schon + immer noch» ist nur mit dem Zusatz *par jour, par semaine, par an* usw. möglich!)

45 Vorsicht mit **toujours** und **encore.** Diese Adverbien sind zweideutig:

toujours	=	immer, ständig (Wiederholung)	oder	immer noch
encore	=	nochmals, wieder (Wiederholung)	oder	immer noch

In der Bedeutung von «immer noch» schließen sie das Passé simple aus, nicht aber in der Bedeutung von «immer» bzw. «wieder»:

Er kam immer zu spät.
→ *Il venait/vint toujours en retard* (zwei Perspektiven möglich).
Er war immer noch der Beste.
→ Nur: *Il était toujours/encore le meilleur* (nur eine Perspektive möglich).

46 *d)* **Das «Imparfait dynamique»**[1]:

Une voiture noire s'arrêta (1) *devant l'agence de la Société Normande de Crédit. Trois hommes masqués en* sortirent (2) *et* se précipitèrent (3) *dans la banque. A peine deux minutes plus tard, ils* **reparaissaient** (4) *et* **remontaient** (5) *dans leur voiture.*

Nach dem, was wir bis jetzt über den Gebrauch von Passé simple und Imparfait wissen, müssten die Vorgänge 4 und 5 im Passé simple stehen (vgl. § 28). Aber im Gegensatz zum Passé simple ermöglicht das Imparfait eine **stilistisch** interessante Wirkung:

- wenn alle Vorgänge, von 1 bis 5, im Passé simple stehen, werden sie alle von der Gegenwart aus (als abgeschlossen) betrachtet.
- durch das Imparfait, das normalerweise zur Wiedergabe von **nicht abgeschlossenen** Vorgängen verwendet wird, fühlt man sich plötzlich in die Vergangenheit (mitten in das Geschehen) versetzt: Die Vorgänge 4 und 5 werden nun in ihrem **Verlauf,** vom Zeitpunkt des Geschehens aus betrachtet. Dadurch wirkt die Schilderung **lebhafter:**

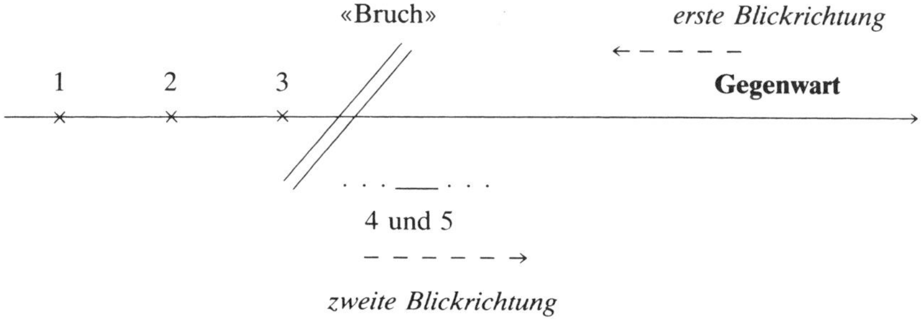

Das Imparfait dynamique kann mit einem bekannten Filmtrick verglichen werden: Jemand erzählt von einem Erlebnis aus der Vergangenheit (= abgeschlossene Perspektive); plötzlich wird das Bild verschwommen und der Zuschauer wird mittels einer Rückblende in die Vergangenheit versetzt (= nicht abgeschlossene Perspektive).

Allerdings gibt es für den Gebrauch des Imparfait dynamique eine wichtige Bedingung: Damit der Leser es nicht mit einem gewöhnlichen Imparfait verwechseln kann,

---

[1] Auch als «imparfait narratif», «imparfait pittoresque» und «imparfait de rupture» bezeichnet.

muss immer eine **Zeitangabe** vorhanden sein, die es unmissverständlich als eine stilistische Variante zum Passé simple kennzeichnet, z. B. *à peine deux minutes plus tard* in unserem Beispieltext.

Das Imparfait dynamique wird in Presse, Rundfunk und Fernsehen systematisch verwendet, z. B. in Sportberichten:

C'est sous un soleil radieux que **se déroulait** *cet après-midi le match Lyon – St-Etienne comptant pour les demi-finales de la Coupe de France.*

A la 67e minute de jeu, le «bombardier» Müller **égalisait** *sur une magnifique passe de son capitaine Beckenbauer.*

C'est alors que Mohammed Ali **envoyait** *Frazier au tapis d'un formidable direct du gauche.*

Dieser «inflationäre» Gebrauch hat natürlich zur Folge, dass das Imparfait an stilistischer Wirkung einbüßt.

47 *e)* Das «Imparfait de politesse»:

Ähnlich wie das Conditionnel passé mit *vouloir* (s. § 84) kann das Imparfait zur «Abschwächung» einer Aussage (meist einer Bitte) verwendet werden, z. B.:

Je voulais *te demander si tu ne pouvais pas me prêter 100 francs.*
Je venais *seulement vous dire que ...*

IV. Das Plus-que-parfait

48 Das **Plus-que-parfait** wird für abgeschlossene Vorgänge verwendet, die sich **vor einem bestimmten Zeitpunkt in der Vergangenheit** abgespielt haben. Das Plus-que-parfait braucht wie das Imparfait einen Zeitpunkt, auf den es sich beziehen kann.

Trois minutes plus tard ...
Quand la police arriva ... } *les gangsters* **étaient** *déjà* **repartis.**

Schema:

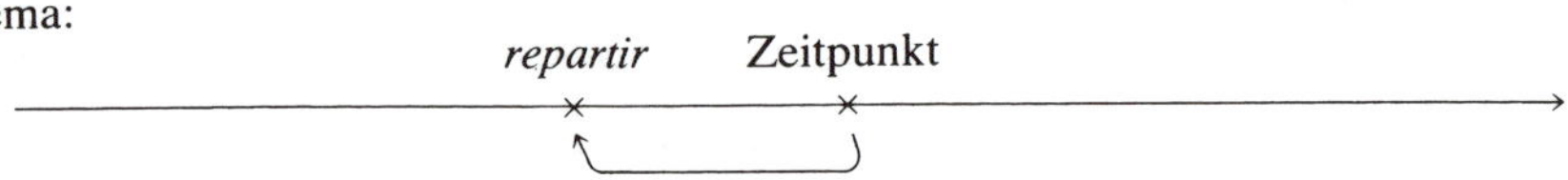

49 Im Gegensatz zum Passé antérieur, das nur in Bezug auf den darauf folgenden Vorgang im Passé simple eine Vorzeitigkeit ausdrückt (s. § 33), bezieht sich das Plus-que-parfait **auf den letztgenannten Zeitpunkt** (wobei der Vorgang im Plus-que-parfait zeitlich sehr weit zurückliegen kann):

Le jour où il sortit (1) *de prison, Bouzigue* loua (2) *une voiture et* se rendit (3) *dans la forêt de Meudon, où il* **avait enterré** (4) *la valise contenant le butin du* *hold-up. Arrivé dans la forêt, il* s'arrêta (5) *près d'un gros arbre et* se mit (6) *à creuser. Dès qu'il* eut récupéré (7) *la valise, il* se dépêcha (8) *de rentrer.*

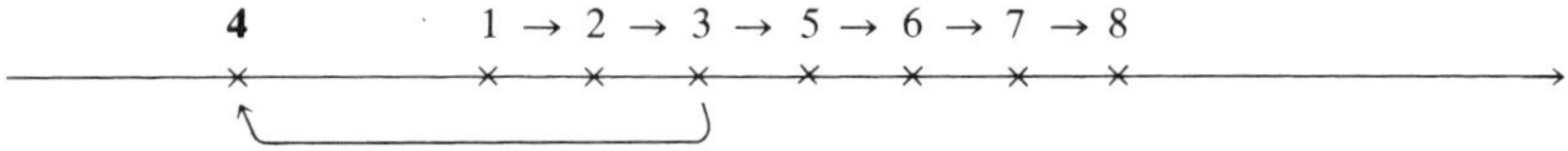

- Der Vorgang im Passé antérieur (7) geschieht zwar vor Nr. 8, aber **nach Nr. 6** (s. § 33).
- Der Vorgang im **Plus-que-parfait** (4) geschieht **vor Nr. 3** (und in diesem Text sogar vor allen anderen Vorgängen, was jedoch nicht immer der Fall ist – s. § 50, letztes Beispiel, Vorgang Nr. 3).

50 Ein Plus-que-parfait kann sich beziehen:

– auf ein Passé simple oder ein Passé composé:

Il **se rendit (s'est rendu)** *dans la forêt de Meudon, où il* **avait enterré** *la valise contenant le butin du hold-up.*

– auf ein Passé antérieur:

Quand il **eut récupéré** *la valise, qu'il* **avait enterrée** *au pied d'un gros arbre, il se dépêcha de rentrer.*

– auf ein Imparfait:

Il s'arrêta (1) *près d'un gros arbre et* se mit (2) *à creuser: il* **cherchait** (3) *la valise qu'il* **avait enterrée** (4) *là après le hold-up.*

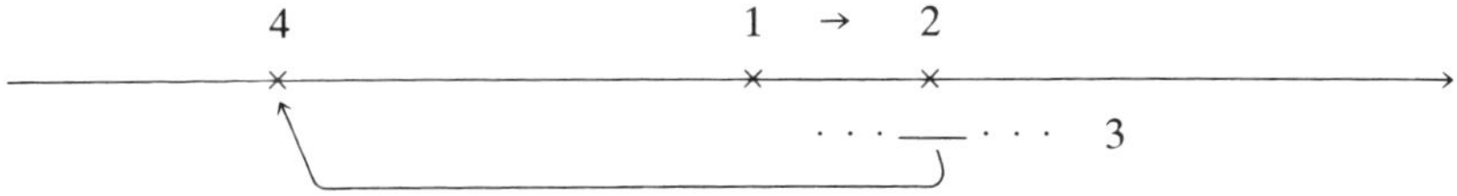

– und sogar auf ein anderes Plus-que-parfait:

Bouzigue entra (1) *dans la forêt. Une demi-heure plus tard, il* revint (2) *à sa voiture: il* **avait retrouvé** (3) *la valise qu'il* **avait enterrée** (4) *au pied d'un gros arbre après le hold-up de la rue Fontaine.*

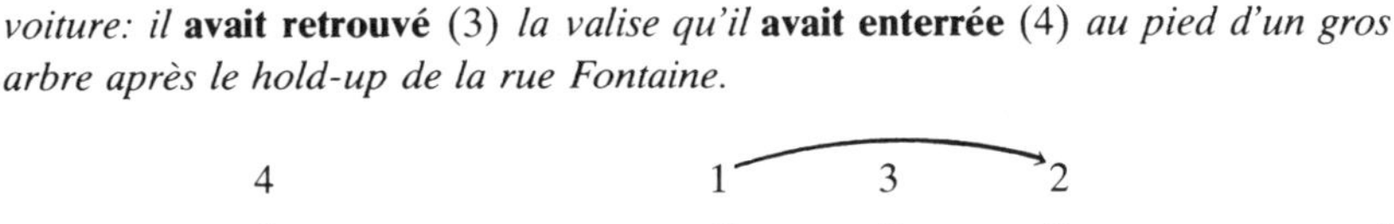

Wenn ein Vorgang (wie hier Nr. 3) unmittelbar vor dem angegebenen Zeitpunkt geschehen ist (deutsch: *gerade, soeben*), kann das Plus-que-parfait durch den Ausdruck *venir de* im Imparfait ersetzt werden:

Il revint à sa voiture: il **venait de** *retrouver la valise …*

51 Wenn sich **mehrere Vorgänge im Plus-que-parfait** auf denselben Zeitpunkt beziehen, übernimmt das Plus-que-parfait eine ähnliche Funktion wie die des Passé simple: Es bezeichnet **aufeinander folgende Vorgänge.** Dies ist z. B. der Fall, wenn man den Text in § 49 in der indirekten Rede erzählen lässt:

Le commissaire Molhomme a raconté *que le jour où il* **était sorti** (1) *de prison, Bouzigue* **avait loué** (2) *une voiture et* **s'était rendu** (3) *dans la forêt de Meudon, où il* avait enterré (4) *la valise contenant le butin du hold-up.*

Kommentar: Bei den ersten 3 Vorgängen erfüllt das Plus-que-parfait eine ähnliche Funktion wie das Passé simple im Ausgangstext. Aber das Plus-que-parfait des Vorgangs Nr. 4 behält die gleiche Funktion wie im Ausgangstext bei (Vorzeitigkeit in Bezug auf Vorgang Nr. 3). Der Text weist nun folgende Zeitstruktur auf.

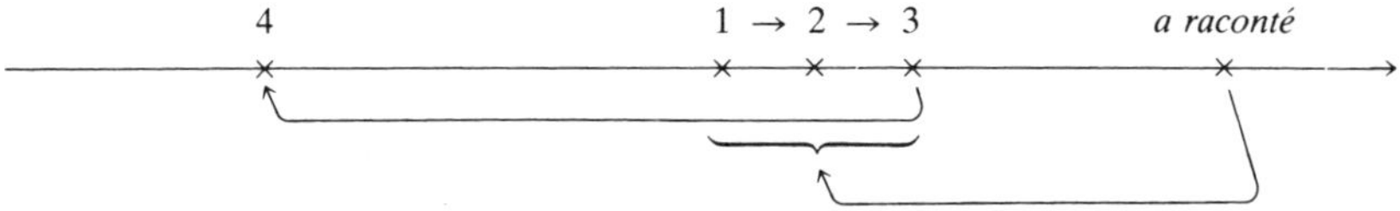

52 Im Falle einer **Wiederholung** gilt dieselbe Regel wie für das Imparfait (§ 43):

Jedesmal wenn *(sobald) Bouzigue aus dem Gefängnis entlassen wurde …*
→ **Quand** *(dès que) Bouzigue* **était sorti** *de prison …*

Das bedeutet aber nicht, dass *quand + Plus-que-parfait* immer eine Wiederholung ausdrückt, vgl.:

Le commissaire a raconté que **quand** *Bouzigue* **était sorti** *de prison, il avait loué une voiture …* = ein Mal! (s. § 51)

V. Das Passé composé (s. auch § 30)

53 Das Passé composé bezeichnet Vorgänge, die sich vor dem Augenblick des Sprechens (Gegenwart) abgespielt haben. Man kann zwei Typen von Passé composé unterscheiden:

a) Typ 1: Der Vorgang ist *kurz* vor dem Augenblick des Sprechens geschehen:

*J'*ai rencontré *ce matin mon professeur d'anglais au supermarché.*

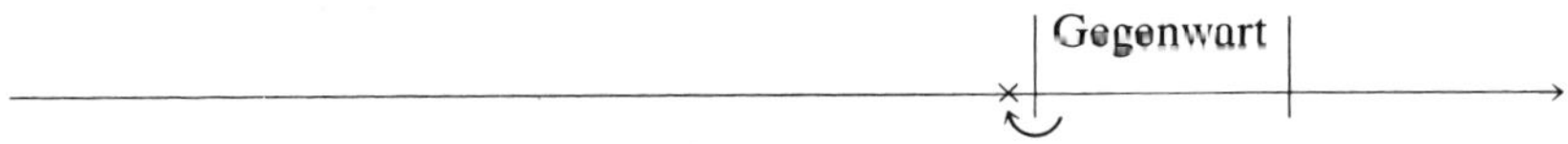

Wenn der Vorgang unmittelbar vor dem Augenblick des Sprechens geschehen ist (deutsch: *gerade, soeben*), kann das Passé composé durch *venir de* im Présent ersetzt werden:

Je **viens de** *rencontrer mon professeur d'anglais au supermarché.*

b) Typ 2: Der Vorgang ist *lange* vor dem Augenblick des Sprechens geschehen:

La Bastille a été prise *le 14 juillet 1789.*
Bouzigue s'est marié *en 1962.*

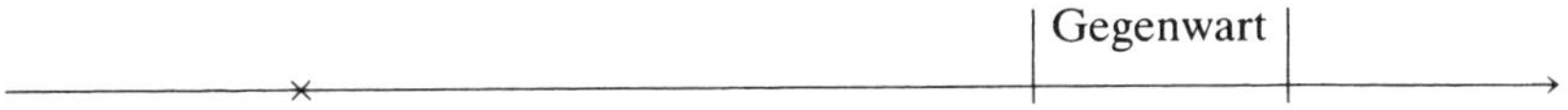

Beide Typen können (wie das Passé simple) eine Abfolge von Vorgängen wiedergeben:

Typ 1: *Je* **suis allé** (1) *faire des courses au supermarché et j'***ai rencontré** (2) *mon professeur d'anglais* (= dann).
Typ 2: *Bouzigue* **a fait** (1) *la connaissance de Maurissette en 1960 et* **s'est marié** (2) *deux ans plus tard* (= dann).

Aber beide Typen können in demselben Satz vorkommen, ohne dass man die Vorgänge als aufeinander folgend versteht, vgl.:

*J'***ai rencontré** (1) *ce matin un ancien camarade qui* **a fait** (2) *son service militaire avec Bouzigue.*

54 Zusammenfassung:

Handlungsablauf/zeitliche Abfolge (dann ... dann ...)

{ **Passé simple – Passé simple – Passé simple** §§ 28, 53
{ **Passé composé – Passé composé – Passé composé**

Passé simple – **Passé antérieur** – *Passé simple* §§ 31–33, 49

Plus-que-parfait – Plus-que-parfait – Plus-que-parfait § 51
= wenn alle Vorgänge *vor* einem bestimmten Zeitpunkt in der Vergangenheit geschehen sind.

Imparfait – Imparfait – Imparfait § 38
= wenn die aufeinander folgenden Vorgänge sich zu einem bestimmten Zeitpunkt *«schon und immer noch» wiederholen.*

Passé simple – Passé simple – **Imparfait** §§ 42, 46
= als «Futur dans le passé» (mit *aller* und *devoir)* oder als stilistische Variante zum Passé simple («Imparfait dynamique»).

Gleichzeitigkeit

Imparfait für Vorgänge, die in Bezug auf einen anderen Vorgang *schon* angefangen haben und *noch* andauern. §§ 35–41, 43–45

Passé simple für *parallele* Vorgänge, die erst *nach* einem anderen Vorgang geschehen sind, oder in Sätzen, die die Funktion einer Überschrift erfüllen («emploi parallèle» du passé simple). § 29

Wiederholung

Alle Zeiten möglich (je nach Perspektive), außer nach Konjunktionen, die an sich keine Wiederholung ausdrücken: **Imparfait** bzw. **Plus-que-parfait.** §§ 43–45, 52

Vorzeitigkeit (Vorvergangenheit)

Plus-que-Parfait (s. auch §§ 61, 63) §§ 48–52

▶ Das *Passé antérieur* bezeichnet nur in Bezug auf das darauf folgende Passé simple eine Vorzeitigkeit! §§ 33, 49

Kapitel 4: Die indirekte Rede

Allgemeines

55 Eine Äußerung (in Form eines Aussage-, Imperativ- oder Fragesatzes) kann **direkt** wiedergegeben werden, d. h. in Anführungszeichen:

Jacques dit:	*«J'ai mal à la tête.»*
Jacques dit:	*«Venez me chercher à huit heures!»*
Jacques demande:	*«Venez-vous me prendre en voiture?»*

oder **indirekt**, wobei die Äußerung nunmehr Teil eines Satzes (Satzglied) ist und durch ein Verbindungselement (*que* für Aussage- und Imperativsätze, *Fragewort* für Fragesätze) in diesen Satz integriert wird:

Jacques dit qu'*il a mal à la tête.*
Jacques dit qu'*on vienne le chercher à huit heures.*
Jacques demande si *on vient le prendre en voiture.*
Jacques demande quand *on vient le chercher.*

Was für die eigentliche indirekte Rede gilt, gilt aber auch allgemein für die Wiedergabe eines Gedankens (einer Meinung, einer Errinnerung, eines Wunsches usw.), die nicht bzw. nicht immer direkt erfolgen kann, z. B.:

Jacques croit *qu'il va tomber malade.*
Jacques se souvient *qu'il a promis de passer chez Alain.*

Das Prinzip der Zeitenfolge ist hier dasselbe wie in der eigentlichen indirekten Rede, z. B.:

Jacques **a dit** *qu'il* **avait** *mal à la tête.*
Jacques **a cru** *qu'il* **allait** *tomber malade.*

56 Was die Zeit des Hauptverbs angeht (= das Verb, das die indirekte Rede einleitet), gibt es zwei Möglichkeiten:

a) entweder steht das Hauptverb in einer Zeit der **NICHT-VERGANGENHEIT** (Gegenwart oder Zukunft), z. B.:

	elle **explique**	*que …*	= jetzt
	elle **expliquera**	*que …*	= später
	elle **expliquerait**	*que …*	= jetzt oder später
si	*elle* **expliquait**	*que …*	= jetzt oder später

b) oder es steht in einer Zeit der **VERGANGENHEIT**, z. B.:

elle **expliqua** *que …*	
elle **expliquait** *que …*	
elle **a expliqué** *que …*	
quand elle **eut expliqué** *que …*	= früher
elle **avait expliqué** *que …*	
si *elle* **avait expliqué** *que …*	
elle **aurait expliqué** *que …*	

57 Das **Futur antérieur** (*elle aura expliqué*) erscheint in keiner der beiden Gruppen. Der Grund dafür ist, daß ein Futur antérieur zwar meistens auf die Zukunft verweist, sich aber auch auf die Vergangenheit beziehen kann, z. B. in dem Satz:

Bouzigue n'est toujours pas arrivé. Il **aura** *sans doute* **manqué** *son train.* = er wird wohl den Zug verpasst haben, d. h. er hat ihn wohl verpasst.

Wenn das einleitende Verb einer indirekten Rede im Futur antérieur steht, kann es folglich je nach Bedeutung als Verb der Gruppe *a* (Nicht-Vergangenheit) oder als Verb der Gruppe *b* (Vergangenheit) betrachtet werden:

(a) Quand il **aura compris** *qu'on ne* veut *plus le voir, il ne viendra plus.*
(b) Il est déjà une heure et Bouzigue n'est toujours pas là. Il **aura** *sans doute* **compris** *que nous l'*avions *invité pour le café.*

58 Das **Passé composé** kann die Bedeutung eines «passé proche» haben, d. h. etwas ausdrükken, was gerade vor dem Augenblick des Sprechens geschehen ist, z. B.:

*Il m'*a dit *tout-à-l'heure que …*
= *Il* **vient de** *me dire que …*

In der gesprochenen Sprache wird ein solches Passé composé als Zeit der Gruppe *a* (nicht vergangen bzw. gerade vergangen) betrachtet:

*(a) Il m'*a dit *tout-à-l'heure qu'il ne* **viendra** *pas.*

Für die Schriftsprache und die korrekte Standardsprache ist es jedoch besser, das Passé composé immer als Zeit der Gruppe *b* (vergangen) zu betrachten:

*(b) Il m'*a dit *tout-à-l'heure qu'il ne* **viendrait** *pas.*

I. Das Hauptverb steht in einer Zeit der NICHT-VERGANGENHEIT

59

> Im Nebensatz steht **dieselbe Zeit wie in der direkten Rede.** Es ändern sich gegebenenfalls nur die Personal- und Fragepronomen

direkt:

«J'ai mal à la tête.»
«Il fera beau demain.»
«On aurait pu me prévenir.»
«Qu'avez-vous décidé?»

indirekt:

elle dit/dira usw. { … *qu'*elle *a mal à la tête.*
… *qu'il fera beau demain.*
… *qu'on aurait pu* la *prévenir.*

elle demande … ce que nous *avons décidé.*

60 Falls die direkte Rede aus einem Imperativsatz besteht, wird der **Imperativ** zu einem **Subjonctif,** weil das Hauptverb einen Befehl oder einen Wunsch ausdrückt (s. §§ 100, 102):

*Jacques dit: «***Venez** *me chercher à huit heures.»*
Jacques dit (demande) qu'on **vienne** *le chercher à huit heures.*

II. Das Hauptverb steht in einer Zeit der VERGANGENHEIT

1) Die erste Regel lautet:

61 **Présent** wird zu **Imparfait**

Warum? In dem Satz:

Elle prétend qu'elle **a** *mal à la tête.*

hat das Kopfweh schon angefangen und dauert noch an. Wenn nun das Hauptverb in die Vergangenheit gesetzt wird, muss man folgerichtig das Présent in ein Imparfait verwandeln (vgl. § 35):

Elle **a prétendu** *qu'elle* **avait** *mal à la tête.*

Manchmal ist die Aussage für die Gegenwart immer noch gültig, z. B.:

La tuberculose est provoquée par un bacille.

Wenn eine solche Aussage indirekt wiedergegeben wird und das Hauptverb in der Vergangenheit steht, kann man das **Présent** beibehalten oder es in ein **Imparfait** verwandeln:

C'est l'Allemand Koch qui **a découvert** *que la tuberculose* **est/était** *provoquée par un bacille.*
Galilée a été condamné pour **avoir prétendu** *que la Terre* **tourne/tournait** *autour du soleil.*
Les autorités de l'aéroport de New York **ont estimé** *que le Concorde* **fait/faisait** *trop de bruit.*

Aus dieser Regel ergibt sich:

a *fini*		**avait** *fini*
*finir***a**	wird zu	*finir***ait**
*aur***a** *fini*		*aur***ait** *fini*

d. h.: Alle Présent-Formen werden zu Imparfait-Formen (s. §§ 4–5).

Es ist also nicht notwendig, zu lernen, dass das Passé composé zum Plus-que-parfait wird, das Futur zum Conditionnel usw. Man braucht nur jede Présent-Form in ein Imparfait zu verwandeln:

direkt:

*«J'***ai** *vu Bouzigue au cinéma.»*
«Mes parents **sont** *partis en vacances.»*
*«Je les rejoindr***ai** *dès que j'aur***ai** *passé mon examen.»*
*«Je ser***ai** *de retour dans une heure.»*
«Je **vais** *vous écrire.»*
*«Qu'***avez***-vous décidé pour les vacances?»*

indirekt:

elle a dit
... qu'elle **avait** *vu Bouzigue au cinéma.*
... que ses parents **étaient** *partis en vacances.*
*... qu'elle les rejoindr***ait** *dès qu'elle aur***ait** *passé son examen.*
*... qu'elle ser***ait** *de retour dans une heure.*
... qu'elle **allait** *nous écrire.*

elle a demandé *... ce que nous* **avions** *décidé pour les vacances.*

2) Die zweite Regel lautet:

62 **Imparfait** bleibt **Imparfait**[1]

Warum? In dem Satz:

*Le chauffeur du camion a dit aux gendarmes: «J'*ai aperçu *trop tard le petit garçon qui* **traversait** *la route.»*

bedeutet das Imparfait, dass der Vorgang *traverser* in Bezug auf den Zeitpunkt von *apercevoir* schon angefangen hat und noch andauert (s. §§ 35, 40). Dass das Passé composé *a aperçu* in der indirekten Rede zum Plus-que-parfait wird, spielt keine Rolle, denn der Zeitpunkt von *apercevoir* ist ja der gleiche:

Le chauffeur du camion a dit aux gendarmes qu'il avait aperçu *trop tard le petit garçon qui* **traversait** *la route.*

Aus dieser Regel ergibt sich wiederum:

avait *fini* *fini***rait** *aur***ait** *fini*	**bleibt**	**avait** *fini* *fini***rait** *aur***ait** *fini*

d. h.: Alle Imparfait-Formen bleiben Imparfait-Formen.

[1] mit Ausnahme des *Imparfait dynamique* (§ 46), das sich wie ein Passé simple verhält und deshalb in ein Plus-que-parfait verwandelt werden muss.

direkt:	*«Au mariage de Bouzigue, il* **pleuvait**.*»* *«J'***avais** *oublié mon parapluie.»* *«J'aur***ais** *dû emporter mon parapluie.»*
indirekt: *elle nous* a écrit	... *qu'au mariage de Bouzigue, il* **pleuvait.** ... *qu'elle* **avait** *oublié son parapluie.* ... *qu'elle aur***ait** *dû emporter son parapluie.*

3) Die dritte Regel lautet:

63 ⇨ **Passé simple** wird zum **Plus-que-parfait**

Warum? Das Plus-que-parfait ist die einzige Zeit, die in Bezug auf einen Zeitpunkt in der Vergangenheit eine Vorzeitigkeit ausdrückt (s. §§ 48–51):

Une pancarte indiquait: *«Napoléon* **passa** *une nuit dans cet hôtel.»*
→ *Une pancarte* indiquait *que Napoléon* **avait passé** *une nuit dans cet hôtel.*

4) Die vierte Regel lautet:

64 ⇨ Der **Subjonctif** bleibt **unverändert** in der Standardsprache

Da das Imparfait und das Plus-que-parfait du Subjonctif aus dem Standardgebrauch verschwunden sind (s. §§ 8, 11), braucht die Regel 1 («Présent wird zu Imparfait») nicht mehr angewandt zu werden:

Je demande qu'il **vienne.**

→	*J'avais demandé qu'il* vînt.	= sehr gewählt
	J'avais demandé qu'il **vienne.**	= Standardsprache

Personne ne peut prouver que Bouzigue **ait** *participé au hold-up.*

→	*Personne n'a pu prouver que Bouzigue* eût *participé au hold-up.*	= sehr gewählt
	Personne n'a pu prouver que Bouzigue **ait** *participé au hold-up.*	= Standardsprache

Vorsicht: Bei vielen Verben unterscheiden sich die Formen des Présent du Subjonctif in allen Personen außer *nous/vous* nicht von dem Présent de l'Indicatif. Ein Présent du Subjonctif sollte also nicht versehentlich in ein Imparfait de l'Indicatif verwandelt werden:

Le Préfet de police a dit: «Toutes les précautions ont été prises pour éviter que des incidents **se produisent**.*»*
→ *Le Préfet de police a dit que toutes les précautions avaient été prises pour éviter que des incidents* **se produisent.**

65 **Zusammenfassung:**

1) Steht das Hauptverb in einer Zeit der **Nicht-Vergangenheit** (Gegenwart oder Zukunft), so **bleibt die Zeit der direkten Rede bestehen.**
2) Steht das Hauptverb in einer Zeit der **Vergangenheit,** so braucht man nur die konjugierte Verbform (z. B. *-a* in *finira, -ait* in *finirait*) zu berücksichtigen und folgende Regeln anzuwenden:
   Présent wird zu **Imparfait; Imparfait** bleibt **Imparfait;**
   Passé simple wird zu **Plus-que-parfait; Subjonctif** bleibt **unverändert.**

Kapitel 5: Der Bedingungssatz
Der Gebrauch des Conditionnel

Allgemeines

66 *a)* Das **Conditionnel** erfüllt zwei Funktionen:

- als «Futur du passé» in der indirekten Rede (s. §§ 5 und 61) hat das Conditionnel eine rein **temporale** Funktion und gehört zum Modus Indikativ:

  Il dit qu'il **viendra.** →*Il a dit qu'il* **viendrait.**

- als **Modus** dient das Conditionnel in erster Linie zum Ausdruck einer Möglichkeit:

CONDITIONNEL PRESENT *Il* serait *furieux.*	= Möglichkeit oder bloße Annahme für die Gegenwart oder die Zukunft.
CONDITIONNEL PASSE *Il* aurait été *furieux.*	= unerfüllte Möglichkeit (auf die Vergangenheit bezogen)

Sonstiger Gebrauch des Conditionnel s. unten §§ 82ff.

67 *b)* Der **Bedingungssatz** oder genauer das Bedingungssatzgefüge besteht aus:

- einem **Nebensatz,** der von einer hypothetischen (konditionalen) Konjunktion (meist *si*) eingeleitet wird und eine *Bedingung* (B) ausdrückt
- und einem **Hauptsatz,** der die *Folge* (F) ausdrückt:

Si les routes étaient meilleures, il y aurait moins d'accidents.

B ————————————→ F

Die Reihenfolge kann umgedreht werden:

Il y aurait moins d'accidents si les routes étaient meilleures.

F ←———————————— B

Der Bedingungssatz entspricht einer **Implikation** (*implizieren* = zur Folge haben): *wenn a geschieht, geschieht b* (s. auch § 144).

I. Die Zeiten und Modi im Bedingungssatzgefüge mit si

68 ⇨ Im *si*-Satz sind **Futur und Conditionnel ausgeschlossen.**

Anstelle des Conditionnel steht das **Imparfait:**

Wenn das Wetter schön ist ... *S'il* fait *beau* ...
Präsens → Présent

Wenn das Wetter schön wäre ... *S'il* **faisait** *beau* ...
Konditional[1] → **Imparfait**

Verglichen mit dem Deutschen scheint diese Tatsache unlogisch. Sie wird aber verständlich, wenn man die Verbformen folgender Sätze vergleicht:

a) S'il **fait** *beau, nous* **mangerons** *dehors.*
PRESENT INFINITIF + PRESENT (= Futur)

b) S'il **faisait** *beau, nous* **mangerions** *dehors.*
IMPARFAIT INFINITIF + IMPARFAIT (= Conditionnel)

69 Der Gebrauch der Zeiten und Modi im Satz *b* ist parallel zum Gebrauch der Zeiten und Modi im Satz *a*: Im Hauptsatz ist die *Présent*-Endung *-ons* in eine *Imparfait*-Endung *-ions* verwandelt worden, und im *si*-Satz ist das Présent *fait* ebenfalls in ein Imparfait *(faisait)* verwandelt worden.

70 Dass das Imparfait *faisait* nicht als Zeit der Vergangenheit verstanden wird, liegt daran, dass es in Verbindung mit dem Conditionnel *mangerions* steht. Wenn im Hauptsatz auch das Imparfait stünde:

S'il faisait *beau, nous* **mangions** *dehors.*

würde *si* nunmehr «jedes Mal wenn» bedeuten (vgl. dazu M. GREVISSE, *Le Bon Usage*, Gembloux/Paris 1969, 9e éd., § 984e), d.h. dasselbe wie *quand* + Imparfait (dieser Gebrauch von *si* ist jedoch nicht geläufig).

71 Nun gibt es für die Zeiten und Modi im *si*-Satz und im Hauptsatz folgende Kombinationsmöglichkeiten, je nachdem, ob *B* (Bedingung) und *F* (Folge) sich auf die Gegenwart bzw. Zukunft oder auf die Vergangenheit beziehen:

a) **B und F auf Gegenwart bzw. Zukunft bezogen**:

si-Satz: **Présent** ————→ Hauptsatz: **Présent** oder **Futur**

Si *tu* **es** *fatigué, tu* **peux** *aller te coucher.*
S'*il* **fait** *beau, nous* **mangerons** *dehors.*
= Möglichkeit oder Annahme für die Gegenwart oder die Zukunft.

Im Deutschen könnte man auch im 2. Satz das Präsens (*essen wir*) verwenden. Dies ist im Französischen deshalb nicht möglich, weil *si* dadurch die Bedeutung «jedes Mal wenn» bekommen würde (ähnlich wie oben in § 70):

S'il fait *beau, nous* **mangeons** *dehors.* = **Quand** *il fait beau* ...

Das liegt wohl daran, dass *manger* ein Vorgangsverb ist, während *pouvoir* (im 1. Satz) einen Zustand ausdrückt Vgl. auch:

Si/quand je dis oui, elle **dit** *non.* = jedes Mal wenn
Si je dis oui, elle **dira** *non.*

[1] streng genommen: Konjunktiv II mit konditionaler Bedeutung.

oder:

si-Satz: **Imparfait** ⟶ Hauptsatz: **Conditionnel Présent**

S'*il* **faisait** *beau, nous* **mangerions** *dehors.*
= bloße Annahme für die Gegenwart oder die Zukunft.

b) **B und F auf Vergangenheit bezogen**:

si-Satz: **Passé composé** ⟶ Hauptsatz: **Passé composé**

S'*il* **est allé** *en Italie, il* **a** *sûrement* **eu** *du beau temps.*
= vielleicht erfüllte Annahme auf die Vergangenheit bezogen.

oder:

si-Satz: **Plus-que-parfait** ⟶ Hauptsatz: **Conditionnel passé**

S'*il* **était allé** *en Italie, il* **aurait eu** *du beau temps.*
S'*il* **avait fait** *beau, nous* **aurions mangé** *dehors.*
= nicht erfüllte Bedingung → F konnte nicht geschehen.

Anm. 1: Anstelle des Plus-que-parfait im *si*-Satz und des Conditionnel passé im Hauptsatz kann man das **Subjonctif Plus-que-parfait** verwenden:

S'il eût fait *beau, nous* eussions mangé *dehors.*
S'il eût fait *beau, nous aurions mangé dehors.*
S'il avait fait beau, nous eussions mangé *dehors.*

Dieser Gebrauch ist jedoch sehr literarisch.

Anm. 2: Anstelle des Conditionnel passé im Hauptsatz wird manchmal das Imparfait verwendet, um auszudrücken, dass die Folge mit Sicherheit eingetreten wäre, z.B.:

Si les pompiers n'étaient pas arrivés à temps, tout l'hôtel brûlait (statt: *aurait brûlé*).

c) **B auf Vergangenheit bezogen, F auf Gegenwart oder Zukunft**:

si-Satz: **Passé composé** ⟶ Hauptsatz: **Présent** oder **Futur**

S'*il* **a fait** *cela, il* **est** *fou.*
S'*il* **a fait** *cela, il* **aura** *des ennuis.*
= vielleicht erfüllte Bedingung

oder:

si-Satz: **Plus-que-parfait** ⟶ Hauptsatz: **Conditionnel présent**

Si *nous* **étions partis** *plus tôt, nous* **serions** *déjà à la maison.*
= B nicht erfüllt → F nicht mehr erfüllbar.

Der Fall, wo sich B auf die Gegenwart und F auf die Vergangenheit bezieht, kommt selten vor. Beispiel:

S'il était coupable, il ne serait pas resté sur les lieux du crime.
S'il n'est pas blessé, il a eu de la chance.

72 Zusammenfassung:

VERGANGENHEIT		GEGENWART/ZUKUNFT	
si-Satz	Hauptsatz	*si*-Satz	Hauptsatz
Passé composé →	**Passé composé**	**Présent** →	**Présent** / **Futur**
Plus-que-parfait →	**Condit. passé**	**Imparfait** →	**Condit. présent**

73 **comme si** als ob, als wenn

Auch nach *comme si* darf kein Futur oder Conditionnel stehen: In Frage kommen nur **Imparfait** und **Plus-que-parfait** (bzw. Plus-que-parfait du Subjonctif wie oben in § 71b Anm. 1):

Il fait toujours comme s'il ne me connaissait *pas.*
*Je m'en souviens comme si cela s'*était passé *hier.*

74 **si ... et que SUBJ**

Wenn ein konditionales *si* durch *que* wieder aufgenommen wird (anstelle von *et si*), muss nach diesem *que* der Subjonctif stehen (s. § 141 Anm. 1).

75 **si = ob**

Wenn *si* eine **indirekte Frage** einleitet (deutsch ob), gilt die Regel in § 68 nicht: sowohl das Futur als auch das Conditionnel mit seinen beiden Funktionen (temporal + modal) sind möglich:

Je ne sais pas **s'***il* **viendra**.
Je ne savais pas **s'***il* **viendrait.** = «futur du passé»
Je ne sais pas **s'***il* **serait** *très content.* = modales Conditionnel

76 **Nicht-konditionales** *si*: In einigen Fällen hat die Konjunktion *si* keinen konditionalen (hypothetischen) Charakter:

a) si …, c'est …: Der *si*-Satz drückt eine Tatsache aus, die im Hauptsatz erklärt wird:

Si *je suis en retard,* c'est *[parce] que j'ai raté le train.*
Si *je suis en retard,* c'est *à cause de la circulation.*[1]

b) si mit konzessivischer Nuance (Gegenüberstellung):

Si *le pourcentage des fils d'ouvriers dans les universités s'est considérablement accru au cours des dernières années, le nombre de ceux qui parviennent au terme de leurs études demeure très faible.*
Si *l'alcoolisme est en régression, la consommation de drogue, surtout chez les mineurs, continue à inquiéter le ministère de la Santé.*
= einerseits … andererseits …; zwar … aber … (s. § 147)

c) si wird in der gesprochenen Sprache sehr häufig in Fragesätzen verwendet, um einen Vorschlag auszudrücken (vgl. *wie wär's, wenn …*):

Si on allait au cinéma?
Si on jouait aux cartes?

II. Sonstige Mittel zum Ausdruck eines Bedingungssatzes

Ein Bedingungssatz lässt sich auch anders ausdrücken als durch einen *si*-Satz:

77 **1)** durch andere konditionale **Konjunktionen:**

Nach diesen Konjunktionen steht entweder das Conditionnel oder der Subjonctif (s. auch § 141):

<table>
<tr><td rowspan="4">au cas où
dans le cas où</td><td rowspan="4">COND</td><td>► en cas que (lit.)</td><td></td><td rowspan="4">SUBJ</td></tr>
<tr><td>à supposer que</td><td rowspan="2">vorausgesetzt, daß</td></tr>
<tr><td>pourvu que</td></tr>
<tr><td>à condition que</td><td></td></tr>
</table>

<table>
<tr><td>Au cas où (dans le cas où) il ferait beau,</td><td rowspan="5">nous mangerons dehors.</td></tr>
<tr><td>En cas qu'il fasse beau,</td></tr>
<tr><td>A supposer qu'il fasse beau,</td></tr>
<tr><td>Pourvu qu'il fasse beau,</td></tr>
<tr><td>A condition qu'il fasse beau,</td></tr>
</table>

---

[1] Nach einigen Ausdrücken, die den Subjonctif erfordern, vor allem nach *ne pas s'étonner,* steht in der gesprochenen Sprache anstelle von *que* häufig *si*:

Ne vous étonnez pas si la maison est en désordre.
C'est un miracle s'il n'a pas été blessé.

78 **2)** durch das **Gérondif** (s. § 172):

En prenant l'autoroute, *vous irez plus vite. (= Si vous prenez ...)*
En achetant aux magasins X, *vous ferez des économies. (= Si vous achetez ...)*

79 **3)** durch eine **Apposition** (Satzteil ohne Verb):

A votre place *(= si j'étais à votre place), je ne dirais rien.*
Un pas de plus (= *s'il avait fait un pas de plus), il tombait (serait tombé) dans le précipice.*
Sans lui *(= s'il n'avait pas été là), nous aurions eu des difficultés.*
Avec un peu de courage *(= si vous avez un peu de courage), vous y arriverez.*
Réchauffé, *le bœuf mode est encore meilleur (= s'il est réchauffé).*

80 **4)** durch **Koordination** (selten):

Koordination bedeutet, dass zwei Sätze nebeneinander stehen und eine syntaktische Einheit bilden. Der erste Satz (= der eigentliche Bedingungssatz) kann die Form eines Fragesatzes haben:

Seriez-vous *arrivé plus tôt, vous auriez pu lui parler.*

Diese Frageform wird jedoch eher mit einem Imparfait verwendet, d. h. in den Fällen, wo *si* «jedes Mal wenn» bedeutet (s. § 70):

Pleuvait-il, *nous jouions aux cartes.* = *s'il pleuvait, quand il pleuvait.*

Der Bedingungssatz kann auch die Form eines Aussagesatzes haben (nur mit Conditionnel!):

Vous seriez *venu plus tôt, vous auriez pu lui parler.*
Tu me l'aurais *demandé, je l'aurais fait.*

Manchmal werden beide Sätze durch *que* verbunden:

Il aurait eu un accident que *cela ne m'étonnerait pas.*

Von beiden Konstruktionen ist die Aussageform die geläufigste. Sie werden jedoch nur selten als Variante für einen *si*-Satz verwendet, sondern eher für konzessive Sätze (s. auch § 148):

M'aurait-on proposé une fortune }
On m'aurait proposé une fortune } *[que] je ne l'aurais pas fait.*

81 **5)** durch **à + Infinitiv** (s. auch § 197):

A l'entendre, *il sait tout faire.*
A en croire *les astrologues, on ne peut pas échapper à son destin.*
A en juger par *le cours actuel des négociations, il ne semble pas qu'on puisse aboutir rapidement à une solution.*
A y regarder de près ... (genau betrachtet ...)

III. Sonstiger Gebrauch des Conditionnel[1]

Das Conditionnel dient hauptsächlich zum Ausdruck einer Möglichkeit, wird aber auch in folgenden Fällen gebraucht:

82 **1)** in **Fragen,** zum Ausdruck eines **Zweifels:**

Auriez-vous peur?	Haben Sie etwa Angst?
Aurait-il perdu la tête?	Hat er denn/etwa den Verstand verloren?
Serais-tu malade?	Bist du vielleicht/etwa krank?

83 **2)** zur **vorsichtigen Wiedergabe** von Mitteilungen (in der Zeitungssprache besonders häufig):

Selon le porte-parole du gouvernement, le Président de la République **aurait** *l'intention de se rendre aux Etats-Unis dans le courant de l'année.*
Aux dernières nouvelles, la catastrophe **aurait fait** *plus de 40 victimes.*
(= soll ... gefordert haben)

84 **3)** zur **Abschwächung** eines Wunsches, einer Bitte usw. («conditionnel de politesse»):

Je voudrais (j'aurais voulu) vous demander ... (s. auch § 47)
Je désirerais parler au directeur.
J'aimerais qu'on se taise. (statt: *Taisez-vous!*)
Vous auriez intérêt à travailler plus.
Tu ferais bien (oder *mieux*) *de travailler.*
Vous seriez gentil (oder *aimable*) *de ne pas me déranger.*
Je vous serais reconnaisant de bien vouloir ...
Auriez-vous la gentillesse (l'amabilité) de ...?

85 **4)** zum Ausdruck der **Empörung** (in Frage- oder Ausrufesätzen):

Comment? Il aurait osé dire une chose pareille?
Et en plus de la vaisselle, il faudrait que je fasse les courses!

86 **5) savoir:** Wenn *savoir* im Conditionnel steht und verneint ist (jedoch ohne *pas*!), bedeutet es «nicht können»:

La machine **ne saurait** *remplacer l'homme* (= ne peut pas).
Je **ne saurais** *vous répondre* (= je ne peux pas).

Dieser Gebrauch von *savoir* ist literarisch.

---

[1] Zum Conditionnel als Tempus s. §§ 5 und 61.

Kapitel 6: Subjonctif oder Indicatif?

Allgemeines

(Abkürzungen: SUBJ für Subjonctif, IND für Indicatif)

87 Subjonctif und Indicatif gehören zu einem System, dessen Prinzipien leicht zu durchschauen sind. Da aber das ausschlaggebende Kriterium für den Gebrauch von SUBJ oder IND die **Bedeutung** ist, kann die Anwendung dieser Prinzipien in einigen Fällen schwierig sein: z. B. können einige Ausdrücke (*admettre, comprendre, être d'avis,* usw.) je nach Kontext verschiedene Bedeutungen haben, andere können leicht miteinander verwechselt werden (z. B. *douter* und *se douter, permettre* und *promettre, constater* und *contester*). Es ist deshalb ratsam, sich diese Ausdrücke genau zu merken!

88 Die **Sprachregister** (geschriebene Sprache / gesprochene Sprache, gepflegte Sprache / Standardsprache / Umgangssprache usw.) üben nur einen geringen Einfluss auf den Gebrauch von SUBJ und IND aus. Dagegen gehören das *Imparfait du subjonctif* und das *Plus-que-parfait du Subjonctif* heute zum Bereich der sehr gepflegten *Schrift*sprache (vgl. §§ 8 u. 11, Anm. 1).

I. In welchen Satztypen kann der Subjonctif stehen?

89 1) in selbständigen Sätzen:

– mit *que*: Ausrufe (meist feste Wendungen), die einen Befehl ausdrücken:	*Que personne ne sorte!* (Niemand verlässt den Raum!) *Que je ne t'y reprenne plus!* (Dass ich dich ja nicht mehr dabei erwische!)
In der gehobenen Sprache auch mit hypothetischer Bedeutung:	*Qu'il vienne, je saurai bien lui tenir tête!* (= Er soll kommen, d. h. wenn er kommt)
– ohne *que*: Ausrufe, die einen Wunsch ausdrücken:	*Puissiez-vous dire vrai!* (gewählt) *Dieu soit loué!* (Gott sei Dank!) *Honni soit qui mal y pense.* *Vive la France!*
In einigen Fällen ist die Grenze zwischen Wunsch und Befehl nicht leicht zu ziehen:	*[Que] le diable l'emporte!* *[Que] ta volonté soit faite!* *[Que] Dieu vous bénisse!*

Ein selbständiger Satz ohne *que* mit SUBJ kann auch eine Hypothese ausdrücken, z. B. am Anfang einer mathematischen Aufgabe: *Soit un triangle ABC dont le côté AB mesure deux fois le côté BC* … (Gegeben ist …).

90 In den vorangegangenen Beispielen hat der Subjonctif die gleiche Funktion wie der deutsche Konjunktiv, vgl.:

Dein Wille geschehe*!*	→ *Que ta volonté* soit *faite!*
Gott sei *Dank!*	→ *Dieu* soit *loué!*

Es ist aber nicht immer der Fall. In Wirklichkeit entspricht der französische Subjonctif selten dem deutschen Konjunktiv, vgl.:

{ *Er hat gesagt, es* **sei** *schade, dass du nicht kommen* **kannst.**
  Il a dit qu'il **était** *dommage que tu ne* **puisses** *pas venir.*

⇨ (Deutscher) **Konjunktiv** und (französischer) **Subjonctif** dürfen also nicht miteinander verwechselt werden!

91 **2) in Nebensätzen, die durch QUE eingeleitet sind** («*que*-Sätzen»):

- nach einem Verb: *Je* **regrette** *que vous* ayez *dû attendre.*
- nach einem Adjektiv: *Je suis bien* **content** *que tu* sois *là.*
- nach einem Substantiv: *La* **crainte** *qu'elle* puisse *le quitter un jour le tourmente.*
- nach einer Konjunktion[1]: *Il l'a fait* **sans qu'***elle le* sache.

92 **3) in Relativsätzen** (Gebrauch s. §§ 132–133):

Je cherche un hôtel **qui** *ne* soit *pas trop bruyant.*
Bouzigue est l'homme le plus charmant **que** *je* connaisse.

93 **4)** In einem Hauptsatz steht der SUBJ nur in wenigen festen Wendungen, z. B.:

coûte que coûte	koste es, was es wolle; um jeden Preis
advienne que pourra	komme, was wolle
je ne sache pas que …	ich wüsste nicht, dass …

94 **Bilanz:** Der SUBJ steht selten in einem Hauptsatz (§ 93), kann in selbständigen Sätzen stehen, wobei es sich meist um feste Wendungen handelt (§ 89), und steht sonst nur in einem Nebensatz. Aber:

---

[1] *que* ist zwar Bestandteil der Konjunktion, aber der Einfachheit halber kann man auch hier von einem *que*-Satz sprechen.

> Im Nebensatz kann der SUBJ nur nach **que** oder nach einem **Relativpronomen** stehen. Nach *comment, pourquoi, si* usw. kann also kein SUBJ stehen!

Beispiel:

{ *Je comprends bien* **qu'***il* **soit** *déçu.*
{ *Je ne comprends pas* **pourquoi** *il* **est** *déçu.*

II. Die Funktion des Subjonctif

SUBJ und IND sind Modi. Ein Modus dient zum Ausdruck der Modalität:

95 **1) Was ist Modalität?**

Die Modalität eines Satzes verbindet das Prädikat mit dem Subjekt[1] und besagt dabei, **ob** und **inwiefern das Prädikat für das Subjekt gilt.** Die Modalität wird u. a. durch Modaladverbien ausgedrückt:

z. B.: Subjekt = *Bouzigue,* Prädikat = *verliebt sein*
Mögliche Sätze[2]:

[er sagt, dass]	*Bouzigue*	Ø (= ja)	*verliebt ist.*
	Bouzigue	**sicher**	*verliebt ist.*
	Bouzigue	**vielleicht**	*verliebt ist.*
	Bouzigue	**nicht**	*verliebt ist.*
	Bouzigue	**leider**	*verliebt ist.*

Fassen wir die meisten Möglichkeiten in ein Schema zusammen (die Adverbien sind in zwei Gruppen aufgeteilt, weil der Unterschied, der zwischen beiden Gruppen besteht, etwas mit dem Gebrauch von SUBJ und IND zu tun hat):

---

1 Diese Definition folgt in etwa Zembs Syntaxtheorie (J.-M. Zemb, *Satz, Wort, Rede – Semantische Strukturen des deutschen Satzes,* Freiburg i. B. 1972).
2 Wir wählen die Form des Nebensatzes, damit das Modaladverb in den Beispielen zwischen Subjekt und Prädikat steht.

SUBJEKT	MODALITÄT	PRÄDIKAT
	① Ø (= ja), gewiss, sicher nicht gewiss nicht, gar nicht vielleicht, möglicherweise wahrscheinlich	
Bouzigue ←	② leider, leider nicht glücklicherweise merkwürdigerweise erstaunlicherweise selbstverständlich natürlich	→ *verliebt sein*

96 **2) Was hat die Modalität mit SUBJ und IND zu tun?**

Um dies zu erfahren, versuchen wir nun, diese Modaladverbien zu umschreiben, und zwar durch einen verbalen Ausdruck mit anschließendem *que*-Satz, z. B.:

ADVERB	→ TRANSFORMATION MIT que-SATZ	→ MODUS:
① Ø (= ja), gewiss	→ *Il est vrai (certain)*	*que B.* **est** *amoureux.*
nicht	→ *Il est faux / je doute / je ne crois pas*	*que B.* **soit** *amoureux.*
vielleicht	→ *Il est possible / il se peut*	*que B.* **soit** *amoureux.*
wahrscheinlich	→ *Il est probable / je suppose*	*que B.* **est** *amoureux.*
② leider	→ *Il est dommage / je regrette*	*que B.* **soit** *amoureux.*
erstaunlicherweise	→ *Il est étonnant / je m'étonne*	*que B.* **soit** *amoureux.*
natürlich	→ *Il est naturel*	*que B.* **soit** *amoureux.*

Ergebnis: In der Gruppe *1* findet man sowohl den IND als auch den SUBJ, in der Gruppe *2* dagegen nur den SUBJ. Wir müssen also herausfinden, worin sich die beiden Gruppen unterscheiden:

97 Beide Gruppen enthalten Wörter, die ein *Urteil* ausdrücken.
In der Gruppe *1* haben die Urteile nichts mit Gefühlen zu tun. Es wird in keiner Weise gesagt, ob Bouzigues Verliebtheit bedauert, missbilligt, begrüßt (usw.) wird. Es wird lediglich auf die Frage geantwortet: Stimmt es, dass Bouzigue verliebt ist? Und die Begriffe, die in der Antwort benutzt werden, sind *sachlich*[1] und rein *«intellektu-*

---

[1] Dass der Sprechende vielleicht eine «persönliche» (subjektive) Meinung ausdrückt, ist hier unwichtig. Wichtig ist nur, dass sein Urteil nichts über seine Gefühle aussagt.

ell»: wahr – wahrscheinlich – möglich – falsch. Deshalb sprechen wir hier von einer **Modalität des Verstands** oder von einer **intellektuellen Modalität.** Ganz anders die Gruppe *2:* Hier teilt der Sprechende zusätzlich mit, welche *Gefühle* Bouzigues Zustand in ihm weckt: tiefes Bedauern, Mitleid, Freude, Staunen[1] usw. Wir haben es hier mit *gefühlsmäßigen* Urteilen zu tun. Deshalb sprechen wir von einer **Modalität des Gefühls** oder von einer **affektiven Modalität.**

98 Alle Adverbien lassen sich in eine Wendung mit *que*-Satz verwandeln. Umgekehrt können nicht alle Verben oder Ausdrücke durch ein Modaladverb umschrieben werden (z. B. *craindre, se souvenir*). Trotzdem ist es möglich, jedes Verb in die eine oder die andere Gruppe einzuordnen (z. B. *craindre* = Gruppe *2, se souvenir* = Gruppe *1*), selbst wenn die Einordnung bestimmter Verben Schwierigkeiten bereitet (z. B. *comprendre* = Gruppe *1* oder Gruppe *2,* je nach Bedeutung). Diese Verben werden im Laufe dieses Kapitels ausführlich behandelt.

99 In den meisten Fällen, wo der SUBJ steht, ist er **obligatorisch** (z. B. in § 96) und somit auch **redundant:** Er bringt keine neue Information und dient nur als Wiederholung der im Hauptverb enthaltenen Modalität.
Wenn aber die Wahl zwischen SUBJ und IND **frei** ist, bekommt der Satz je nach dem gewählten Modus eine andere Bedeutung – SUBJ und IND haben in diesem Fall **unterscheidende** Funktion, z. B.:

Elle dit que Jacques **vient** = Sie sagt, dass Jacques kommt.
Elle dit que Jacques **vienne** = Sie sagt, Jacques solle kommen.

III. Die Modalität des Gefühls (affektive Modalität)

100 ⇨ **REGEL:** Nach Verben und Ausdrücken, die eine **affektive** Modalität beinhalten, steht im que-Satz automatisch der **SUBJ.**

Es handelt sich um Verben und Ausdrücke, die

- ein wertendes Urteil
  (*ich finde gut/schlecht* usw.) … → s. *Liste 1* (§ 101)
- oder einen Willen bzw. einen Wunsch[2] ausdrücken. → s. *Liste 2* (§ 102)

Die folgenden Listen sind selbstverständlich nicht vollständig. Es wird empfohlen, sich die fett gedruckten Ausdrücke genau einzuprägen.

---

[1] *Natürlich* und *selbstverständlich* gehören eindeutig dazu, denn sie bedeuten dasselbe wie *nicht erstaunlich.*

[2] wobei die Angst als Gegenteil des Wunsches aufgefasst werden kann.

101 **Ausdrücke mit SUBJ – Liste 1**

Das Zeichen ° bedeutet, dass die Konstruktion *de ce que* möglich ist (s. Anm. 1).

trouver bon, mauvais, juste, injuste, honteux, malhonnête, dommage (usw.) *que*

► **trouver que IND** s. § 113!

approuver que begrüßen, gut finden, *désapprouver que* missbilligen

regretter, déplorer, être désolé, être navré que bedauern

admirer que

s'indigner° que sich darüber empören, dass

se plaindre° que

être content°, heureux°, satisfait°, ravi°, charmé°, enchanté°, mécontent°, triste°, affligé° bedrückt (gewählt), *ennuyé°, gêné°, fâché°, contrarié°, indigné°, choqué°, outré°* empört (usw.) *que*

se réjouir° que

il me plaît, il me déplaît (lit.) *que, cela* (umgangsspr. *ça*) *me plaît, ne me plaît pas que*

être étonné°, surpris°, stupéfait° verblüfft *que*

s'étonner° que

trouver étonnant, surprenant, stupéfiant, étrange, curieux, bizarre (umgangsspr.), **compréhensible, naturel, normal, logique** (**2**), *inquiétant* beunruhigend, *rassurant* beruhigend, *dangereux, stupide, absurde* (usw.) *que*

il est (oder umgangsspr. *c'est*) *bon, mauvais, injuste, dommage, honteux, regrettable, déplorable, triste, ennuyeux, gênant, fâcheux, contrariant, choquant, révoltant, étonnant, surprenant, stupéfiant, étrange, curieux, bizarre* (umgangsspr.), **compréhensible, naturel, normal, logique** (**2**), *inquiétant, rassurant, dangereux, stupide, absurde* (usw.) *que*

[il n'y a] rien d'étonnant à ce que kein Wunder, dass

mit Substantiven:

c'est une honte, un scandale que

c'est un malheur, une chance que

► **le malheur veut que IND/SUBJ** (s. Anm. 3)

Anmerkungen:

1 Die Konstruktion **de ce que** hebt den Subjonctifzwang auf: Es kann sowohl der IND als auch der SUBJ stehen:

Le Secrétaire d'Etat s'est réjoui **de ce que** *la réintroduction de l'heure d'été* **a/ait** *permis d'économiser l'équivalent d'un million de tonnes de pétrole.*

2 Compréhensible, naturel, normal, logique bedeuten «nicht erstaunlich». Deshalb der **SUBJ:**

La nouvelle autoroute doit passer à 200 m de la maison de Bouzigue. Il est donc compréhensible (naturel, normal, logique) qu'il **soit** *furieux* (wie: *Il n'est pas étonnant qu'il* **soit** *furieux*).

3 Nach **le malheur veut (a voulu) que** kann auch der IND stehen, weil diese feste Wendung als reine Feststellung angesehen werden kann:

Le malheur a voulu qu'on **a/ait** *construit la nouvelle autoroute à 200 m de chez Bouzigue.*

102 **Ausdrücke mit SUBJ – Liste 2**

⇨ Die meisten Verben dieser Liste können nur dann einen *que*-Satz anschließen, wenn das Subjekt des *que*-Satzes nicht mit dem des Hauptsatzes identisch ist! (vgl. dazu § 208).

vouloir que
aimer que, aimer mieux que, préférer que
détester que
désirer que, souhaiter que ► **espérer que IND!** § 113
avoir besoin/envie/hâte que
craindre que (ne) (**1**), *redouter que (ne), avoir peur que (ne)*

exiger que, **tenir à ce que** in der Bed. von «Wert darauf legen, dass» (**2**)
► *supposer que* in der Bed. von «voraussetzen» (**3**)
► **supposer que mit IND** s. § 113
► *entendre que, prétendre que* im (literarischen) Gebrauch von «verlangen» (**4**)
► **ordonner que** aber **IND** in der Bed. von «beschließen» (**5**)
► **dire que, écrire que** in der Bed. von «bitten, befehlen» (**6**)
demander que bitten
proposer que vorschlagen, *recommander que* empfehlen
► **être d'avis que** in der Bed. von «vorschlagen» (**7**)
► **mit IND** s. § 113 meinen

défendre, interdire, refuser que
s'opposer à ce que
empêcher que (ne) ► **[il] n'empêche que IND** (Anm. **8**)
éviter que (ne)
faire en sorte que, veiller à ce que, faire attention que (od. *à ce que*)
permettre, autoriser que
accepter que, consentir à ce que, vouloir bien que
tolérer que dulden, *supporter que* ertragen
► **admettre que** in der Bed. von «akzeptieren» (**9**)
► **mit IND** s. § 113
► **comprendre que** in der Bed. von «Verständnis haben» (**10**)
► **mit IND** s. § 117

unpersönliche Ausdrücke:
il est (od. umgangsspr. *c'est*) *nécessaire, indispensable* unerlässlich, *essentiel, urgent, important, inévitable, superflu, souhaitable, préférable, utile* (usw.) *que*

il faut que
il importe que, il convient que es ist notwendig, dass
peu importe que es ist unwichtig, dass (ob)
il est [grand] temps que es ist [höchste] Zeit, dass
il vaut mieux que, il serait bon que
il suffit que
il est à craindre que
Substantive:
l'envie, le désir, le souhait que
la crainte, la peur que (ne) **(1)**
la nécessité que
mon désir, mon intention, ma volonté est que

Anmerkungen:

1 Dieses **ne** («*ne* explétif») ist nicht obligatorisch und gehört einer gewählten Sprache an. Es ist keine echte Verneinung, sondern vielmehr eine Partikel, die die Bedeutung des *que*-Satzes (das «Mögliche») unterstreicht. Wenn der Hauptsatz verneint ist, darf dieses *ne* nicht stehen:

Je crains qu'il (ne) *fasse une bêtise.*
Je ne crains pas qu'il fasse une bêtise.

2 **tenir à ce que:**

SUBJ: *Je tiens à ce que vous le* sachiez (= ich lege Wert darauf, dass ..., ich will).
IND: *Dans cette équipe, l'entente entre les joueurs est presque parfaite. Cela tient peut-être à ce qu'ils* sont *tous de la région* (das liegt daran, dass).

3 Nach **supposer que** steht der SUBJ, wenn das Verb die Bedeutung von «voraussetzen, verlangen» hat:

Ce métier suppose (= exige) qu'on soit *en très bonne santé.*

Wenn es die Bedeutung von «vermuten» hat, steht der IND (s. § 113).

4 **Entendre, prétendre que** mit SUBJ in der Bedeutung von «verlangen»:

Le Roi entendait (prétendait) qu'on lui obéisse *aveuglément.*

Für *prétendre que* «behaupten» s. §§ 118 u. 119.

5 **Ordonner que** erfordert den SUBJ, wenn es sich um einen persönlichen Wunsch handelt, den IND, wenn es sich um eine sachliche Entscheidung handelt (wie *décréter, décider*):

SUBJ.: *M. le Baron a ordonné qu'on lui* serve (servît) *un pâté de canard au petit déjeuner.*
IND.: *Le gouvernement a ordonné (décrété, décidé) que la vitesse* serait *limitée à 130 km/h sur les autoroutes.*

6 Dire, écrire (und auch *téléphoner*) **que:**
SUBJ in der Bedeutung von «bitten, befehlen»:

Il a dit (écrit, téléphoné) que tu viennes.

IND in der Bedeutung von «mitteilen» (s. § 118):

Il a dit (écrit, téléphoné) qu'il était *malade.*

Das deutsche *sollen* in *Er hat gesagt, ich soll(e) kommen* wird also durch den SUBJ wiedergegeben.

7 Ähnlich wie *dire* hat **être d'avis** zwei Bedeutungen: «meinen» (mit **IND**) und «vorschlagen» (mit **SUBJ**):

Je suis d'avis (= je pense) *qu'il* **a** *raison.*
Je suis d'avis (= je propose) *que nous l'***attendions** (= ich bin der Meinung, wir sollten auf ihn warten).

8 Nach **[il] n'empêche que** steht der **IND**, weil dieser Ausdruck praktisch als Adverb benutzt wird («nichtsdestoweniger, immerhin»):

[Il] n'empêche qu'il **a** *eu de la chance de ne pas être blessé.*
(vgl.: *Toujours est-il qu'il a eu de la chance de ne pas être blessé.*)

9 Admettre que:
IND oder **SUBJ** in der Bedeutung von «zugeben» (s. § 113):

J'admets qu'il **a/ait** *eu tort.*

SUBJ in der (affektiven) Bedeutung von «akzeptieren» (oder «nicht dulden» für *ne pas admettre*):

Les pays riches ont admis (= accepté) *que* **soit** *discuté le problème d'un prix garanti pour les matières premières en provenance du Tiers-Monde.*
Le patron n'admet pas (= ne tolère pas) *qu'on* **soit** *en retard.*

10 Comprendre que hat wie das deutsche Wort *Verständnis* zwei Bedeutungen:

Verständnis eines Textes = rein intellektuell
Verständnis für jemanden zeigen = «mit-fühlen»

Dieser Unterschied spiegelt sich im Modusgebrauch wieder:

IND: *C'est alors que j'ai compris qu'il* **était** *trop tard* (= «kapiert»).
SUBJ: *Je comprends qu'il n'***ait** *pas envie de rester seul* (= ich kann es ihm nachfühlen, habe Verständnis dafür).

Comprendre que mit IND: s. auch § 117.

IV. Die Modalität des Verstands (intellektuelle Modalität)

1) Prinzip:

103 Die Transformationen in § 96 haben gezeigt, dass nach Ausdrücken, die eine intellektuelle Modalität beinhalten, sowohl der IND als auch der SUBJ stehen kann. Um herauszufinden, wann welcher Modus steht, stellen wir nun eine Liste mit einigen Ausdrücken auf, die eine Art Skala zwischen den Polen «sicher» (100%) und «ausgeschlossen» (0%) bilden. Der Beispielsatz ist derselbe wie in § 96:

100% *il est vrai, certain, sûr*	*que B.* **est** *amoureux.*
↓ { *il est presque certain, presque sûr*	*que B.* **est** *amoureux*[1].
{ *il est probable, vraisemblable*	*que B.* **est** *amoureux*[1].
il est fort, très possible, il se peut	*que B.* **soit** *amoureux.*
il n'est pas impossible, pas exclu	*que B.* **soit** *amoureux.*
il n'est pas certain, pas sûr	*que B.* **soit** *amoureux.*
il est peu vraisemblable, peu probable	*que B.* **soit** *amoureux.*
il est douteux	*que B.* **soit** *amoureux.*
il est impossible, impensable, faux,	*que B.* **soit** *amoureux.*
0% *exclu, inexact*	

Ergebnis: Der IND verfügt über einen kleinen Spielraum. Er steht nicht nur nach «sicher», sondern auch nach «fast sicher/wahrscheinlich». So erklärt sich, dass nach Verben, die eine Wahrscheinlichkeit ausdrücken, wie *supposer, présumer, prévoir* und *compter,* der IND steht:

Il est probable
→ *Je suppose/présume/compte*   } *qu'il* **fera** *beau demain.*
La météo prévoit

Die Regel lautet also:

104 ⇨ **REGEL:** Der **IND** steht, wenn der Inhalt des *que*-Satzes als **sicher** oder zumindest als **wahrscheinlich** (fast sicher) hingestellt wird.
Der **SUBJ** steht, wenn der Inhalt des *que*-Satzes als **nicht sicher** hingestellt wird.

Beispiele:

105 **sicher/wahrscheinlich** → IND:

Je suis certain/convaincu
Je sais, je crois, je pense
Je suis presque sûr   } *qu'il* **a** *dit la vérité.*
Je suppose
J'ai l'impression, j'imagine
Je pourrais jurer

⇨ Ob der Inhalt des *que*-Satzes tatsächlich stimmt oder nicht, ist absolut unwichtig. Wichtig ist nur, dass der *que*-Satz als sicher bzw. wahrscheinlich **hingestellt** wird, vgl.:

---

[1] SUBJ nicht ausgeschlossen, jedoch selten.

Les Gaulois croyaient que le ciel **pouvait** *leur tomber sur la tête.*
Les Romains étaient persuadés que la Terre **était** *un disque.*
Le pauvre Bouzigue s'imagine/se figure (bildet sich ein) *que sa femme lui* **est** *fidèle.*

106 **nicht sicher** → SUBJ:
«Nicht sicher» kann bedeuten: *a)* absolut ausgeschlossen/falsch, oder *b)* ungewiss/zweifelhaft, oder *c)* möglich:

a) ausgeschlossen/falsch:

Il est faux, impossible *Il est exclu* *Je ne crois pas*	*qu'il* **ait** *dit la vérité.*

b) ungewiss/zweifelhaft:

Je ne suis pas sûr *Je n'ai pas l'impression* *Il est douteux, je doute*	*qu'il* **ait** *dit la vérité.*

c) möglich (reine Annahme):

Il est possible, il se peut qu'il **ait** *dit la vérité.*
Crois-tu *qu'il* **ait** *dit la vérité***?**
Suppose/imagine *que tu* **sois** *riche* … (Nimm an, angenommen)
Si j'étais *sûr qu'il* **vienne,** *je resterais à la maison.*

Kommentar:
Bei der Frage **(crois-tu que …?)** erklärt sich der SUBJ dadurch, dass der *que*-Satz als reine Hypothese hingestellt werden muss, da man die Antwort nicht weiß.
Die Verben **supposer** und **imaginer** im vorletzten Satz haben durch die Imperativform eine ganz andere Bedeutung bekommen als in den Beispielen § 105:

je suppose que = ich vermute → der *que*-Satz wird als wahrscheinlich hingestellt (IND).
suppose que = nimm an, dass → der *que*-Satz wird nur als möglich hingestellt (SUBJ). Dasselbe gilt für den Ausdruck **à supposer que** (angenommen, dass – s. auch § 141).

Im letzten Satz hat **si** eine ähnliche Wirkung wie die Verneinung in den Beispielen unter *b):*

wenn ich sicher **wäre** … = ich bin also **nicht sicher** → SUBJ (s. auch § 112)

2) Einflüsse:

Vergleicht man die Beispiele in § 105 und in § 106, so stellt man fest, dass der Übergang vom IND zum SUBJ durch einige Faktoren beeinflusst werden kann: Verneinung, Fragesatz, Bedingungssatz. **Diese Faktoren implizieren aber nicht immer den SUBJ im *que*-Satz:**

a) **Verneinung**:

107 Wenn ein Ausdruck wie *ne pas croire* oder *ne pas être sûr* im Präsens steht, wird der *que*-Satz automatisch als nicht sicher hingestellt. Daher der SUBJ:

Je **ne crois pas** *qu'il* **ait** *des chances de réussir.*

Steht derselbe Ausdruck in einer Zeit der Vergangenheit, so können sich zwei Möglichkeiten ergeben:

– der *que*-Satz kann als rein hypothetisch hingestellt werden (SUBJ):

Je **ne croyais pas** *qu'il* **ait/eût** *des chances de réussir.*
= ich glaubte nicht an einen Erfolg. Ob dieser inzwischen eingetreten oder ausgeblieben ist, darüber gibt der Satz keine Auskunft.

– oder der Inhalt des *que*-Satzes ist inzwischen zur Tatsache geworden und wird als sicher hingestellt (IND):

Je **ne croyais pas** *qu'il* **réussirait.** (= «il a réussi» + «je ne le croyais pas»).

108 Dagegen ist bei anderen Verben eine Opposition SUBJ-IND auch im Präsens möglich:

Je **ne me souviens pas** *qu'il* **ait** *dit cela.*
= ich bezweifle es (SUBJ); «ne pas se souvenir» bedeutet hier «douter».
Je **ne me souviens pas** *qu'il* **a** *dit cela.*
= ich bezweifle es nicht (IND), ich kann mich nur nicht erinnern.

Je **ne sens pas** *qu'il* **fasse** *froid.*
= ich finde nicht, dass es kalt ist.
Je **ne sens pas** *qu'il* **fait** *froid.*
= il fait froid (ich bezweifle es nicht) + je ne le sens pas (ich bin warm angezogen).

109 In der **gesprochenen Sprache** wird nach *je ne crois pas que* und ähnlichen verneinten Ausdrücken häufig der IND gesetzt, z. B. *je ne crois pas qu'il viendra* statt *qu'il vienne.* Dafür sind offenbar zwei Faktoren verantwortlich:
a) die Wirkung der **Analogie:** Nach *croire que* wird systematisch der IND verwendet, weil es «bequemer» ist und die Kommunikation (die Verständigung) nicht gefährdet.
b) die Tatsache, dass es im Subjonctif kein Futur gibt. So muss oft eine Art Hilfsverb hinzugefügt werden, das eine futurische Bedeutung hat (z. B. *je ne crois pas qu'il* puisse *réussir, qu'il* veuille *partir*). In dieser Hinsicht ist der IND natürlich viel einfacher: *Je ne crois pas qu'il réussira.*

Solche Abnutzungserscheinungen des SUBJ, die sich im Augenblick nur auf den Bereich des **oral courant (spontané)** beschränken, haben natürlich zur Folge, dass feine Unterschiede wie in §§ 107–108 nicht mehr gemacht werden können: In der gesprochenen Sprache kann deshalb der Satz *Je ne sens pas qu'il fait froid* auch die Bedeutung von *je ne trouve pas que* haben.

b) **Fragesatz**: meistens Indikativ

110 In einer Frage wird der *que*-Satz normalerweise als Hypothese hingestellt (vgl. § 106). Der IND ist aber nicht ausgeschlossen, vgl.:

A-t-on prouvé que Bouzigue **ait** *participé à ce hold-up?*
= ob er überhaupt teilgenommen hat (reine Möglichkeit)
A-t-on pu prouver que Bouzigue **avait** *participé à ce hold-up?*
= daß er teilgenommen hat (die Teilnahme wird als sicher betrachtet)

Der Bedeutungsunterschied ist jedoch meistens so fein, dass er sich in der Opposition zwischen einer «ehrlichen» (SUBJ) und einer rhetorischen, d. h. «unehrlichen» Frage (IND) erschöpft. Ob nun jeder Franzose diesen Unterschied erkennt, ist eine andere Frage, denn in der **gesprochenen Sprache** wird im Fragesatz viel häufiger der IND als der SUBJ verwendet:

Crois-tu qu'il **vienne?** = (geschriebene u. gesprochene) Standardsprache
Crois-tu qu'il **viendra?** = gesprochene Sprache

111 ⇨ Außerdem steht in **est-ce que-Fragen** und in **Intonationsfragen** immer der **IND.**

Der Grund liegt auf der Hand: Da die Wortstellung in solchen Fragen die gleiche ist wie im entsprechenden Aussagesatz, wird in Analogie zum Aussagesatz der IND gesetzt:

Aussagesatz:		**Tu crois** *qu'il* **viendra.**
est-ce que-Frage:	*Est-ce que*	**tu crois** *qu'il* **viendra***?*
Intonationsfrage:		**Tu crois** *qu'il* **viendra***?*

c) **Bedingungssatz**:

112 Wenn der *si*-Satz sich auf die Gegenwart bezieht, kann der *que*-Satz nur als möglich hingestellt werden (vgl. § 106, Kommentar) – daher der SUBJ:

Si *la police* **supposait** *que Bouzigue* **soit** *coupable, elle l'arrêterait.*

Wenn der *si*-Satz sich auf die Vergangenheit bezieht, ist die Opposition IND-SUBJ wieder «frei» (vgl. § 107):

Si *la police* **avait supposé** *que Bouzigue* **soit/fût** *coupable …*
= reine Annahme; der Satz gibt keine Auskunft darüber, ob Bouzigue tatsächlich als schuldig betrachtet wird.

Si *la police* **avait supposé** *que Bouzigue* **était** *coupable …*
= wenn die Polizei die (inzwischen als sicher geltende) Schuld Bouzigues vermutet hätte …

3) Verben und Ausdrücke mit IND:

113

penser que, croire que, estimer que, juger que	
trouver que	► SUBJ nach *trouver bon/juste … que* § 101
être sûr, certain, convaincu, persuadé que	
s'imaginer, se figurer que sich einbilden (Beispiel s. § 105)	
être d'avis que	► SUBJ in der Bed. von «vorschlagen» § 102
avoir l'impression, le sentiment que	
il **me** *semble que*	► *il semble que* IND/SUBJ s. § 123
se douter que (**1**) sich vorstellen	► *douter que* (zweifeln) SUBJ s. § 120
imaginer que (**1**) sich vorstellen	► SUBJ im Imperativ (s. Anm. 1)
supposer que (**1**) vermuten	► SUBJ im Imperativ (s. Anm. 1) ► SUBJ nach *à supposer que* (s. Anm. 1 u. § 141) ► SUBJ in der Bed. von «verlangen» § 102
présumer que (**1**) vermuten	
admettre que (**2**) zugeben	► SUBJ möglich in affirmativer Form (s. Anm. 2) ► Imperativ: IND/SUBJ je nach Bed. (s. Anm. 2) ► SUBJ in der Bed. von «akzeptieren» § 102
prévoir que voraussehen, *compter que* damit rechnen, dass	
► ► **espérer que** (3)	

Anmerkungen:

1 **Se douter que, imaginer que, supposer que** und **présumer que** implizieren alle, dass der *que*-Satz als wahrscheinlich betrachtet wird. Deshalb der **IND:**

Il est probable que Bouzigue **est** *coupable.*
→ *Je me doute/j'imagine/je suppose/je présume que B.* **est** *coupable.*

Wenn **imaginer** und **supposer** im **IMPERATIV** stehen, wird der *que*-Satz als reine Möglichkeit betrachtet. Deshalb der **SUBJ:**

Imagine/suppose que tu **aies** *beaucoup d'argent …* (vgl. § 106**c**)
Ebenso: **A supposer que** *tu* **aies** *beaucoup d'argent …* (s. auch § 141)

2 **Admettre que** ist in jeder Hinsicht ein tückisches Verb. Wenn es affirmativ, verneint oder fragend gebraucht wird, hat es zwei Grundbedeutungen:

1) «akzeptieren, dulden» (affektiv) → SUBJ (s. § 102)
2) «einsehen oder zugeben»: Auch wenn das Verb affirmativ ist, kann der IND oder der SUBJ stehen:

J'admets que Bouzigue **est** *un ivrogne.*
= je reconnais que (ich gebe ehrlich zu, dass)
J'admets que Bouzigue **soit** *un ivrogne,* mais *ce n'est pas une raison pour le mépriser.*
= leicht konzessiv («zwar … aber» – vgl. § 127)

Wenn das Verb im **IMPERATIV** steht, gibt es wiederum zwei Grundbedeutungen:

1) *Admets* und *admettez que* bedeuten *gib zu, geben Sie zu.* Hier steht der **IND:**

Admets (= reconnais) que tu **as** *mal agi.*

2) *Admettons que* (umgangsspr. auch *mettons que*) bedeutet *nehmen wir an, dass.* Hier steht also der **SUBJ**, wie nach *imagine, suppose que* (s. oben Anm. 1):

Admettons (imaginons, supposons) que Bouzigue **soit** *coupable: quel motif aurait-il eu?*

3 **Espérer que** erfordert den **IND**, obwohl dieses Verb mit *souhaiter* vergleichbar ist. Die beiden Verben unterscheiden sich jedoch dadurch, dass man nichts Unmögliches hoffen kann, während man sich das Unwahrscheinlichste wünschen kann. So betrachtet befindet sich die Bedeutung von *espérer* zwischen *souhaiter* (Wunsch – rein affektiv) und *prévoir, compter* (Wahrscheinlichkeit – rein intellektuell). Der Sprachgebrauch hat sich dafür entschieden, *espérer* als Verb der Wahrscheinlichkeit zu behandeln:

Je souhaite qu'il fasse *beau.*
*J'***espère** *qu'il* **fera** *beau* wie: *Je compte qu'il fera beau.*

Wenn das Verb verneint ist, bleibt oft nur noch die rein intellektuelle Bedeutung übrig («nicht mit etwas rechnen»), vgl.:

Je n'avais pas espéré (prévu, compté) qu'il **viendrait.**

Für *espérer* gibt es aber eine andere verneinte Form, nämlich **n'oser espérer que**, die einen reinen (hoffnungslosen!) Wunsch ausdrückt und folglich den **SUBJ** erfordert:

Je **n'ose espérer** *qu'il* **vienne.**

114 **Verneinung, Fragesatz, Bedingungssatz:** Wenn diese Verben in einer Zeit der Gegenwart stehen, steht im *que*-Satz der **SUBJ** (aber der IND ist in der gesprochenen Sprache sehr häufig, s. § 109):

Je ne crois pas/ne pense pas/ne trouve pas/n'estime pas que Bouzigue **ait** *des chances de gagner son procès.*
Je ne suis pas sûr/pas convaincu que Bouzigue **soit** *innocent.*
Il ne me semble pas/je n'ai pas l'impression qu'il **soit** *innocent.*
J'imagine mal *que Bouzigue* **puisse** *être acquitté* (*mal* erfüllt hier die gleiche Funktion wie eine Verneinung).
Pensez-vous/avez-vous l'impression/vous semble-t-il que Bouzigue **soit** *innocent?*
Si *vous croyez/estimez/supposez/comptez/espérez que Bouzigue* **puisse** *être acquitté, vous vous trompez.*

115 Wenn sie aber in einer Zeit der Vergangenheit stehen, ist der IND häufiger als der SUBJ:

Je n'aurais jamais cru/pensé/imaginé que Saint-Etienne **puisse** *gagner* oder **gagnerait** *ce match.*
Pensiez-vous que Saint-Etienne **puisse** *gagner/***gagnerait***?*
Si je m'étais douté/si j'avais supposé que Saint-Etienne **puisse** *gagner/***gagnerait,** *je serais allé voir le match.* (s. auch §§ 107–112)

116 (affirmativ → **IND**)
① *voir que, sentir que, entendre que*
constater que, remarquer que
entendre dire que, apprendre que erfahren
se souvenir que
② *confirmer que* bestätigen
prouver que (Ebenso: *apporter la preuve que*)

Verneinung, Fragesatz, Bedingungssatz: Diese Verben können in verneinter, fragender oder bedingender Form einen **Zweifel** oder eine **Annahme** ausdrücken. In diesem Fall steht der **SUBJ:**

Je n'ai pas constaté/remarqué/vu que Bouzigue **ait** *maigri.*
= ich habe nicht gefunden, dass er abgenommen hätte.
As-tu constaté/remarqué que Bouzigue **ait** *maigri?*
= alle sagen, er habe abgenommen. Mir ist es nicht aufgefallen.
Je n'ai pas entendu dire que Bouzigue **ait** *été arrêté.*
= ich finde diese Nachricht zweifelhaft.
Je ne me souviens pas que Bouzigue **ait** *jamais porté la barbe.*
= ich glaube es nicht.
L'enquête n'a pas prouvé que Bouzigue **ait** *participé au hold-up.*
= hat keine Beweise dafür geliefert: seine Teilnahme wird nur als möglich hingestellt.

Wenn der *que*-Satz als **sicher** hingestellt wird (z. B.: «ich habe es nicht gesehen, aber ich glaube es»), steht dagegen der **IND:**

Je n'ai pas vu/remarqué qu'il **était** *déjà midi.*
As-tu vu/remarqué que Bouzigue **avait** *maigri?*
= er hat abgenommen: hast du es gesehen?
Je ne me souvenais plus que Bouzigue **portait** *la barbe.*
Je n'ai pas entendu dire qu'il **avait** *été arrêté.*
On n'a pas pu prouver que Bouzigue **avait** *participé au hold-up.*

117 (affirmativ → **IND**)
s'apercevoir que, se rendre compte que, réaliser que (umgangsspr.)
comprendre que ▶ SUBJ in der Bed. von «Verständnis haben» § 102
savoir que aber *je ne sache pas que* (ich wüsste nicht) SUBJ

Diese Verben können nicht zum Ausdruck eines Zweifels verwendet werden: immer **IND:**

*Je ne me suis pas aperçu/ne me suis pas rendu compte/n'ai pas réalisé/n'ai pas compris/ne savais pas que c'***était** *dangereux.*

Nach *savoir* in verneinter oder fragender Form war früher der SUBJ möglich:

Je ne sais pas qu'il soit parti. (lit.)
Savez-vous qu'il soit parti? (lit.)

Heutzutage würde man dafür sagen (und auch schreiben):

J'ignore qu'il soit *parti.* (s. § 121)
Avez-vous entendu dire/est-il vrai qu'il soit *parti?*

118 (affirmativ → **IND**)
faire savoir que, apprendre à qn que mitteilen, *annoncer que*
avertir qn que, prévenir qn que benachrichtigen
dire que, écrire que ▶ SUBJ in der Bed. von «bitten» § 102
affirmer que, assurer que, déclarer que, expliquer que
soutenir que, **prétendre que** behaupten
jurer que
promettre que

Verneinung, Fragesatz, Bedingungssatz: Nach diesen Verben kommt der SUBJ (wenn der *que*-Satz angezweifelt wird) selten vor:

On ne m'a pas dit que Bouzigue ait *été arrêté.*
Besser: *Je n'ai pas entendu dire que Bouzigue* ait *été arrêté.*

Man geht eher davon aus, dass diese Verben eine **indirekte Rede** einleiten, und setzt deshalb den **IND:**

Je n'ai pas dit/annoncé/prétendu/promis ...: «Je viendrai».
→ *Je n'ai pas dit/annoncé/prétendu/promis ... que je* **viendrais.**

119 Aber:

➪ **je ne dis (prétends) pas que: SUBJ** in der Bed. von «nicht etwa, dass»
je ne jurerais pas que SUBJ (ich möchte nicht schwören, dass

Je ne dis pas (ne prétends pas) qu'il **soit** *idiot, mais ...*
vgl.: *Ce n'est pas qu'il* **soit** *idiot, mais ...* (s. auch § 138)
Je ne jurerais pas (= je ne crois pas) *qu'il* **ait** *dit toute la vérité.*

4) schwierige Ausdrücke:

Es handelt sich hier um einige geläufige Verben und Ausdrücke, bei denen der Modusgebrauch von der Grundregel abzuweichen scheint oder deren Bedeutung missverstanden werden kann.

120

douter que		**ne pas douter que**	
il est douteux que *nier que* leugnen *contester que* bestreiten	**SUBJ**	*ne pas nier que* *ne pas contester que* *il est indubitable, indéniable, incontestable que*	IND oder **SUBJ**

Wenn diese Verben **affirmativ** verwendet werden, implizieren sie einen Zweifel: deshalb der **SUBJ.** Wenn sie **verneint** werden, wird der Zweifel ebenfalls verneint, so dass der IND logisch erscheint. Zwar ist er nicht unmöglich, aber häufiger steht im *que*-Satz der **SUBJ,** sei es aus «Bequemlichkeit» oder weil die Bedeutung des Zweifels trotz Verneinung immer noch spürbar ist.

Je doute que vous **ayez** *fait votre possible.*
Je ne doute pas/ne nie pas } *que vous* **ayez**/avez *fait votre possible.*
Il est indubitable/indéniable }

121

ignorer que IND/SUBJ	*ne pas ignorer que* IND/(SUBJ)

Nach *ignorer que* steht der IND oder der SUBJ, je nachdem, ob der *que*-Satz als sicher betrachtet wird oder nicht:

J'ignorais qu'il **était** *malade.* = ich habe es nicht gewusst
J'ignore qu'il **soit** *malade.* = es ist mir nicht bekannt, dass er krank wäre

Ne pas ignorer que bedeutet *savoir que,* also IND. Aber man findet gelegentlich auch den SUBJ:

Je n'ignore pas qu'elle **est** (soit) *riche.*

122

sans doute que, peut-être que *probablement que, heureusement que*	**IND**

Diese Ausdrücke leiten keinen *que*-Satz ein, denn ein Adverb kann unmöglich als Hauptsatz fungieren! Ein Satz wie:

Peut-être que *nous aurons de la pluie.*

ist nichts anderes als die (geläufigere) Entsprechung für:

Peut-être aurons-nous de la pluie. (s. § 406)

123 **il semble que IND/SUBJ** ► *il* **me** *(lui …) semble que* IND (§ 113)
il semblerait que SUBJ

Il semble que la popularité du Président de la République **est** *en baisse.*
= alles spricht dafür, es ist wahrscheinlich

Il semble que la popularité du Président de la République **soit** *en baisse.*
= es hat den Anschein, als ob … aber es ist nicht sicher

Wenn derselbe Ausdruck im Conditionnel steht, impliziert er, dass der Sprecher nicht sicher ist, ob die Information stimmt, daher der **SUBJ:**

*Il semble***rait** *que la popularité du Président de la République* **soit** *en baisse.*

124 **il paraît que IND** **il paraîtrait que SUBJ**

Il paraît que konnte bis ins 19. Jh. in der Bedeutung von *il semble que* verwendet werden. Dieser Gebrauch ist heute als literarisch zu betrachten.

Im modernen Französisch bedeutet *il paraît que* «man sagt, dass …, ich habe gehört, dass …». Daher der **IND,** wie nach *on dit que, j'ai entendu dire que*:

On dit que Bouzigue **est** *en prison.*
→ *Il paraît que Bouzigue* **est** *en prison.*

Nach *il paraît***rait** *que* steht aber der **SUBJ**, aus demselben Grund wie für *il semblerait que* (s. oben § 123).

125 **on dirait que IND**

Dieser Ausdruck bedeutet nichts anderes als «ich habe den Eindruck, dass …; ich finde, dass …». Daher der **IND;** wie nach *je trouve que, j'ai l'impression que*:

Je trouve/j'ai l'impression que tu **as** *beaucoup maigri.*
→ *On dirait que tu* **as** *beaucoup maigri.*

126 **il arrive que**
il arrive souvent/rarement que } **SUBJ**

Nach *il arrive que* hat sich der **SUBJ** durchgesetzt, weil der Ausdruck an die Bedeutung von «es ist möglich» erinnert:

Il se peut que
Il arrive que } *certains médicaments* **soient** *dangereux.*

Selbst nach *il est arrivé que* (= der Inhalt des *que*-Satzes ist Tatsache geworden und muss als sicher betrachtet werden) steht weiterhin der SUBJ. Beispiele für IND finden sich nur in der literarischen Sprache.

127 ▷ **il est exact que** (IND)/**SUBJ**

Der Grund für den häufigen Gebrauch des SUBJ nach *il est exact que* liegt offensichtlich darin, dass dieser Ausdruck meist **konzessiv** verwendet wird, d.h. in der Bedeutung von «**zwar ... aber**» (s. § 147):

Il est exact que *Bouzigue* **ait** *été arrêté*, mais *rien ne prouve qu'il soit coupable.*
vgl.: *Bouzigue a* certes *été arrêté*, mais ...
oder: Bien que *Bouzigue* ait *été arrêté, rien ne prouve ...*

Wenn *il est exact que* ohne *mais* verwendet wird (in derselben Bedeutung wie *il est vrai que*), kann der IND stehen, aber der SUBJ wird meistens (aus «Bequemlichkeit») beibehalten:

Il est vrai *que Bouzigue* a *été arrêté.*
Il est exact *que Bouzigue* **ait**/a *été arrêté.*

128

comment se fait-il que ...? *d'où vient que ...?*	**SUBJ**

Diese Wendungen bedeuten «wie ist es möglich, dass ...?» und enthalten zusätzlich den Ausdruck eines Staunens. Der SUBJ ist also doppelt begründet:

Comment est-il possible/*n'est-il pas* étonnant *que Bouzigue* soit *devenu subitement riche?*
→ Comment se fait-il/d'où vient *que Bouzigue* **soit** *devenu subitement riche?*

129 ▷

attendre que **s'attendre à ce que** **en attendant que** **jusqu'à ce que** **avant que (ne)**	**SUBJ**	► **après que IND**

Attendre que kann affektive Bedeutung haben («verlangen»), vgl.:

J'attends de vous que vous **fassiez** *votre travail consciencieusement.*

Der SUBJ erklärt sich aber hauptsächlich dadurch, dass das Verb allein nicht besagt, ob die Verwirklichung des *que*-Satzes als wahrscheinlich betrachtet wird, im Gegensatz zu *croire* oder *supposer:*

Je crois/je suppose qu'il écrira.	= für mich ist es wahrscheinlich
J'attends qu'il écrive.	= wird er schreiben?

Es wäre äußerst umständlich, wenn der Sprecher jedes Mal überlegen müsste, ob der *que*-Satz als wahrscheinlich oder nur als möglich gilt. Es ist viel einfacher, ihn immer als möglich hinzustellen und den SUBJ zu verwenden. Dasselbe gilt für **en attendant que, jusqu'à ce que**[1] und **avant que** (für das «*ne* explétif» s. § 102, Anm. 1).
Dagegen setzt **s'attendre à ce que** (und die literarische Variante *s'attendre que*) voraus, dass der *que*-Satz als wahrscheinlich betrachtet wird (wie nach *prévoir* § 113). Jedoch wird in der Standardsprache der **SUBJ** bevorzugt, offenbar wegen der formellen Ähnlichkeit mit *attendre que* (der IND findet sich nur in der literarischen Sprache – vgl. dazu GREVISSE M., *Le Bon Usage*, 9e éd., 1969, S. 1052):

Je m'attends à ce qu'il **vienne.**

Nach **après que** muss der **IND** stehen, denn der *que*-Satz kann nicht als möglich betrachtet werden:

Peu de temps après que nous **sommes** *rentrés, il s'est mis à pleuvoir.*

In der **gesprochenen** Sprache verwendet man aber fast systematisch den SUBJ, wegen der Ähnlichkeit mit *avant que (Peu de temps après que nous soyons ...).*

V. Der Gebrauch des SUBJ in anderen Fällen

1) Voranstellung des que-Satzes:

130 **REGEL:** In einem **vorangestellten** *que*-Satz muss der **SUBJ** stehen.

Beispiel:

Que *Bouzigue* **soit** *un ivrogne,* {
c'est étonnant.
c'est bien naturel.
je le crains.
c'est possible.
c'est incontestable.
c'est certain.
je le crois bien.
j'en suis sûr. (usw.)

(Zum Problem der Wiederaufnahme des *que*-Satzes durch ein Pronomen, s. § 422)

Durch die Voranstellung des *que*-Satzes stellt sich das Problem der Moduswahl unter ganz anderen Bedingungen, weil die Modalität erst **nach** dem *que*-Satz zum Ausdruck kommt. Deshalb ist es einfacher, immer den gleichen Modus zu setzen. Warum aber ausgerechnet den SUBJ? Der IND würde mit vielen Ausdrücken, die im Hauptsatz stehen können, in

[1] Der IND nach *jusqu'à ce que*, in der Bedeutung von *jusqu'au moment où*, ist sehr literarisch.

Konflikt geraten (affektive Ausdrücke + «intellektuelle Ausdrücke», die den *que*-Satz als nicht sicher hinstellen). Dagegen verträgt sich der SUBJ ausgezeichnet mit den affektiven Ausdrücken und ermöglicht es zusätzlich, den *que*-Satz provisorisch als **Hypothese** hinzustellen, die nachher bestätigt oder widerlegt werden kann: In dieser Hinsicht gerät er auch nicht (bzw. nicht zu sehr) mit Ausdrücken wie *je crois, je suis sûr* usw. in Konflikt.

131 Nach **le fait que** steht der SUBJ häufiger als der ebenfalls korrekte IND, weil dieser Ausdruck meistens als Mittel zur Voranstellung eines *que*-Satzes verwendet wird, vgl.:

Que Bouzigue soit *un ivrogne, cela ne m'étonne pas du tout.*
Le fait que *Bouzigue* est/soit *un ivrogne ne m'étonne pas du tout.*

2) Der SUBJ im Relativsatz:

132 Fall 1

IND (1) *Je connais un petit hôtel qui n'***est** *pas cher.*

SUBJ (2) *Je cherche un petit hôtel qui ne* **soit** *pas cher.*
(3) *Connaissez-vous un hôtel qui ne* **soit** *pas cher?*

Im ersten Satz weiß der Sprecher, dass das billige Hotel tatsächlich existiert. In den anderen Sätzen dagegen weiß er nicht, ob es ein solches Hotel gibt: Die Existenz des billigen Hotels kann nur als **hypothetisch** angesehen werden. Deshalb steht im Relativsatz der SUBJ.

⇨ **REGEL:** Wenn Bezugswort + Relativsatz als **hypothetisch** angesehen werden müssen, steht im Relativsatz der **SUBJ.**

Die Faktoren, die dazu beitragen, dass Bezugswort + Relativsatz als hypothetisch angesehen werden müssen, sind sehr unterschiedlich:

a) Verb des Wunsches oder der Annahme:

J'aurais **besoin** *d'une secrétaire qui* **sache** *le russe.*
(aber: *J'ai trouvé une secrétaire qui* sait *le russe.)*
Imaginez *un pays où il* **fasse** *toujours beau.*
(aber: *Je connais un pays où il* fait *toujours beau.)*

b) Frage:

Connais-tu une librairie qui **fasse** *des réductions aux étudiants***?**
(aber: *Peux-tu me rappeler le nom de la librairie qui* fait *des réductions aux étudiants*?)

c) Bedingungssatz:

Si *tu vas en Normandie et que tu trouves du Calvados qui ne* **soit** *pas trop cher, rapporte-m'en quelques bouteilles.*

d) Verneinung:

Je **ne** *connais* **pas de** *pays où il* **fasse** *toujours beau.*
(aber: *Je ne connais pas* le *pays où il* fait *toujours beau.*)
Il **n'***y a* **aucun** *médicament qui* **puisse** *guérir cette maladie.*
Je **n'***ai* **rien** *trouvé qui me* **convienne.**
J'ai regardé dans tous les magasins **sans** *trouver de costume qui me* **plaise.**

133 Fall 2

Bouzigue est l'homme **le plus charmant** *que je* **connaisse.**

Das Urteil, das in diesem Satz ausgesprochen wird, wirkt wegen des Superlativs etwas kategorisch, so als ob der Sprecher keinen Widerspruch dulden würde. Aber der SUBJ, der ja die Fähigkeit besitzt, eine Aussage als möglich hinzustellen, **nuanciert** dieses Urteil, schwächt es ab. Es handelt sich sozusagen um einen «SUBJ der Höflichkeit», der systematisch nach allen Ausdrücken mit **Ausschließlichkeitscharakter** verwendet wird:

- nach Superlativen
- und nach superlativischen Ausdrücken wie
  le seul, l'unique (auch *ne ... que*)
  rare (z. B. *l'une des rares personnes qui ...*)
  peu (z. B. *il y a peu de gens qui ...*), *pas beaucoup*
  le principal
  le premier, le dernier
  le maximum, le minimum, le moins (usw.)

REGEL: Nach Ausdrücken mit **Ausschließlichkeitscharakter,** d. h. nach **superlativischen** Ausdrücken, steht im Relativsatz der **SUBJ**.

Der SUBJ nach Superlativen ist so zur Gewohnheit geworden, dass er selbst in Aussagen verwendet wird, die unwiderlegbar sind und leicht bewiesen werden könnten, wie z. B.:

La flèche de la cathédrale de Rouen est **la plus haute** *qu'il y* **ait** *en France.*

Es ist in diesem Fall zwar möglich, den IND zu setzen (was Schriftsteller manchmal tun, um die Wahrheit der Aussage zu unterstreichen), aber selbst in der gesprochenen Sprache ist der SUBJ zum Reflex geworden. Dazu noch ein paar Beispiele:

C'est **le meilleur** *film que Truffaut* **ait** *jamais tourné.*
C'est **le seul** *pays étranger que je* **connaisse**.
C'est **la seule** *chose que je* **puisse** *faire pour vous.*
Il **n'***y a* **que** *lui qui* **sache** *le faire* (vgl. § 254).
C'est une des **rares** *occasions que nous* **ayons** *de nous amuser.*
Il y a **peu** *de gens qui* **soient** *satisfaits de leur sort.*
C'est **la principale** *raison que nous* **ayons** *de nous plaindre de vous.*
Bouzigue est bien **le dernier** *homme à qui l'on* **puisse** *se fier.*

134 Einige der Beispielsätze fangen mit *c'est* ... an. Diese Struktur darf nicht mit der Hervorhebung *c'est ... qui* (§ 455) verwechselt werden, die sich auch auf Superlative beziehen kann, vgl.:

Qui *a gagné la course cycliste?*
Bouzigue *a gagné* → **C'est** *Bouzigue* **qui** *a gagné.*
Le meilleur *a gagné* → **C'est** *le meilleur* **qui** *a gagné.*

135 **3) «modale Anziehung»:**

Beispiel (Transformation):

(1) *Il prétend que je* **suis** *ivre.*
(1a) *Je suis* indigné *qu'il prétende que je* **suis** *ivre.*
(1b) *Je suis* indigné *qu'il prétende que je* **sois** *ivre.*

Durch die Transformation ist der Satz (1) zu einem *que*-Satz geworden, der von dem affektiven Ausdruck *être indigné* abhängt: Deshalb der SUBJ *prétende.*
Der zweite *que*-Satz *que je suis ivre* hängt immer noch von *prétendre* ab: So ist der IND im Satz (1a) absolut korrekt.
Da aber der ganze *que*-Satz *qu'il prétende que je (être) ivre* vom affektiven Ausdruck *être indigné* abhängt, ist die Versuchung groß, auch im *que*-Satz zweiten Grades den SUBJ zu setzen (Satz 1b). Dies nennt man «modale Anziehung» oder «modale Attraktion»: Der SUBJ *sois* ist von der «modalen Umgebung» (*être indigné*) angezogen worden. Dazu noch einige Beispiele:

*Je m'étonne que ce soit lui qui l'*a/ait *dit.*
Il est important qu'il n'apprenne pas que je te connais/connaisse.
Il est possible qu'il n'ait pas appris que j'étais/je sois *déjà arrivé.*

VI. Die Konjunktionen

136 Um keine Verwirrung zu stiften, halten wir uns an die traditionelle Klassifizierung (obwohl die Einordnung in die eine oder andere Gruppe nicht immer problemlos ist, z. B. für *sans que)*:

- temporale Konjunktionen (Zeit)
- kausale Konjunktionen (Grund)
- finale Konjunktionen (Zweck)
- konsekutive Konjunktionen (Folge)
- hypothetische oder konditionale Konjunktionen (Annahme, Bedingung)
- konzessive Konjunktionen (Einräumung)

137 **temporale Konjunktionen**

IND:	**SUBJ:**
quand, lorsque, comme	
alors que, pendant que, tandis que	
dès que, aussitôt que, depuis que	
► *après que* s. § 129	► **avant que (ne)** } s. § 129
► **jusqu'au moment où**	► **jusqu'à ce que** } s. § 129
	► **en attendant que (1)** } s. § 129
tant que sooft, solange	
à mesure que (**2**) in dem Maße, wie	
à peine ... que (**3**) kaum ..., als (da)	

Kommentar: Nur diejenigen, die eine Vorzeitigkeit ausdrücken, erfordern den SUBJ, außer *jusqu'au moment où* (kein *que*-Satz!).

Anmerkungen:

1 Nicht aber *attendu que* (juristische Sprache), das kausal ist (= *puisque*):

> Attendu que *le tribunal n'*a *pu apporter la preuve de la culpabilité de l'accusé, ce dernier est acquitté.*

2 Beispiel:

> *A mesure que nous avancions, la neige devenait plus profonde.*

3 Nach **à peine ...** steht eine so genannte komplexe Inversion:

> A peine l'avion *avait*-il *décollé qu'un des moteurs explosa.*

138 **kausale Konjunktionen**

IND:	**SUBJ:**
comme, puisque, vu que } da	
étant donné que } da	
du moment que } da	
parce que	
dans la mesure où insofern als	
d'autant [plus/moins] que umso mehr/weniger, als; zumal (s. § 360)	

kausale Konjunktionen (Fortsetzung)	
IND:	**SUBJ:**
sous prétexte que unter dem Vorwand, dass	
► *c'est que* (**1**)	► *ce n'est pas que* } nicht [etwa], dass ► *non que*

Kommentar: Der SUBJ steht nur nach den verneinten Konjunktionen.

Anmerkung:

1 **C'est que** verwendet man zur Angabe eines Grundes:

Vous partez déjà?
– C'est qu'*il est tard, vous savez.*

139

finale Konjunktionen	
IND:	**SUBJ:**
	afin que, pour que (**1**)
	de peur que (ne), de crainte que (ne)
	► **de façon à ce que (2)**
⇨ IND wenn konsekutiv! s. Anm. 2	{ ► **de façon que (2)** ► **de manière que (2)** ► **de sorte que (2)** } so, dass

Kommentar: Alle Konjunktionen, die einen Zweck ausdrücken, erfordern den SUBJ (vgl. *vouloir que, exiger que, empêcher que* usw. § 102).

Anmerkungen:

1 Ebenso *assez/trop (Adj.) pour que:*

Il fait trop *froid* pour qu'*on* **éteigne** *le chauffage.*
La pièce n'est pas assez *grande* pour qu'*on* **puisse** *en faire une salle de séjour.*

2 **De façon que, de manière que, de sorte que** können entweder **final** (mit **SUBJ**) oder **konsekutiv** (mit **IND:** bloße Feststellung einer Folge, Bedeutung von *si bien que)* verwendet werden:

a) final (deutsch «... so, dass»):

Il travaille toujours de façon (de manière, de sorte) qu'*on n'***ait** *rien à lui reprocher.*

In dieser Bedeutung ist *de sorte que* nicht so gebräuchlich wie die anderen.
De façon **à ce** *que* ist immer final, nie konsekutiv!

b) konsekutiv (deutsch «..., so dass»):

Il n'a pas cessé de pleuvoir pendant toutes les vacances, de façon (de manière, de sorte) que/**si bien que** *nous n'***avons** *pas pu nous baigner.*
(*so dass* kann hier durch *und* ersetzt werden)
(s. auch § 357)

140 **konsekutive Konjunktionen**

IND:	**SUBJ:**
► **de façon que** ► **de manière que** ► **de sorte que** } so dass	⇨ SUBJ wenn final! s. § 139 Anm. 2
► **si bien que** so dass (§ 139, Anm. 2)	
à tel point que *au point que* } so dass	
si/tellement (Adj.) que (**1**) so (Adj.) dass (s. auch § 355)	► *pas si (Adj.) que* (**1**) nicht so (Adj.), als dass
	► **sans que**

Anmerkung:

1 Beispiel:

Il fait si/tellement *chaud* que *le goudron* **fond** *sur les routes.*

Wenn der Satz eine Verneinung enthält, kann der *que*-Satz nur als Hypothese angesehen werden. Deshalb der **SUBJ:**

Il ne *fait* pas si *froid* qu'*on* **soit** *obligé d'allumer le chauffage.*

141 **hypothetische Konjunktionen**

IND bzw. **COND:**	**SUBJ:**
si IND	► **que** als Wiederaufnahme eines **si** (**1**)
au cas où COND	► *en cas que* (lit.)
	à supposer que (**2**) angenommen, dass; vorausgesetzt, dass (s. § 113 Anm. 1)
	pourvu que (**2**) vorausgesetzt, dass
	à condition que unter der Bedingung, dass
	à moins que (ne) (**3**) es sei denn, dass
	pour peu que (**4**) = verstärktes *si*

Kommentar: Alle Ausdrücke mit *que* erfordern den SUBJ.

Anmerkungen:

1 Um die Wiederholung von *si* zu vermeiden, kann man das zweite *si* durch *que* ersetzen. Da dieses *que* die Bedeutung von *si* übernimmt, drückt es eine **Annahme** aus. Deshalb der **SUBJ:**

Si *Pierre téléphone* **et que** *je ne* **sois** *pas encore rentré, dis-lui de rappeler demain.*

2 Beispiel:

A supposer qu'/pourvu qu'*il n'***ait** *pas manqué son train, il sera là dans la soirée.*

Wenn *pourvu que* einen selbständigen Satz einleitet (Ausruf), drückt es einen Wunsch aus:

Pourvu qu'il ne **pleuve** *pas!* (Hoffentlich wird es nicht regnen)

3 **A moins que** drückt eine Annahme aus, deshalb der SUBJ:

Revenez demain, à moins que *vous [ne]* **préfériez** *attendre.*

4 **Pour peu que** bedeutet praktisch *il suffit que:*

Pour peu qu'*il y* **ait** *un bon film policier à la télé, il est sûrement chez lui.*

142 **konzessive Konjunktionen**

IND bzw. **COND:**	**SUBJ:**
quand même } COND	*bien que, quoique, encore que*
quand bien même (**1**) } COND	*si/pour/quelque/tout (Adj.) que* (s. § 150)
même si IND	*qui que, quoi que, quel que, où que,*
	quelque (Subst.) que (s. §§ 151–155)

Kommentar: Alle Ausdrücke mit *que* erfordern den SUBJ. Der Gebrauch des SUBJ in der Konzession erklärt sich dadurch, dass der *que*-Satz **als Argument verneint wird** (s. auch § 144):

Bien que *le film* **soit** *superficiel, il m'a beaucoup plu.* (= Oberflächlichkeit ist kein Argument)
Die logische Schlussfolgerung wäre:
Le film est superficiel → il ne m'a pas plu.

Anmerkung:

1 Beispiel:

Quand [bien] même *on* essaierait *de me faire parler, je ne dirai rien.* (sehr literarisch; s. auch § 149)

143 **Zusammenfassung: IND oder SUBJ?** (in Form eines Programms)

1 Handelt es sich um einen **selbständigen Satz** mit oder ohne *que*, der dem Fall in § 89 entspricht?

↓ NEIN — JA ⟶ SUBJ

2 Handelt es sich um einen **Relativsatz**, der dem Fall in § 132 oder § 133 entspricht?

↓ NEIN — JA ⟶ SUBJ

3 Handelt es sich um einen **que-Satz?**

↓ JA — NEIN ⟶ IND (bzw. COND)

4 Steht der *que*-Satz am **Satzanfang?**

↓ NEIN — JA ⟶ SUBJ (§ 130)

5 Ist das Verb oder der Ausdruck, von dem der *que*-Satz abhängt, **affektiv?**

↓ NEIN — JA ⟶ SUBJ (§ 100)
Ausnahmen: **espérer** (§ 113); IND nach *de ce que* möglich (§ 101 Anm. 1)

6 Wird der Inhalt des *que*-Satzes als **sicher** bzw. **wahrscheinlich** hingestellt?

NEIN ⟶ SUBJ

Ausnahmen:

- *est ce que* Frage und Intonationsfrage (§ 111)
- IND in der *gesprochenen* Sprache in einigen Fällen (§§ 109, 110)

JA ⟶ IND

Ausnahmen:

- SUBJ häufiger nach **ne pas douter** und ähnlichen Ausdrücken (§ 120)
- **il est exact que** (§ 127)
- **s'attendre à ce que** (§ 129)
- SUBJ möglich bei «modaler Anziehung» (§ 135)

Kapitel 7: Der Konzessivsatz

Allgemeines

144 **Was bedeutet Konzession?**

Die Konzession ist eine spezielle Form der Implikation. Eine Implikation (z. B. der Bedingungssatz, Kap. 5) besteht aus zwei Teilen: Der 1. Teil drückt eine Bedingung aus, der 2. Teil die Folge, die sich aus dieser Bedingung ergibt:

wenn *a* geschieht, dann geschieht *b*.
z. B.: *Wenn man krank ist, bleibt man im Bett.*

In der Konzession wird einer der beiden Teile verneint, so dass die Folge als unerwartet erscheint:

a geschieht **nicht**, *b* geschieht (**trotzdem**).
z. B.: *Obwohl er nicht krank ist, bleibt er im Bett.*

a geschieht, *b* geschieht (**trotzdem**) **nicht**.
z. B.: *Obwohl er krank ist, bleibt er nicht im Bett.*

I. Die Konzession durch Koordination

Koordination bedeutet, dass beide Teile nebeneinander gestellt werden, wobei die konzessive Idee durch einen bestimmten Ausdruck unterstrichen wird:

145 **1)** **avoir beau INF**

Dieser sehr geläufige Ausdruck bedeutet dasselbe wie *obwohl* und steht immer im ersten Teil des Satzes, z. B.:

J'ai eu beau *tout essayer, je n'ai pas réussi à le convaincre.*
Le calme a beau *être revenu dans la capitale, la situation demeure explosive.*

146 **2) konzessive Adverbien** (oder präpositionale Ausdrücke):

quand même, malgré cela trotzdem, *malgré tout* trotz alledem
cependant, pourtant dennoch
néanmoins dennoch, nichtsdestoweniger
toutefois dennoch, allerdings

Diese Ausdrücke stehen im zweiten Teil des Konzessivsatzes:

Le calme est revenu dans la capitale. Malgré cela (pourtant, néanmoins ...), *la situation demeure explosive.*

oder: ... *La situation demeure* quand même[1] (pourtant, néanmoins ...) *explosive.*

147 | *certes ..., mais ...* zwar ..., aber ... | (vgl. *il est exact que SUBJ* § 127)

Certes, *le calme est revenu dans la capitale,*
Le calme est certes *revenu dans la capitale,* } mais *la situation demeure ...*

148 **3) das Conditionnel** (im ersten Teil; Bedeutung von «auch wenn»):
Mit oder ohne *que:*

Même si *le Pape était venu en personne, il n'y aurait pas eu plus de monde.*
→*Le Pape* **serait venu** *en personne* [qu'] *il n'y aurait pas eu plus de monde.*

In der geschriebenen Sprache auch mit komplexer Inversion:

Le Pape *serait*-il *venu en personne [qu'] il n'y aurait pas eu plus de monde.*

In der literarischen Sprache findet man auch das Imparfait du Subjonctif (jedoch nur mit *être* und *devoir*) oder das Plus-que-parfait du Subjonctif (s. auch § 71 b Anm. 1). In diesem Fall ist die Inversion notwendig:

Le Pape fût-*il* venu *en personne, il n'y aurait pas eu plus de monde.* Fût-*ce* (statt *serait-ce*) *pour un million, je ne le ferais pas.*

Ne serait-ce que (lit. *ne fût-ce que*) ist zu einer festen Wendung geworden:

Il faut que je parle au directeur, ne serait-ce qu'une minute (und sei es nur eine Minute).

II. Die Konzession durch Subordination

Subordination bedeutet, dass ein Teil Nebensatz ist, d.h. dem anderen Teil untergeordnet wird.

1) konzessive Konjunktionen (s. auch § 142):

149 Die konzessiven Konjunktionen können ihrer Bedeutung nach in zwei Gruppen unterteilt werden:

[1] *quand même* kann nur in der gesprochenen Sprache am Satzanfang stehen.

<table>
<tr><td>a) «obwohl»

bien que
quoique
malgré que
(gesprochene Spr.)
encore que
(s. Anm.)</td><td>} + SUBJ</td><td>b) «auch wenn, selbst wenn»

même si + IND (wie nach si)
quand [bien] même
(literarisch)
quand
(sehr literarisch)
lors même que
(sehr literarisch)</td><td>} + COND</td></tr>
</table>

Bien qu'/quoiqu'*on m'*ait *proposé un million, je ne l'ai pas fait.*

Même si *on me* proposait *un million,*
Quand [bien] même *on me* proposerait *un million,*
Quand *on me* proposerait *un million,*
Lors même qu'*on me* proposerait *un million,*
} *je ne le ferais pas.*

Anm.: *Encore que* bedeutet «obwohl andererseits»; deshalb wird der Nebensatz mit *encore que* meist nachgestellt:

L'alcoolisme n'est plus aussi grave qu'il y a quelques années, encore qu'*il continue à faire des victimes.*

Bien que, quoique und (wenn auch seltener) *encore que* können mit einem Participe Présent verbunden werden:

*Bien qu'*ayant régressé *sensiblement au cours des derniers mois, le nombre des chômeurs est encore très élevé.*
*Quoiqu'*étant *très riche, il vit très simplement.*

Anstelle von *bien que* kann man auch das **verstärkte Gérondif** (s. § 173) verwenden, vorausgesetzt, dass das Subjekt in beiden Sätzen dasselbe ist:

Tout en étant *très riche, il vit très simplement.*

2) konjunktivische Ausdrücke:

150 *a)* auf ein **Adjektiv** oder ein **Adverb** bezogen:

<table>
<tr><td colspan="2">«so groß er auch ist ...»

si grand qu'il soit (s. Anm. 1)
tout grand qu'il est/soit (s. Anm. 2)</td></tr>
<tr><td>pour grand qu'il soit
quelque grand qu'il soit (s. Anm. 3)</td><td>} literarisch</td></tr>
</table>

Mit *être + Substantiv* steht meistens die Inversion:

Si difficile que soit ce problème, *il n'est pas insoluble.*

Anmerkungen:

1 *Si ... que* ist die geläufigste Wendung. In der gesprochenen Sprache wird auch *aussi ... que* gebraucht.

2 Nach *tout ... que* folgte ursprünglich der Indikativ. Im heutigen Französisch ist der Subjonctif geläufiger.

3 *Quelque* ist Adverb und daher unveränderlich:
Quelque *grands qu'ils soient ...*

151 *b)* auf (unbestimmte) **Sachen** und **Personen** bezogen (*was, wer*): (PRÄD. = prädikativ):

	SACHEN (*was*)	PERSONEN (*wer, wen*)
NOM.	persönlich: **quoi** que ce soit **qui** *te plaise ...* unpersönlich: **quoi qu'***il arrive ...*	**qui** que ce soit **qui** *te plaise ...*
AKK.	**quoi** [que ce soit] **que** *tu préfères ...*	**qui** que ce soit **que** *tu préfères ...*
PRÄD.	**quoi que** ce soit (*was es auch ist*) s. auch § 152!	**qui que** ce soit (*wer es auch ist*) s. auch § 152!

152 **quel que soit ...**

In prädikativer Funktion wird die Wendung *quel que ...* gebraucht, wenn das Subjekt ein Substantiv oder ein bestimmtes Personalpronomen ist (z. B. *il* im Gegensatz zu *ce*):

Quelle que soit *l'importance de ce problème, il ne faut pas l'exagérer.*
(Welche Bedeutung dieses Problem auch hat ...)
Quel que soit *le coupable, il faut le retrouver.*
Il faut retrouver le coupable, quel qu'*il* soit (wer er auch ist).

> Merke: **qui** *que* **ce** *soit* § 151
> **quel** *qu'***il** *soit*

153 *Quel que soit ...* wird auch gebraucht:
– wenn im Deutschen ein Dativ oder eine Präposition steht:

Wem *du es auch erzählt hast ...*
→ *Quel(le) que soit celui/la personne* à qui *tu l'as raconté ...*

Für wen *du es auch gemacht hast …*
→ *Quel(le) que soit celui/la personne* pour qui *tu l'as fait …*

– um Wörter wiederzugeben, für die es im Französischen keine entsprechende konzessive Wendung gibt, z. B. *wie*:

Wie *du es auch machst …* → **Quelle que soit la façon dont** *tu le fais …*
(auch *de quelque façon que …* s. unten § 154)

– um das schwerfällige *quelque* (s. unten § 154) zu vermeiden:

Welche Lösung *er auch vorschlagen mag …*
→ *Quelle que soit la solution qu'il propose …*

154 *c)* auf ein **Substantiv** bezogen:

«Welchen Grund er auch angeben mag …»	→ **Quelque** *raison* **qu'** *il puisse invoquer …*
«Aus welchem Grund auch immer …»	→ *Pour* **quelque** *raison* **que** *ce soit …*

Die Standardsprache zieht jedoch die Umschreibung mit *quel que soit* vor (s. § 153):

Quelle que soit la raison qu'il invoque …
Quelle qu'en soit la raison …

155 *d)* auf einen unbestimmten **Ort** bezogen:

«Wo immer du bist …»	→ **Où que** *tu sois …*
«Wo du auch hingehst …»	→ **Où que** *tu ailles …*

Kapitel 8: Participe Présent und Gérondif

I. Participe Présent und Adjectif verbal

156 Das Adjectif verbal ist eine veränderliche, adjektivische Form des Participe Présent:

Participe Présent	Adjectif verbal
une histoire amusant **les enfants**	*une histoire* amusante
une histoire amusant **beaucoup** *les enfants*	*une histoire* **très** amusante
une histoire **n'**amusant **pas** *les enfants*	*une histoire* **pas** amusante

Kommentar:

Form:	Das Participe Présent ist unveränderlich.	Das Adjectif verbal ist veränderlich, wie jedes andere Adjektiv.
Syntax:	Das Participe Présent kann ein **direktes Objekt** haben, durch ein (nachgestelltes!) **Adverb** bestimmt und durch eine **Satznegation** verneint werden.	Das Adjectif verbal kann **kein direktes Objekt** haben, kann gesteigert (z. B. *moins amusante que* ...) oder durch *très* ergänzt werden und kann nicht durch *ne ... pas* verneint werden, sondern (wie jedes andere Adjektiv) nur durch *pas*.
Bedeutung:	Das Participe Présent drückt eine **Tätigkeit** aus.	Das Adjectif verbal drückt eine **dauernde Eigenschaft** aus.

Manchmal ist es nicht leicht zu unterscheiden, ob ein Partizip als Participe Présent oder als Adjectif verbal zu betrachten ist, vor allem wenn syntaktisch beide möglich sind und der Bedeutungsunterschied («Handlung-Zustand») kaum spürbar ist, vgl.:

Nous marchions, hésitant *parfois*. = *nous hésitions*
Nous marchions, hésitants *parfois*. = *nous étions hésitants*[1]
des toits ruisselant *de pluie* = *ils ruissellent de pluie*
des toits ruisselants *de pluie* = *ils sont ruisselants de pluie*

In einem Erlass des französischen Erziehungsministers vom 26. 2. 1901 über die Fehlerbewertung in staatlichen Prüfungen wurde deshalb empfohlen, bei solchen unklaren Fällen

[1] Wenn aber *parfois* vor dem Partizip steht, kann es sich nur um ein Adjectif verbal handeln (*parfois hésitants*).

keinen Fehler anzurechnen: «On devra éviter avec soin les subtilités dans les exercices. Ex.: *des sauvages vivent errant* ou *errants dans les bois.*» Der Erlass vom 28. 12. 1976 geht weiter: selbst wenn ein Partizip mit indirektem Objekt angeglichen, d. h. als Adjectif verbal behandelt wird, darf kein Fehler angerechnet werden:

> *La fillette,* obéissante *à sa mère, alla se coucher.*
> (Arrêté du ministre de l'Education nationale du 28. 12. 1976, § 8)

157 Die Zahl der Adjectifs verbaux ist begrenzt: Aus *aller, boire, dire* usw. kann man z. B. ein Participe Présent, aber kein Adjectif verbal bilden.
Viele Adjectifs verbaux haben eine andere Bedeutung als das entsprechende Participe Présent, z. B.:

un brillant acteur	ein glänzender Schauspieler
une expérience concluante	ein schlüssiges Experiment
une expression courante	ein geläufiger Ausdruck
un rouge éclatant	ein leuchtendes Rot
une couleur voyante	eine grelle Farbe

und einige weichen in der Orthographie vom Participe Présent ab:

Participe Présent: (Angegeben ist die Bedeutung des entsprechenden Verbs)	**Adjectif verbal:**
différant: sich unterscheiden	**différent**: unterschiedlich, verschieden (*une attitude différente, différentes raisons*)
excellant (selten): sich auszeichnen (in etw.)	**excellent**: ausgezeichnet, hervorragend (*un excellent film*)
fatiguant: ermüden (jn. oder etw.: *une lumière fatiguant les yeux*)	**fatigant**: anstrengend (*une journée fatigante*)
influant (selten) *sur qc.*: etw. beeinflussen	**influent**: einflussreich
négligeant: vernachlässigen	**négligent**: nachlässig, unordentlich
pouvant: können	**puissant**: mächtig
précédant: vorangehen (*la semaine précédant l'examen*)	**précédent**: vorig (*la semaine précédente*)
provoquant: verursachen od. herausfordern	**provocant**: provozierend, provokatorisch (*une attitude provocante*)
sachant: wissen, können (*une secrétaire sachant l'allemand*)	**savant**: gelehrt (auch als Substantiv: *un savant,* ein Gelehrter, ein Wissenschaftler), dressiert (*des chiens savants*)
suffoquant: ersticken	**suffocant**: stickig (*un air suffocant, une odeur suffocante*), drückend (*une chaleur suffocante*)

158 Die Tatsache, dass das Partizip Präsens im Deutschen meist *adjektivisch* gebraucht wird, bedeutet nicht, dass ein deutsches Partizip Präsens immer durch ein französisches Adjectif verbal zu übersetzen ist. Denn oft wird ein deutsches Partizip Präsens durch einen Relativsatz oder einen *präpositionalen Ausdruck* (meist mit *en*) im Französischen ausgedrückt, z. B.:

Deutsch: Part. Präs.	⟶	**Franz.: Adjectif verbal**
eine fliegende Untertasse		*une soucoupe* volante
ein anliegendes Kleid		*une robe* moulante
eine beunruhigende Nachricht		*une nouvelle* inquiétante
eine spannende Geschichte		*une histoire* captivante
Deutsch: Part. Präs.	⟶	**Franz.: Relativsatz** (s. auch § 161)
die lachende Kuh		*la vache* qui rit
ein schlafendes Kind		*un enfant* qui dort (oder: *endormi*)
ein anfahrender Wagen		*une voiture* qui démarre
Deutsch: Part. Präs.	⟶	**Franz.: präpos. Ausdruck**
ein weinendes Kind		*un enfant* en larmes (oder: *qui pleure*)
ein brennendes Haus		*une maison* en flammes (oder: *qui brûle*)
ein fahrender Zug		*un train* en marche
ein laufender Motor		*un moteur* en marche
ein wütender Mann		*un homme* en colère
ein schwebendes Verfahren		*une procédure* en instance
ein ansteigender Weg		*un chemin* en pente
ein arbeitender Mann		*un homme* au travail, en plein travail

159 Umgekehrt werden oft deutsche zusammengesetzte Wörter mit Hilfe eines Adjectif verbal wiedergegeben, z. B.:

Deutsch: zusammengesetztes Wort	⟶	**Franz.: Substantiv + Adjectif verbal**
Drehtür		*porte tournante*
Rolltreppe		*escalier roulant*
Klappbett, -stuhl		*lit pliant, chaise pliante*
Tonfilm		*film parlant*
Schiebedach		*toit ouvrant*
Tanzabend		*soirée dansante*
Kletterpflanze		*plante grimpante*
Girokonto		*compte courant*
Hausarzt		*médecin traitant*
Glühwürmchen		*ver luisant*

II. Der Gebrauch des Participe Présent

160 Das Participe Présent kann

verbunden:	... oder **unverbunden** gebraucht werden:
Se sentant *fatigué,* **il** *fit une pause.*	**La nuit** commençant *à tomber, il se dépêcha de rentrer.*
(sein Subjekt befindet sich im Hauptsatz)	(es hat ein eigenes Subjekt)

1) Das (verbundene) Participe Présent anstelle eines Relativsatzes:

161 Das Participe Présent ersetzt zugleich das finite Verb und das Relativpronomen:

Il s'agit d'un match {qui compte / **comptant**} *pour les demi-finales de la coupe d'Europe.*

Bedingungen:

a) nur Relativsätze mit **qui** können ersetzt werden: das Bezugswort des Relativpronomens (*un match*) muss also **Subjekt** des Part. Présent sein.
b) die syntaktische Funktion des Bezugswortes im Hauptsatz (Subjekt, direktes Objekt, usw.) spielt keine Rolle, vgl.:

Je préfère acheter **une voiture** (direktes Objekt) *consommant peu d'essence.*

⇨ wohl aber seine grammatische Natur: Das Participe Présent ist nach Personalpronomen (*moi* ...) und *ce/cela* nicht möglich und wird nach Demonstrativpronomen (*celui*) und indefiniten Pronomen (*quelque chose, rien, quelqu'un, personne* ...) gemieden.

⇨ *c)* ein Relativsatz kann nur dann durch einen Partizipialsatz ersetzt werden, wenn das Verb **nicht allein steht**. Beispiele:

un homme qui boit **beaucoup**	→ JA: *un homme buvant beaucoup*
un homme qui boit	→ NEIN
les passagers qui arrivent **de Berlin**	→ JA: *les passagers arrivant de Berlin*
les passagers qui arrivent	→ NEIN

2) Das (verbundene) Participe Présent anstelle eines Nebensatzes:

162 – Variante zu einem **temporalen** Nebensatz:	Regardant *par la fenêtre, Bouzigue aperçut deux policiers.* = als er ..., wie er ...
– Variante zu einem **kausalen** Nebensatz:	S'étant attardé *en ville, il a manqué son train.* = da er ...

Im Grunde genommen hat das Participe Présent weder temporale noch kausale Bedeutung. Dass es trotzdem temporal oder kausal verstanden wird, ist nicht erstaunlich: Gerade die temporalen und kausalen Beziehungen (zwischen zwei Sätzen) bleiben meist auch dann verständlich, wenn sie nicht explizit ausgedrückt sind, vgl.:

Bouzigue regarda par la fenêtre. Il aperçut deux policiers. = temporal
Il s'est attardé en ville. Il a manqué son train. = kausal

Manchmal sind beide Bedeutungen vorhanden:

Voyant *que la nuit commençait à tomber, il chercha un hôtel.* } als + da

und die Bedeutung der Art und Weise kann hinzukommen:

Se servant *d'un bâton, il réussit à repêcher son chapeau (qui était tombé dans la rivière).*

163 Mit der *Konzession* ist es anders:

Il entra dans la maison en flammes. Il savait (pourtant) *qu'elle pouvait s'effondrer d'un moment à l'autre.*

Ohne den Zusatz *pourtant* wäre die konzessive Idee nicht leicht zu verstehen. Trotzdem ist es nicht unmöglich (wenn auch nicht gewöhnlich), in einem solchen Fall das Participe Présent zu verwenden:

Il entra dans la maison en flammes, sachant *qu'elle ...*

In der Standardsprache würde man eher das verstärkte Gérondif (*tout en sachant*, s. § 173) verwenden oder *bien que* hinzufügen (s. § 149).

164 **Stellung**: Grundsätzlich kann der Partizipialsatz an derselben Stelle stehen wie der entsprechende Nebensatz. Er kann auch zwischen Subjekt und Verb stehen, vorausgesetzt, dass das Subjekt kein Personalpronomen ist:

Bouzigue, regardant par la fenêtre, *aperçut deux policiers.*
(in diesem Fall kann der Partizipialsatz auch als Variante zu einem Relativsatz betrachtet werden – s. § 161).

Endstellung ist allerdings nicht möglich, wenn der Partizipialsatz als Relativsatz verstanden werden könnte, z. B.:

Bouzigue aperçut deux policiers (,) regardant *par la fenêtre.*
= B. sah zwei Polizisten, die durchs Fenster schauten.

165 **Subjekt des Participe Présent:**

> Das Participe Présent als Variante zu einem Nebensatz kann nur dann verbunden gebraucht werden, wenn es sich auf das **Subjekt des Hauptsatzes** bezieht.

Regardant *par la fenêtre,* **Bouzigue** *aperçut deux policiers.*
Je *l'ai reconduit en voiture, ne* **voulant** *pas qu'il se fasse mouiller.*

3) Das unverbundene Participe Présent (die absolute Partizipialkonstruktion):

166 Das unverbundene Participe Présent (mit eigenem Subjekt) verwendet man wie das verbundene Participe Présent als **Variante zu einem Nebensatz** (s. § 162):

La pluie ayant cessé, *ils poursuivirent leur chemin.* (= nachdem, da)
La Fédération Française de Football n'ayant pas donné son accord, *le match ne sera pas retransmis en direct.* (= da)
Votre dossier nous étant parvenu incomplet, *nous ne pouvons pas satisfaire à votre demande.* (= da)

> **Einschränkung**: Ein Personalpronomen oder *ce* kann nicht Subjekt eines unverbundenen Participe Présent sein.

4) Die verkürzte Partizipialkonstruktion:

167 Man kann einen Partizipialsatz verkürzen, indem man *étant* weglässt:

Etant *rentré chez lui, il commença par prendre un bain.*
→ **Rentré** *chez lui, il commença par prendre un bain.*

168 *a)* Weglassen des verbundenen *étant:*

[Etant] blessée *à la tête, la jeune fille a dû être opérée d'urgence.*
[Etant] arrivés *trop tard sur le lieu de l'incendie, les pompiers n'ont pas pu sauver tous les occupants de l'immeuble.*
[Etant] construit *entièrement en béton, ce bâtiment présente un aspect fort monotone.*
[Etant] gravement malade, *le célèbre écrivain ne quitte plus son domicile.*
[Etant] ambassadeur *depuis 1950, il dispose d'une grande expérience en matière de politique extérieure.*

Die Verkürzung ist nur möglich, wenn das Verständnis der syntaktischen Struktur nicht gefährdet wird. Sie ist z. B. ausgeschlossen, wenn die prädikative Ergänzung ein **Substantiv mit Artikel** ist:

Etant **le** doyen de l'Assemblée, *M. Durand a prononcé le discours d'ouverture.* (Verkürzung unmöglich)

169 Wenn der Partizipialsatz eine rein temporale Bedeutung hat, kann man *une fois, aussitôt* oder *sitôt* hinzufügen:

Une fois (aussitôt, sitôt) **rentré** *chez lui, il commença par prendre un bain.*

Und wenn das Verständnis nicht darunter leidet, kann man sogar das Partizip Perfekt weglassen:

Une fois (aussitôt, sitôt) **chez lui,** *il commença par prendre un bain.*

170 *b)* Weglassen des unverbundenen *étant*:

Die Verkürzung ist nur mit einem Partizip Perfekt akzeptabel:

La séance terminée, *nous sommes allés dans un café.*
La nuit tombée, *il chercha un hôtel.*

Wenn der Partizipialsatz temporale Bedeutung hat, ist es besser, *une fois* (oder *aussitôt, sitôt*) hinzuzufügen, weil die Struktur dadurch eindeutig als Partizipialkonstruktion erkannt wird:

Une fois (aussitôt, sitôt) *la séance terminée …*

Der Zusatz *une fois (aussitôt, sitôt)* ist sogar notwendig, wenn das Partizip Perfekt **attributiv** verstanden werden könnte, z. B.:

les photos développées	=	die entwickelten Bilder
une fois *les photos développées*	=	nachdem die Bilder entwickelt waren (entwickelt worden waren)

III. Das Gérondif

171 Im Gegensatz zum Participe Présent, das immer ein Substantiv ergänzt, ist das Gérondif eine **adverbiale Ergänzung zum Verb**, vgl.:

*Il est entré précipitamment/à toute vitesse/***en courant**.

> Deshalb darf das Gérondif **kein anderes Subjekt haben als das des konjugierten Verbs** (wie das verbundene Participe Présent als Variante zu einem Nebensatz, s. § 165)

Verstöße gegen diese Regel sind allerdings nicht selten, vor allem in der Umgangssprache, z. B.:

Où sont les toilettes? – C'est la première porte à gauche en sortant.
En arrivant *à Paris, il y a toujours des embouteillages.*
L'appétit vient en mangeant (Sprichwort).

Das Gérondif kann wie ein normales Verb oder ein Participe Présent verneint und reflexiv gebraucht werden und Objekte haben:

Tu le vexerais en **n**'allant **pas** *le voir.*
Je me suis coupé en **me** rasant.
Je me suis cassé la jambe en faisant **du ski.**

1) Das einfache Gérondif (ohne *tout*):

172 Das Gérondif drückt in erster Linie eine **Gleichzeitigkeit** in Bezug auf das konjugierte Verb aus, kann aber zusätzlich (je nach Kontext) die **Art und Weise** oder eine **Hypo-**

these (Bedingung, *si*-Satz) ausdrücken, wobei diese Bedeutungen sich nicht immer eindeutig voneinander unterscheiden lassen, vgl.:

reine Gleichzeitigkeit	*Je l'ai rencontré en sortant du lycée.* *Il est impoli de lire en mangeant.* *Je te le rappellerai en partant.* *En arrivant à Paris, nous avons eu un embouteillage.*
Gleichzeitigkeit + Art und Weise	*Je me suis coupé en épluchant les pommes de terre.* *Il l'a regardée en souriant.* *Il travaille en écoutant la radio.*
?	*En conduisant raisonnablement, on peut réduire sa consommation d'essence.*
Gleichzeitigkeit + Hypothese	*En prenant l'autoroute, nous irons plus vite.* *En travaillant dur, vous y arriverez.* *En regardant trop souvent la télévision, on risque de s'abîmer les yeux.*

2) Das verstärkte Gérondif (mit *tout*):

173 Das verstärkte Gérondif dient zunächst zur **Betonung der Gleichzeitigkeit** zweier Handlungen, z. B.:

«Que voulez-vous?» demanda l'employé tout en continuant *à écrire.*

Es kann vor allem zum Ausdruck bringen, dass zwei gleichzeitige Handlungen **schlecht zueinander passen,** z. B.:

Il travaille tout en écoutant la radio.

Dies ist der Grund, warum das verstärkte Gérondif auch **konzessive** Bedeutung haben kann, denn die Konzession ist nichts anderes als die Gegenüberstellung von zwei Vorgängen, die nicht bzw. schlecht zueinander passen (s. § 144):

Il y est allé tout en sachant que c'était dangereux. (= obwohl; s. auch § 163)
Tout en n'étant plus très jeune, il est encore très dynamique.

Kapitel 9: Der Infinitiv

Allgemeines

174 Der Infinitiv ist die substantivische Form des Verbs. Als echte Substantive sind jedoch nur die (zahlenmäßig begrenzten) «infinitifs substantivés» zu betrachten, d. h. solche Substantive, die die gleiche Form wie der entsprechende Infinitif haben, aber nicht mehr als Infinitive empfunden werden, z. B.:

le coucher du soleil, le lever du jour
le déjeuner, le dîner
le rire, le sourire usw.

In allen anderen Fällen ist der Infinitiv weder ein vollwertiges Verb noch ein vollwertiges Substantiv, sondern ein «Mittelding» zwischen beiden:

Verbale Eigenschaften des Infinitivs:

a) Der Infinitiv kann in der Aktiv- und in der Passivform gebraucht werden:	*Je voudrais* comprendre. *Je voudrais* être compris.
b) Der Infinitiv kann selbst (direkte und indirekte) Objekte haben:	*J'ai réussi à réparer* la voiture. *Je voudrais parler* au directeur.

Substantivische Eigenschaften des Infinitivs:

a) Der Infinitiv kann Subjekt, Prädikatsnomen oder Objekt eines Verbs sein:	Travailler *est moins agréable que dormir.* *Vouloir, c'est* pouvoir. *Il n'aime pas* travailler.
b) Der Infinitiv kann mit einer Präposition verwendet werden:	*Je l'ai invité* à manger. *Je vous remercie* d'être venu.
c) Der Infinitiv kann ein Adjektiv oder ein Substantiv ergänzen:	*Nous sommes* prêts à partir. *une* machine à laver

Für den Französischlernenden liegt die Schwierigkeit im Gebrauch der **Präpositionen**, denn die Wahl der Präposition wird nicht vom Infinitiv bestimmt, sondern von der syntaktischen Funktion des Infinitivs (Subjekt, Prädikatsnomen, Objekt). Ist der Infinitiv Objekt eines Verbs, so wird die Präposition immer von diesem Verb bestimmt, z. B.:

J'essaie de *me souvenir.*
aber: *Je n*'arrive *pas* à *me souvenir.*

Deshalb müssen die Präpositionen stets zusammen mit den jeweiligen Verben und Ausdrücken gelernt werden, z. B. *essayer de, arriver à.*

Im Laufe dieses Kapitels werden folgende Abkürzungen verwendet:

à INF, de INF, par INF = Infinitiv mit *à, de, par*
Ø INF = Infinitiv ohne Präposition

I. Der Infinitiv als Subjekt

175 als **vorangehendes** Subjekt: **Ø·INF ...**

Parler *la bouche pleine est impoli*[1].
Rester *trop longtemps au soleil est dangereux.*
Construire *une maison coûte très cher.*
Jouer *du violon n'est pas facile.*

176 als **nachgestelltes** Subjekt: **... de INF** (Ausnahme s. unten § 177!)

a) nach einem unpersönlichen **il** («Scheinsubjekt») oder **cela**[2]:

Il *est impoli* **de** *parler la bouche pleine.*
Il *est dangereux* **de** *rester trop longtemps au soleil.*
Il *m'arrive souvent* **de** *rentrer à pied.*
Il *est difficile* **de** *traduire le mot «gemütlich».*
Il/cela *ne sert à rien* **de** *mentir.*

aber:
① *Le mot «gemütlich» est* **difficile à** *traduire.*
Il/c'est **difficile à** *traduire* (= persönliches *il, ce*).
Une perceuse (Bohrmaschine) **sert à** *percer des trous.*
Hier ist der Infinitiv kein Subjekt, sondern Ergänzung zum Adjektiv (*difficile à* – s. § 194) oder Objekt (*servir à* – s. § 190 Z. 37)!
② Nach *il faut, il vaut mieux, il fait bon …*: **Ø INF** – s. unten § 177!

Cela *fait du bien* **de** *marcher un peu.*
Cela *coûte très cher* **de** *construire une maison.*
Cela *m'amuse* **de** *marcher sous la pluie.*
(aber: *Il* s'amuse à *lancer des cailloux dans l'eau.* – s. § 190 Z. 6)

---

[1] Wenn der Infinitiv selbst Objekte hat, ist der ganze Infinitiv*satz* (Infinitiv + Objekt) das Subjekt.
[2] bzw. *ça* in der Umgangssprache.

b) nach **c'est** + prädikative Ergänzung, vorausgesetzt, daß *ce* unpersönlich ist:

C'est *gentil* **d'***avoir pensé à moi.*
Ce serait *dommage* **de** *jeter ces fruits à la poubelle.*
C'est *une erreur* [*que*] **de** *croire cela*[1].
Wenn die prädikative Ergänzung selbst ein Infinitif ist, muss man **que de** verwenden:
Ce serait *proprement* s'abaisser **que de** *répondre à une calomnie pareille.*

c)

177 ⇨

il faut **il vaut mieux** **il fait bon**[2] **il [me] semble**	} **Ø INF**

Il faut/il vaut mieux s'en aller.
Il fait bon vivre à la campagne.
Il semble y avoir beaucoup de monde.
Il me semble vous avoir déjà vu quelque part.

Streng genommen ist der Infinitiv in solchen Ausdrücken ein Subjekt («Sinnsubjekt»), wenngleich er nicht mehr als solches empfunden wird (Grevisse spricht von einem «terme complétif du sujet», *Le Bon Usage*, Gembloux/Paris, 1969, 9e éd., § 185). Wenn *il* in *il semble* persönlich ist (= *er*), ist der Infinitiv als Prädikatsnomen zu betrachten (s. unten § 179).

II. Der Infinitiv als Prädikatsnomen

178

nach **être**: ⇨ **Ø INF** wenn der Satz mit *c'est* beginnt ...	*C'est se moquer du monde!* (= Unverschämtheit!) *C'est beaucoup dire.* (Das ist übertrieben)
... oder wenn das **Subjekt** ein **Infinitiv** ist (mit Wiederaufnahme durch *ce*)	*Vouloir, c'est pouvoir.* *Voyager en train, c'est voyager tranquille.*

[1] Wenn die prädikative Ergänzung ein Substantiv ist, kann *que de* stehen.
[2] in der gesprochenen Sprache auch *de.*

⇨ **de INF** wenn das **Subjekt** ein **Substantiv** ist (mit oder ohne Wiederaufnahme durch *ce*)	*L'intention du gouvernement est* de *contraindre les Français à économiser l'énergie.* *Son plus grand plaisir [, c'] est* de *faire la cuisine.*
Artikel + Adjektiv = Substantiv!	*L'important [, c'] est* d'*être en bonne santé.* *L'idéal [, ce] serait* d'*avoir une piscine dans le jardin.* *Le mieux [, ce] serait* d'*attendre qu'il ne pleuve plus.*

179 nach **paraître** und **sembler:**

⇨ **Ø INF**	*Elle paraît s'ennuyer.* *Il semble avoir des difficultés.*

Vgl. *Elle paraît triste,* wo *triste* Prädikatsnomen ist. Dagegen ist der Infinitiv nach dem unpersönlichen *il semble* «Sinnsubjekt» (s. oben § 177).

III. Der Infinitif mit Ø, à, de und par in allen anderen Funktionen

1) Verben mit verschiedener Rektion:

180 Nach den meisten Verben bzw. Ausdrücken darf der Infinitiv nur mit einer bestimmten Präposition stehen. Es gibt aber Fälle, wo zwei oder gar drei Präpositionen möglich sind.

Wenn die Wahl der Präposition frei ist (z. B. *commencer à/commencer de*), so ist der Unterschied rein stilistisch, d. h., dass die eine Präposition (*à* für *commencer*) geläufiger ist als die andere. Um die Darstellung nicht unnötig zu erschweren, geben wir immer die geläufigste Präposition an und verweisen lediglich in Anmerkungen auf die andere Möglichkeit.

Viel wichtiger (und schwieriger) sind die Fälle, wo die Wahl der Präposition nicht frei ist. Hier haben wir es mit einem Bedeutungsunterschied und/oder einem syntaktischen Unterschied zu tun, z. B.:

– Bedeutungsunterschied:

Je pense partir demain.	= vorhaben
J'ai pensé à *acheter du beurre.*	= daran denken, nicht vergessen

– syntaktischer Unterschied:

Je souhaite avoir du beau temps. = das Subjekt von *souhaiter* ist auch Subjekt von *avoir.*

Je te *souhaite* d'*avoir du beau temps.* = das Subjekt von *souhaiter* ist nicht Subjekt von *avoir.*

– Bedeutungsunterschied und syntaktischer Unterschied:

Il a dit être resté à la maison. = *sagen* + das Subjekt von *dire* ist zugleich Subjekt von *être resté.*

Il m'*a dit* de *rester à la maison.* = *bitten/befehlen* + das Subjekt von *dire* ist nicht Subjekt von *rester.*

Diese Verben sollten unbedingt gelernt werden!

181 *a)* Verben mit **à** oder **de**:

s'attendre à darauf gefasst sein, damit rechnen *Je ne m'attendais pas* à *réussir cet examen.*	**attendre de** warten Ebenso: *en attendant de* *Attends* d'*avoir un peu plus d'argent pour acheter une voiture.*
contraindre qn (se) à **forcer qn (se) à** **obliger qn (se) à** } zwingen *La pluie nous a contraints/forcés/obligés* à *faire demi-tour.* Im eigentlichen Passiv steht ebenfalls *à*: *Nous avons été contraints par la pluie* à *faire demi-tour.* Jedoch findet sich häufig *de.*	**être contraint de** **être forcé de** **être obligé de** } gezwungen sein *Je suis contraint/forcé/obligé* de *rester à la maison.*
décider qn à jn dazu bewegen **se décider à** **se résoudre à** } sich entschließen **être décidé/résolu à** entschlossen sein *Je* l'*ai décidé* à *venir avec nous.* *Il* s'*est décidé (résolu)* à *venir.* *Il est décidé (résolu)* à *venir.*	**décider de** **résoudre de** (lit.) } beschließen *Il a décidé* de *venir avec nous.* *Il a résolu* d'*attendre.*

demander à bitten, (selbst) etwas tun zu dürfen. = Das Subjekt von *demander* ist auch Subjekt des Infinitivs: *Je demande* à *parler au directeur.* (= *ich* möchte den Direktor sprechen)	**demander à qn de** jn bitten, etwas zu tun = Das Subjekt von *demander* ist nicht Subjekt des Infinitivs: *Je* lui *ai demandé* de *m'aider.* (= *er* soll mir helfen)
se fatiguer à sich große Mühe geben *Je me fatigue* à *lui répéter que c'est faux, mais elle ne veut pas me croire.* Ebenso: *se tuer à*	**être fatigué de** es müde sein *Je suis fatigué* d'*entendre toujours la même chose.* Ebenso: *être las de, en avoir assez de*
s'occuper à (selten) sich damit beschäftigen **être occupé à** damit beschäftigt sein *En attendant mon tour, je me suis occupé* à *lire des journaux.* *Mon mari est occupé à laver la voiture.*	**s'occuper de** sich darum kümmern *Je m'occuperai* de *réserver les places.* Ebenso: *se charger de*
se refuser à sich weigern, etw. zu tun *Le commissaire* s'*est refusé* à *faire toute déclaration.*	**refuser de** es ablehnen, zu ... *Le commissaire a refusé* de *répondre aux questions des journalistes.*
se risquer à es wagen *Son patron lui fait tellement peur qu'il ne* se *risquerait jamais* à *lui demander une augmentation.* Vgl. *se hasarder à*	**risquer de** 1) Gefahr laufen 2) drohen (= mögliche Gefahr) *Si tu ne mets pas ton manteau, tu risques* de *prendre froid.* *Le pont risque* de *s'effondrer.*
tenir à Wert darauf legen; darauf bestehen *Dépêche-toi, je tiens* à *ne pas manquer le début du film.* Auch als Formel: *Je tiens à vous remercier de .../à vous féliciter .../ à attirer votre attention sur le fait que* ... (= ich möchte ...)	**être tenu de** verpflichtet sein *Les touristes sont tenus* de *se conformer aux lois en vigueur dans le pays où ils se trouvent.* Vgl. *être contraint de*

182 *b)* Verben mit **à** oder **Ø**[1]:

penser à daran denken im Sinne von «nicht vergessen» *As-tu pensé* à *acheter du beurre?*	**penser Ø** meinen od. beabsichtigen *Je pense avoir raison.* *Je pense arriver dans la soirée.*

183 *c)* Verben mit **Ø** oder **de**:

dire Ø sagen (s. a. § 206) = auf Vergangenes oder Gegenwärtiges bezogen: *Il a dit être resté chez lui.* *Il dit ne rien comprendre.* Vgl. *affirmer, prétendre Ø*	**dire (à qn) de** bitten, befehlen = auf Zukünftiges bezogen: *Il m'a dit* de *passer chez lui.* Vgl. *demander de* (§ 181), *ordonner de*
jurer Ø schwören im Sinne von «behaupten» (vgl. *dire Ø* oben) *Il a juré être resté chez lui.* *Il jure n'y être pour rien.*	**jurer de** schwören im Sinne von «versprechen» *Il a juré* de *ne plus recommencer.* Vgl. *promettre de*
souhaiter Ø wünschen, selbst etw. zu tun = Das Subjekt von *souhaiter* ist auch Subjekt des Infinitivs: *Je souhaite réussir.* (in diesem Fall gelegentlich auch *de*) Vgl. *désirer Ø, espérer Ø*	**souhaiter à qn de** jm wünschen, zu ... = *souhaiter* und der Infinitiv haben verschiedene Subjekte: *Je* vous *souhaite* de *réussir.*

184 *d)* Verben mit **à, Ø** oder **de**:

venir à (lit.): *Si son mari venait* à *mourir, elle serait obligée de travailler* (= Sollte ihr Mann sterben ...)	**venir Ø** = *aller Ø* *Je viendrai vous voir demain.* *Je viendrai te chercher à la gare.*	**venir de** soeben etwas getan haben *Je viens* de *recevoir une lettre d'Alain.*

[1] Für *aimer à* und *aimer Ø* s. unten § 189.

en venir à: *J'en viens parfois* à *me demander s'il n'est pas fou* (= Manchmal muss ich mich fragen ...) *en venir à parler de qn/de qc* auf jn/etw. zu sprechen kommen		

185 *e)* Verben, die den Infinitiv bei **persönlichem** Gebrauch mit **à**, bei **unpersönlichem** Gebrauch mit **de** (wie oben § 176) anschließen:

s'amuser à etw. gern machen *Les enfants s'amusent souvent* à *sonner aux portes.*	**cela m'amuse (l'amuse** usw.) **de** es macht mir (ihm usw.) Spaß, zu ... Cela *les amuse* de *sonner aux portes.*
arriver à es gelingt (mir, ihm usw.) *Je suis arrivé* à *réparer la voiture.*	**il m'arrive (lui arrive** usw.) **de** es kommt vor, dass ich ... Il *m'est souvent arrivé* de *la rencontrer.*
suffire à genügen, um ... *Cet argument a suffi* à *le convaincre.*	**il suffit de** es genügt, zu ... Il *ne suffit pas* d'*être riche pour être heureux.*
servir à dazu dienen *Ce produit sert* à *nettoyer les chaussures.*	**il/cela ne sert à rien de** es hat keinen Sinn Il/cela *ne sert à rien* de *pleurer.*
tarder à (lit.) lange brauchen, um ...; etw. mit Verspätung tun *Il tarde* à *venir.* Geläufiger: **ne pas tarder à** schnell od. bald etw. tun *Il n'a pas tardé* à *comprendre.* *Il ne tardera pas* à *arriver.*	**il me (lui** usw.) **tarde de** (lit.) es kaum erwarten können Il *me tarde* de *la revoir.*

Fortsetzung nächste Seite!

tenir à s. § 181	**il ne tient qu'à moi** (**toi** usw.) **de** es liegt nur an mir (dir usw.) Il *ne tient qu'à vous* de *réussir.*

186 *f)* Verben mit **à** oder **par**, **de** oder **par**:

commencer à anfangen s. auch § 213 («allmählich») *Nous avons commencé* à *manger vers une heure.* *Il a commencé* à *pleuvoir.* *Je commence* à *avoir faim.* (Ich bekomme langsam Hunger – s. § 213)	**commencer par** zuerst etw. tun s. auch § 213 («zuerst») *Nous avons commencé* par *prendre un apéritif.* *Je vais commencer* par *prendre un bain, puis je me mettrai au travail.*
finir de etw. beenden, mit etw. fertig sein od. aufhören *Nous avons fini* de *manger vers deux heures.* *Je n'ai pas encore fini* de *m'habiller* (Ich bin mit dem Anziehen noch nicht fertig). *As-tu bientôt fini* de *dire des bêtises?* (Wirst du bald aufhören, Dummheiten zu sagen?)	**finir par** schließlich etw. tun s. auch § 212 («schließlich») *Nous avons fini* par *nous disputer.* *Cela finira bien* par *s'arranger* (Es wird bald alles wieder gut sein).

2) Der Infinitiv ohne Präposition (der reine Infinitiv):

187 *a)* Der Infinitiv ohne Präposition steht nach einer Reihe von sehr geläufigen *transitiven* Verben (Verben, die ein direktes Objekt anschließen), ferner nach einigen Verben, die kein substantivisches Objekt anschließen. Da nur wenige transitive Verben den Infinitiv mit *à* (s. § 189) und alle übrigen den Infinitiv mit *de* anschließen, ist es ratsam, sich die Verben mit *Ø INF* zu merken:

Ø INF steht:

- nach den modalen Verben
  devoir, pouvoir, savoir, vouloir
- nach:
  avoir beau (s. § 145)
  daigner ► dé*daigner* **de** § 198 Z. 9

faillir beinahe tun (s. § 212)	▶ *manquer de* § 199 Z. 21
faire	
laisser[1]	
oser	
se rappeler	▶ **se souvenir de** § 199 Z. 40
– nach Verben des Wünschens:	
adorer, **aimer** (auch *aimer mieux*), *détester*	
désirer[2], **souhaiter** ▶ s. § 183!	▶ auch **souhaiter de** § 183
espérer, préférer	
– nach Verben des Glaubens, Beabsichtigens:	
compter beabsichtigen, damit rechnen	▶ *prévoir de* § 198 Z. 16
croire, estimer	
se figurer sich einbilden	
s'imaginer sich vorstellen	
penser ▶ s. § 182!	▶ auch **penser à** § 182
présumer, supposer vermuten	
– nach Verben des Sagens, Behauptens:	
admettre, avouer zugeben	
affirmer behaupten, *assurer, certifier* versichern	
déclarer, **dire** ▶ s. § 183!	▶ auch **dire de** § 183
jurer ▶ s. § 183!	▶ auch **jurer de** § 183
nier leugnen (seltener *nier de INF*)	
prétendre behaupten	
reconnaître einsehen, zugeben	
– nach Verben der Wahrnehmung:	
écouter, entendre, regarder, voir, sentir	

---

1 *Laisser à INF* wird nur noch in der Wendung *Je vous laisse à penser/juger* (Sie können sich vorstellen ...) gebraucht.
Ne pas laisser de INF, im Sinne von *ne pas cesser de* oder *ne pas manquer de* ist veraltet und sehr literarisch:

Son attitude ne laisse pas de m'inquiéter.
Voilà qui ne laisse pas d'étonner.

2 Im Gegensatz zu *souhaiter* darf *désirer* nur dann verwendet werden, wenn sein Subjekt zugleich Subjekt des Infinitivs ist:

Je souhaite être heureux.	*désirer*: Nur *Je désire être heureux.*
Je te *souhaite* d'*être heureux.*	

– nach allen Verben der Bewegung, wie z. B.:
aller (auch *être* in dieser Bedeutung),
courir, envoyer qn, partir, sortir, **venir** — ▶ auch **venir à** und **venir de** § 184
z. B.:

Je suis allé (j'ai été) faire des courses.
J'ai envoyé Jacques chercher le médecin.
Je viendrai te chercher à la gare.

188 *b)* Der Infinitiv ohne Präposition steht außerdem in «verkürzten» Fragesätzen (s. § 317) und in imperativischen Sätzen (auf Schildern und in Anleitungen):

Que faire? Comment faire? Où aller? A quoi bon s'inquiéter?
Je ne sais pas que (od. *quoi*) *faire.*
Ne pas se pencher au dehors. (Nicht hinauslehnen!)
Mettre la phrase suivante au passif: ...

3) Der Infinitiv mit à:

189 *a)* Der Infinitiv mit *à* steht nach einer geringen Zahl *transitiver* Verben:

aimer à: Nur in der Bedeutung von «Freude, Spaß an etwas haben» (literarisch): — geläufiger: **aimer Ø** § 187

Il aime à *se promener* (oder *il aime se promener*) *dans la campagne.*
Nicht jedoch für: *J'aimerais vous revoir.*

apprendre à lernen
apprendre/enseigner à qn à lehren, beibringen
{ **avoir à** tun müssen — *avoir qc à INF* s. § 191
{ **n'avoir qu'à** nur zu tun brauchen
J'ai à vous parler. Tu n'avais qu'à faire attention.
Ebenso: **il n'y a qu'à**: *Il n'y a plus qu'à attendre les résultats.*
chercher à — ▶ *essayer de* § 198 Z. 17
{ **commencer à**[1] — ▶ auch **par** § 186
{ **continuer à**[1]
demander à ▶ s. § 181! — ▶ auch **de** s. § 181!

190 *b)* Der Infinitiv mit *à* steht ferner nach einer Reihe von Verben, die ein **Ziel**, einen **Zweck**, ein **Bestreben** oder eine **Bereitschaft** (bzw. deren Gegenteil) ausdrücken. Die meisten von ihnen können auch ein substantivisches Objekt mit *à* anschließen, z. B.:

---

[1] seltener *de*.

aider, contribuer au succès de qc → *aider, contribuer à faire qc*
réussir à un examen → *réussir à faire qc*
s'attendre au pire → *s'attendre à faire qc*

Hier die geläufigsten:

s'acharner à, s'entêter à, s'obstiner à hartnäckig tun	
aider qn à	
amener/inciter/pousser qn à jn dazu bewegen, bringen vgl. *décider qn à* § 181	
s'amuser à ▶ s. § 185!	
s'appliquer à, s'attacher à, s'employer à sich bemühen	▶ *s'efforcer de* § 199 Z. 14
s'apprêter à, se disposer à, se préparer à im Begriff sein, sich darauf vorbereiten	
arriver à ▶ s. § 185!, *parvenir à, réussir à*	▶ *il m'arrive de*
s'attendre à ▶ s. § 181!	▶ **attendre de**
autoriser qn à	▶ *permettre à qn de* § 198 Z. 26
se borner à sich darauf beschränken	
condamner qn à	
consentir à	▶ *accepter de* § 198 Z. 1
contraindre/forcer/obliger qn (se) à ▶ s. § 181!	▶ **être contraint/forcé/obligé de**
contribuer à dazu beitragen	
décider qn à, se décider/se résoudre à, être décidé/résolu à ▶ s. § 181!	▶ **décider/résoudre de**
encourager qn à	
s'engager à sich verpflichten	
s'entraîner à, s'exercer à	
se fatiguer à ▶ s. § 181!, *se tuer à*	▶ *être* **fatigué de**
habituer qn (se) à	
hésiter à	
inviter qn à jn einladen od. auffordern	
se mettre à beginnen	
penser à ▶ s. § 182!	▶ auch **penser Ø**
persister à darauf beharren s. auch § 212	
se refuser à ▶ s. § 181!	▶ **refuser de**
rester à zu tun bleiben persönlich: *Ce travail reste à faire.* unpersönlich: *Il reste du travail à faire.*	
se risquer à s. § 181!	▶ **risquer de**

servir à s. § 185!	▶ *il/cela ne sert à rien de*
songer à beabsichtigen	
suffire à s. § 185!	▶ *il suffit de*
tarder à s. § 185!	▶ *il me tarde de*
tenir à s. §§ 181 u. 185	▶ *il ne tient qu'à moi de* *être tenu de*
venir à, en venir à s. § 184!	▶ auch **venir Ø** u. **venir de**

191 *c)* Der Infinitiv mit *à* steht in einigen Wendungen des Typs *Verb qc à INF* (z. B. *avoir du temps à perdre*), wo das Infinitivobjekt ebenfalls einen **Zweck** ausdrückt:

avoir qc à INF (auch **il y a qc à INF**): eigentlich «zu tun haben, tun müssen», aber diese Bedeutung ist häufig nur noch schwach vorhanden:

J'ai du travail à faire (il y a du travail à faire).
J'ai une chose importante à vous dire (ich muss ...).
J'ai des courses à faire (ich muss einkaufen gehen).
J'ai un coup de téléphone à donner (ich muss telefonieren).
J'ai une histoire drôle à vous raconter (ich «muss», d. h. ich möchte Ihnen einen Witz erzählen).
Nous avons encore une heure à attendre.
Je n'ai pas le cœur à rire (mir ist nicht zum Lachen zumute).
Je n'ai pas de temps à perdre.
Il n'y a pas une seconde à perdre!
Je n'ai rien à dire.
Il n'y a rien à faire (dagegen ist nichts zu machen).

avoir du mal à, avoir peine à (lit.) es fällt mir (ihm ...) schwer oder nicht tun können; s. auch § 213

Il aura du mal à oublier ce qui s'est passé.
J'ai du mal (j'ai peine) à le croire (ich kann es kaum glauben).
J'ai eu du mal à m'endormir (ich habe nicht einschlafen können).

avoir intérêt à es liegt in meinem (seinem ...) Interesse

Le docteur a dit que j'aurais intérêt à moins fumer.
In der gesprochenen Sprache wird diese Wendung häufig für Ratschläge oder Befehle («du solltest lieber ...») gebraucht:
Tu aurais intérêt à ne pas dépenser trop d'argent. (s. § 84)
Tu n'as pas intérêt à recommencer!

avoir tendance à dazu neigen

Il a tendance à grossir.

donner/porter qc à INF, z. B.:

donner/porter sa montre à réparer
donner/porter un pantalon à nettoyer

donner qc à INF à qn, z. B.:

J'ai donné une lettre à taper à la secrétaire.
On m'a donné des formulaires à remplir.

mettre qc à INF, z. B.:

mettre du linge à sécher sur le balcon
mettre un plat à chauffer

passer ... (Zeitangabe) **à INF**: die Zeit damit verbringen zu ...

Nous avons passé l'après-midi à jouer aux cartes.
Il a passé la nuit à boire.
Il passe son temps à dormir (er schläft die ganze Zeit).
Hier ist die Funktion des Infinitivobjekts mit der eines Gérondif (*en jouant, en buvant, en dormant*) vergleichbar.

192 *d)* nach **Substantiven** steht der Infinitiv mit *à* zum Ausdruck eines Zwecks:
– in Ausdrücken, die den Charakter eines zusammengesetzten Wortes haben, z. B.:

une machine à coudre, à écrire, à laver
un fer à repasser, une règle à calculer (ein Rechenschieber)
de la pâte à modeler (Plastilin)

– mit passivischer Bedeutung, z. B.:

louer une maison	→ *une maison* à louer
accomplir une mission	→ *une mission* à accomplir
prendre une mesure	→ *une mesure* à prendre
éviter une faute	→ *une faute* à éviter

Dabei kann *à INF* wie im Deutschen prädikativ verwendet werden:

Cette maison est *à louer. Ces décisions* sont *à prendre rapidement.*

193 Allerdings ist bei der Übersetzung von scheinbar ähnlichen Strukturen des Deutschen ins Französische die größte Vorsicht geboten, insbesondere wenn eine **Verneinung** vorhanden ist. Die Wendung *ist nicht zu INF* kann nämlich zweierlei bedeuten:

a) Das Haus ist nicht zu verkaufen.
= ist nicht dazu bestimmt, verkauft zu werden.
b) Das Problem ist nicht (kaum) zu lösen.
= kann nicht gelöst werden.

Die französische Wendung *n'est pas à INF* darf für die Bedeutung *a)* gebraucht werden:

a) La maison n'est pas à vendre.

nicht aber für die Bedeutung b):

b) Das Problem ist nicht zu lösen.	*Le problème est insoluble.*
Diese Tatsachen sind nicht zu leugnen.	*Ces faits sont indéniables.*
Das ist nicht/kaum zu glauben!	*C'est incroyable (à peine croyable)!*

194 *e)* Der Infinitiv mit *à* steht nach einer begrenzten Anzahl von **Adjektiven** zum Ausdruck des Zwecks:

agréable à	*Un roman agréable à lire.* ► *il/c'est agréable de* § 176
apte à fähig, geeignet	*Une mesure apte à relancer la consommation.* ► **capable de**, *susceptible de* § 201
bon à geeignet	*Des champignons bons à manger.* *Toute vérité n'est pas bonne à dire.*
difficile à	*Un film difficile à comprendre.* ► *il est difficile de* § 176
disposé à bereit	*Etes-vous disposé à m'écouter?* Vgl. *prêt à*
enclin à (lit.) geneigt	nur auf Menschen bezogen: *Il est enclin à abuser de la gentillesse des autres.* Vgl. *avoir tendance à* § 191
facile à	*Un roman facile à lire.* ► *il est facile de* § 176
habile à geschickt	*Il est très habile à s'attirer la sympathie de ses supérieurs.*
impossible à	*Un projet impossible à réaliser.*
lent à	*Il est lent à comprendre.* Vgl. *tarder à* § 185
long à	*La langue de bœuf est longue à cuire.*
prêt à	*Je suis prêt à partir.*
prompt à schnell bereit	*Il est toujours prompt à rendre service.*
propre à geeignet	*Une mesure propre à mécontenter les agriculteurs.*
utile (inutile) à	*Une expression utile à connaître.* ► *il est inutile de* wie § 176

195 Der Infinitiv mit *à* steht außerdem nach:

le premier à **le dernier à** **le seul à**	*Il est toujours le premier à nous aider.* *Elle est toujours la dernière à se lever.* *Elle est la seule à avoir compris.* oder: *C'est la seule* qui ait *compris.* (§ 133) Elle seule *a compris.* / Il n'y a qu'elle *qui ait compris.* (§ 254)

196 *f)* In einigen Wendungen hat der Infinitiv mit *à* konsekutive Bedeutung (so ..., dass):

Elle est belle à croquer (umgangsspr.).	Sie ist bildhübsch.
Il est bête à manger du foin (").	Er ist strohdumm.
Il est fou à lier.	Er ist völlig verrückt.
Je suis malade à crever (umgangsspr.).	Ich bin sterbenskrank.
Le bus est plein à craquer (").	Der Bus ist brechend voll.
C'est à mourir de rire.	Es ist zum Totlachen.
C'est à désespérer.	Es ist zum Verzweifeln.
Il fait un temps à ne pas mettre un chat dehors (od. *à ne pas mettre le nez dehors*).	Es ist ein Wetter, bei dem man keinen Hund hinausjagt.
une histoire à dormir debout (usw.)	eine verrückte (= vollkommen unwahrscheinliche) Geschichte

197 *g)* Als freie adverbiale Ergänzung kann der Infinitiv mit *à* hypothetische oder temporale Bedeutung haben und somit die gleiche Funktion wie ein **Gérondif** erfüllen (s. § 172), wobei (im Gegensatz zum Gérondif) das Subjekt des Hauptverbs nicht unbedingt zugleich Subjekt des Infinitivs sein muss:

A vaincre sans péril, on triomphe sans gloire (Corneille).
= hypothetisch (wenn man ...); Gérondif möglich.
A rester trop longtemps au soleil, tu vas attraper une insolation.
= hypothetisch (wenn ...); Gérondif möglich.
A l'entendre parler ainsi, j'ai eu peur.
= temporal (als ich ...); Gérondif möglich.
A l'entendre, il sait tout faire.
= hypothetisch (wenn man...); Gérondif unmöglich (2 verschiedene Subjekte).

Für die hypothetische Funktion von *à INF* s. auch § 81.

Dieser Gebrauch von *à INF* ist nicht sehr geläufig, außer in festen Wendungen wie:

à en croire qn/qc	wenn man jm/etw. glauben soll
à en juger par qc	nach ... zu urteilen
à vrai dire, à dire vrai	offen gesagt, eigentlich
à proprement parler	eigentlich, im Grunde, genau genommen
à tout prendre	alles in allem
à regarder les choses de près / *à y regarder de [plus] près*	genau(er) betrachtet
à supposer que SUBJ	vorausgesetzt, dass

4) Der Infinitiv mit de:

198 *a)* Der Infinitiv mit *de* steht **nach den meisten transitiven Verben**. Es ist daher zu empfehlen, die transitiven Verben genau zu kennen, die den Infinitiv ohne Präposition (§ 187) oder mit *à* (§ 189) anschließen. Hier die geläufigsten:

accepter de	
achever de, **arrêter/cesser/finir de**	► **commencer/continuer à**
attendre de ► s. § 181!	► **s'attendre à**
choisir de	
conseiller/recommander/déconseiller à qn de	
craindre de	
décider/résoudre de ► s. § 181!	► **se décider à, se résoudre à, être décidé/résolu à**
dé*daigner de* es für nicht gut halten meist verneint: *Je ne dédaigne pas de lire de temps à autre un bon roman policier.*	► **daigner Ø** § 187
défendre à qn de, interdire à qn de	
demander à qn de ► s. § 181!	► auch **demander à**
dire à qn de ► s. § 183!	► auch **dire Ø**
*envisager/***prévoir***/projeter de* beabsichtigen	► **compter Ø** § 187
essayer de, tenter de	► **chercher à** § 189
éviter (à qn) de	
feindre de so tun, als ob	
jurer (à qn) de ► s. § 183!	► auch **jurer Ø**
mériter de verdienen	
négliger/omettre (lit.)*/oublier de*	
offrir/proposer/suggérer à qn de	
ordonner à qn de	
pardonner à qn de	
permettre à qn de	► **autoriser qn à** § 190 Z. 13
promettre à qn de	
refuser de ► s. § 181!	► **se refuser à**
regretter de	
reprocher à qn de	
risquer de ► s. § 181!	► **se risquer à**
souhaiter à qn de ► s. § 183!	► auch **souhaiter Ø**

199 *b)* Der Infinitiv mit *de* steht nach allen Verben, die auch ein substantivisches Objekt mit *de* anschließen (z. B. *accuser qn de qc*), und nach einigen Verben, die nur mit einem Infinitiv gebraucht werden (z. B. *se dépêcher de INF*). Hier die geläufigsten:

accuser qn de	
s'agir de (il s'agit de) es geht darum …	
s'arrêter de aufhören vgl. *arrêter/cesser de*	► **commencer/continuer à** § 189
charger qn de jn beauftragen *se charger de* sich darum kümmern	

se contenter de sich damit begnügen
s. auch § 213 «nur»
convaincre/persuader qn de
se dépêcher/s'empresser/se hâter de
dés*espérer de* — ► **espérer Ø** § 187
Je désespère de pouvoir un jour le convaincre.
dissuader qn de jm davon abraten
douter de
s'efforcer de sich bemühen — ► **s'appliquer à** § 190 Z. 7
► **se forcer à** § 181
► **chercher à** § 189
empêcher qn de
ne pas pouvoir s'empêcher de nicht umhinkönnen
s'excuser de, excuser qn de
féliciter qn de
manquer de beinahe tun (Gebrauch s. § 212) — ► **faillir Ø** §§ 187 u. 212
ne pas manquer de nicht vergessen oder ganz bestimmt etw. tun
Ne manquez pas de transmettre mes salutations à votre père.
Il ne manquera pas de nous le reprocher.
On ne peut pas manquer de s'étonner que …
se mêler de
menacer qn de
s'occuper de sich darum kümmern s. § 181! — ► auch **s'occuper à**
parler de beabsichtigen
Il parle de s'installer aux Etats-Unis.
plaindre qn (se) de
prier/supplier qn de bitten, anflehen
se réjouir de
remercier qn de (auch *pour*)
se repentir de bereuen
rêver de
soupçonner qn de verdächtigen
se souvenir de — ► **se rappeler Ø** § 187
In der gesprochenen Sprache auch häufig ohne Präposition – wegen *se rappeler Ø INF.*
se vanter de sich rühmen
venir de ► s. §§ 184 und 212 — ► auch **venir à** u. **venir Ø**

200 *c)* Der Infinitiv mit *de* kann nach sehr vielen **Substantiven** stehen, z. B.:

l'art de faire la cuisine, la joie de vivre, une façon de parler

insbesondere in verbalen Wendungen wie:

avoir	*besoin de*	
"	*coutume de*	die Gewohnheit haben ► *être habitué à*
"	*envie de*	
"	*hâte de*	es eilig haben; vgl. *se dépêcher de*
"	*honte de*	sich schämen; vgl. *être honteux de*
"	*[tout] lieu de*	allen Grund haben; meist mit Verben des Glaubens: *Nous avons tout lieu de croire/supposer que l'assassin connaissait les habitudes de la victime.*
"	*ordre de*	den Befehl haben
"	*peur de*	
"	*raison/tort de*	
"	*l'air de*	scheinen: *Il a l'air de s'ennuyer.* ► *sembler/paraître Ø* § 179
"	*le courage de*	
"	*le droit de*	
"	**l'habitude de**	► **s'habituer à** § 190, **être habitué à**
"	*l'idée de*	auf den Gedanken kommen
"	*l'impression, le sentiment, la sensation de*	
"	*l'intention de*	
"	*les moyens, la possibilité de*	
"	*le temps de*	
	(usw.)	
être	*en train de*	dabei sein; gerade etw. tun
"	*sur le point de*	im Begriff sein; ► *s'apprêter à* § 190 Z. 9
"	*en mesure de*	imstande sein; auch *être à même de:* *Je ne suis pas en mesure de vous renseigner.* *Je ne suis pas à même de vous renseigner.*
prendre	*la peine de*	sich die Mühe geben; auch als Höflichkeitsformel: *Prenez donc la peine de vous asseoir.* ► **avoir peine à, avoir du mal à** § 191
"	*le temps de*	
(usw.)		

201 *d)* Der Infinitiv mit *de* steht nach sehr vielen **Adjektiven**, z. B.:

capable de	► **apte à, propre à** § 194
certain/sûr de	*Je suis certain (sûr) d'avoir raison.*

charmé/enchanté/ravi de	*Je suis enchanté d'avoir fait votre connaissance.*
content/heureux/satisfait de	
curieux de	*Je suis curieux de savoir ce qu'il va dire.*
déçu de enttäuscht	
désireux de wünschen	*Les élèves désireux de suivre le cours de chinois sont priés de s'inscrire au secrétariat.* ► **désirer Ø** § 187
désolé/navré de bedauern	*Je suis désolé (navré) de vous avoir fait attendre.*
digne de würdig	*Un film digne d'être vu.* Vgl. *mériter de*
étonné/surpris de	
fâché de bedauern	*Je suis fâché de vous avoir fait attendre.*
verärgert	*Il est fâché de ne pas avoir été invité.* vgl. *vexé*
fatigué de ► s. § 181!	► **se fatiguer à**
fier de	
furieux/indigné/vexé de	
gentil de nett	*Tu es gentil d'avoir pensé à moi.*
freundlich	*Tu serais gentil de me passer le beurre.*
honteux de	
libre de	*Je suis libre de faire ce que je veux!*
malheureux/triste de	
reconnaissant à qn de dankbar	*Je vous suis très reconnaissant de m'avoir rendu ce service.*
soucieux de besorgt	*Il est toujours soucieux de faire bonne impression.*
susceptible de geeignet	*Une information susceptible de provoquer un scandale.* Vgl. *capable de*
(usw.)	► *apte à, propre à* § 194

in verbalen Wendungen:

trouver dommage/logique/normal/juste/injuste usw. *de*

Je trouve dommage de jeter toute cette viande.

croire bon de es für richtig halten

J'ai cru bon de vous informer.

se faire fort de (unveränderlich!) sich anheischig machen, sich zutrauen

Je me fais fort de lui faire changer d'avis.

IV. Der Infinitiv mit anderen Präpositionen (bzw. präpositionalen Ausdrücken)

202 Als adverbiale Ergänzung kann der Infinitiv mit anderen Präpositionen bzw. präpositionalen Ausdrücken verwendet werden, jedoch nur mit bestimmten:

– temporale Präpositionen:

après (+ Infinitif passé)	*Après avoir lavé la voiture, j'irai faire des courses.*
avant de	*Je laverai la voiture avant de faire les courses.*

– hypothetische Präpositionen:

à condition de unter der Bedingung, dass	*Je veux bien sortir ce soir à condition de ne pas rentrer trop tard.*
à moins de es sei denn, dass wenn ... nicht ...	*Je n'aime pas emprunter de l'argent, à moins d'en avoir vraiment besoin.* *A moins de partir très tôt, nous n'arriverons pas à faire le voyage en un jour.*
quitte à selbst wenn man dafür etw. tun muss	*Quitte à payer le double, je préfère prendre l'avion.*

– finale Präpositionen:

pour[1] um ... zu ...	*Pour réussir la mayonnaise, il faut verser l'huile tout doucement.* *pour plaisanter, pour rire* = im Scherz *pour ainsi dire* = sozusagen
assez/trop ... pour ...	*Tu n'es pas assez couvert* (warm angezogen) *pour aller dehors par ce temps.* *C'est trop beau pour être vrai.*
afin de* / **en vue de*** } um ... zu ... * Schriftsprache	*Afin de (en vue de) réduire le nombre des accidents, le gouvernement a décidé de limiter à 90 km/h la vitesse sur les routes.*
de (od. **par**) **peur de**[2] **de crainte de*** * Schriftsprache	*Je n'ai pas osé venir, de peur de vous déranger.*

---

[1] Sonstiger Gebrauch von *pour INF*:
a) kausal: nach Verben, die eine Strafe ausdrücken (*condamner, punir*, usw.):
Il a été exclu du lycée pour avoir insulté un professeur.
b) konzessiv (veraltet): *Pour être roi, on n'en est pas moins homme.*

[2] *De peur de* und *de crainte de* bedeuten praktisch *pour ne pas* und sind deshalb als finale Ausdrücke zu betrachten.

de façon/manière à um ... zu ... oder so, dass ... vgl. § 139	*Nous partirons de nuit, de façon (de manière) à ne pas avoir trop de circulation.* *Il conduit de façon (de manière) à consommer le moins d'essence possible* (Er fährt so, dass er so wenig Benzin wie möglich verbraucht).

– konsekutive Präpositionen:

au point de / **jusqu'à** } so sehr, dass	*Il était ivre au point de ne plus savoir son adresse.* *Nous avons parlé jusqu'à en oublier l'heure.* **aller jusqu'à INF** = so weit gehen: *Il est allé jusqu'à prétendre que j'avais menti.*

– sonstige Präpositionen:

sans ohne ... zu ...	*Il est parti sans dire au revoir à personne.* *Vous n'êtes pas sans savoir que ...* = Sie wissen wohl, dass ...
au lieu de anstatt ... zu ...	*Si on allait au cinéma au lieu de regarder la télévision?*
à force de wenn man zu viel (zu lange, zu oft) etw. tut; durch vieles ...	*A force de lire dans l'obscurité, tu vas t'abîmer les yeux.* *J'ai eu mal au ventre à force de rire.*
faute de da ... nicht ...	*Faute de savoir nager, il n'a pas pu entrer dans la marine.*
sous prétexte de unter dem Vorwand zu ...	*Sous prétexte d'avoir mal aux dents, il n'a rien fait de toute la journée.*
loin de weit davon entfernt	*Loin d'approuver entièrement cette méthode, j'avoue qu'elle comporte certains avantages.* **être [bien] loin de:** *Je suis [bien] loin de partager votre opinion.*
près de: nur in Verbindung mit *être* nicht verwechseln mit: ▶ *être prêt à* § 194	**être près de:** *Les négociations étaient près d'aboutir* (standen kurz vor dem Abschluss). **ne pas être près de** (geläufiger): *Je ne suis pas près d'oublier* (Das werde ich nicht so schnell vergessen).

V. Besonderheiten der Infinitivkonstruktion im Vergleich zum Deutschen

203 Der Infinitiv ist im Französischen sehr beliebt. So ist es z. B. oft möglich, eine Infinitivkonstruktion zu verwenden, wenn das Deutsche nur einen Nebensatz zur Verfügung hat:

> **Après avoir visité le Louvre**, *nous nous sommes promenés dans le Jardin des Tuileries.*
> → *Nachdem wir den Louvre besichtigt hatten ...*
> **A moins de partir très tôt**, *nous ne pourrons pas faire le voyage en un jour.*
> → *Wenn wir nicht sehr früh wegfahren ...*
> *C'est gentil* **d'être venu!** → *Nett, dass du (ihr) gekommen bist (seid)!*
> *Il dit* **être resté chez lui.** → *Er sagt, er sei zu Hause geblieben.*
> (usw.)

204 Für den relativ häufigen Gebrauch der Infinitivkonstruktion sprechen mehrere Gründe. Der wichtigste ist zweifellos die Tatsache, dass die Infinitivkonstruktion einfacher und knapper ist als jeder Nebensatz, weil sie sich syntaktisch genauso verhält wie ein **normales substantivisches Objekt**. Vgl.:

Je lui ai demandé { *un service.*
{ **de m'aider.**

Im Deutschen muss dagegen die Infinitivkonstruktion «ausgeklammert», d. h. nachgestellt werden. Sie verhält sich eher wie ein Nebensatz und wird oft durch das Pronomen *es* oder durch ein Pronominaladverb (*daran, darauf,* usw.) «angekündigt»:

> *Er wagte* es *nicht, sie zum Tanzen aufzufordern.*
> *Er lehnte* es *ab, darüber zu sprechen.*
> *Ich habe ihn* [darum] *gebeten, mir zu helfen.*
> *Ich hatte nicht* damit *gerechnet, Sie hier zu treffen.*

Im Französischen verhält sich der Infinitiv wie ein normales (substantivisches) Objekt und **darf folglich nicht durch ein Pronomen «angekündigt» werden**[1] (s. auch § 275):

> *Il n'osait pas l'inviter à danser.*
> *Il a refusé d'en parler.*
> *Je lui ai demandé de m'aider.*
> *Je ne m'attendais pas à vous rencontrer ici.*

205 Da sich der französische Infinitiv wie ein normales Objekt verhält, ist es im Französischen möglich, mehrere Infinitivobjekte aneinanderzureihen, ohne dass der Satz schwerfällig wirkt, z. B.:

---

[1] außer wenn das Pronomen zu einer festen Wendung gehört, z. B.:
J'en ai assez d'entendre toujours la même chose.
Je lui en veux de ne pas nous avoir invités.
oder wenn der Infinitiv **als Subjekt** nachgestellt wird (§ 176).

Il a prétendu n'avoir pas eu le temps de nous prévenir.	= 2 Infinitivobjekte
J'espère pouvoir le convaincre de venir avec nous.	= 3 Infinitivobjekte
Je n'ai pas osé lui demander de venir m'aider à repeindre l'appartement.	= 4 Infinitivobjekte
Je n'aurais jamais cru pouvoir le décider à arrêter de fumer.	= 4 Infinitivobjekte

Selbstverständlich kann man das nur bis zu einer gewissen Grenze machen, aber diese Grenze wäre im Deutschen schon beim 1. Satz erreicht, vgl.:

Er hat behauptet, keine Zeit gehabt zu haben, [um] uns zu benachrichtigen.

206 Eine Ausnahme stellt das Verb **dire** dar. Mit *de INF* (= bitten, befehlen) ist *dire* sehr geläufig, während *dire Ø INF* in der gesprochenen Sprache zugunsten des *que*-Satzes gemieden wird:

Il a dit de *ne pas faire de bruit.*	= geläufig
{ *Il a dit être resté chez lui.*	= nicht geläufig
{ besser: *Il a dit qu'il était resté chez lui.*	

207 Ein weiterer Grund für die Häufigkeit des Infinitivs liegt darin, dass einige Verben einen *que*-Satz nicht oder nur bedingt (in der Schriftsprache) anschließen können, z. B. *excuser, pardonner, remercier* (höchstens *de ce que*), usw.:

Entschuldigen Sie, dass ich zu spät komme.
→ *Excusez-moi d'être en retard.*
Verzeihen Sie, dass ich Sie stören muss.
→ *Pardonnez-moi de vous déranger.*
Ich danke Ihnen [dafür], dass Sie uns geholfen haben.
→ *Je vous remercie de nous avoir aidés.*

Der dritte Grund für die Beliebtheit des Infinitivs im Französischen ist:

208 **Das Problem des Subjekts:**
Viele Verben können auch dann einen *que*-Satz anschließen, wenn Hauptsatz und *que*-Satz dasselbe Subjekt haben (*je … que je …*), z. B. *espérer* und die Verben des Sagens oder Glaubens:

J'*espère* **que je** *n'aurai pas d'ennuis à la frontière.*
Il *pense* **qu'il** *a attrapé froid dans la voiture.*
Je *crois* **que je** *ne viendrai pas.*
Tu *as dit* **que tu** *resterais à la maison.*
(usw.)

Das ist aber mit einer Reihe von Verben und Ausdrücken nicht bzw. nur bedingt möglich (mit *de ce que* – jedoch nicht mit allen Verben und nur in der Schriftsprache). Es handelt sich um Verben oder Ausdrücke, die ein **Gefühl** ausdrücken (und den **Subjonctif** erfordern – s. §§ 100–102), z. B.: *vouloir, adorer, aimer, aimer mieux,* *détester, préférer, désirer, souhaiter, demander, craindre*[1], *avoir peur*[1], *éviter, proposer, s'étonner, se réjouir, se plaindre, regretter, avoir besoin (envie, hâte, honte), être content* (*désolé, furieux, reconnaissant,* usw.). Ausnahmen: **trouver** *bon* (*dommage, normal,* usw.) und **espérer** (s. oben)[2].

Wenn beide Subjekte identisch sind, muss bei diesen Verben die Infinitivkonstruktion verwendet werden:

> **Ich** *bin froh,* **dass ich** *gewonnen habe.*
> → **Je** *suis content* **d'avoir** *gagné.*
> *Bist* **du** *enttäuscht,* **dass du** *nicht gewonnen hast?*
> → *Es-***tu** *déçu* **de** *ne pas* **avoir** *gagné?*
> **Ich** *bedaure (es tut* **mir** *leid),* **dass ich** *Ihnen nicht helfen kann.*
> → **Je** *regrette* (**je** *suis désolé)* **de** *ne pas* **pouvoir** *vous aider.*
> **Ich** *wundere mich,* **dass ich** *beim Examen durchgekommen bin.*
> → **Je** *suis étonné* **d'avoir** *été reçu.*
> *Schämst* **du** *dich nicht,* **dass du** *dich so blamiert hast?*
> → **Tu** *n'as pas honte* **de** *t'***être** *rendu ridicule à ce point (d'avoir fait une gaffe pareille)?*

209 Umgekehrt wird bei diesen (und bei anderen) Verben der Gebrauch des Infinitivs dadurch eingeschränkt, dass die Identität der beiden Subjekte vorausgesetzt wird. Eine Ausnahme bilden *demander* und *souhaiter,* die zwei Konstruktionen ermöglichen:

Je *demande* **à venir.**	→ *Je* **te** *demande* **de venir.**
Je *souhaite* **réussir.**	→ *Je* **te** *souhaite* **de réussir.**
aber:	
Je *désire* **réussir.**	→ *Je désire* **que tu réussisses.**
J'*espère* **réussir.**	→ *J'espère* **que tu réussiras.**
Je *suis content* **d'être là.**	→ *Je suis content* **que tu sois là.**

Dafür hat die Sprache einen «Trick» gefunden, um auch in solchen Fällen die Infinitivkonstruktion zu ermöglichen: das Einfügen von *entendre, savoir, trouver* oder *voir,* z. B.:

> *Je suis content que tu dises cela.*
> → *Je suis content* **de te l'entendre** *dire.*
> *Je n'aime pas que tu te moques de tes parents.*
> → *Je n'aime pas* **t'entendre** *te moquer de tes parents.*
> *Nous sommes heureux que vous soyez bien rentrés.*
> → *Nous sommes heureux* **de vous savoir** *bien rentrés.*

---

[1] *Je crains que je* ... und *j'ai peur que je* ... sind nicht ausgeschlossen, aber nicht geläufig.

[2] Einige Verben, die ebenfalls ein Gefühl ausdrücken, wie *défendre, permettre,* usw., brauchen hier nicht aufgeführt zu werden, weil sie aufgrund ihrer Bedeutung die Möglichkeit ausschließen, dass beide Subjekte identisch sind.

J'espère que vous serez guéri quand nous viendrons.
→ *J'espère* **vous trouver/vous voir** *guéri quand nous viendrons.*
J'ai été assez surpris qu'il joue aux cartes.
→ *J'ai été assez surpris* **de le voir** *jouer aux cartes.*

Allerdings sollte der Wert solcher «Tricks» nicht überschätzt werden, denn sie können nicht immer verwendet werden (z. B. können *trouver* und *savoir* nur dann gebraucht werden, wenn im *que*-Satz *être* steht – vgl. 3. u. 4. Beispielsatz) und kommen in der gesprochenen Sprache selten vor (mit Ausnahme der Wendung *Je suis content/heureux de te/vous l'entendre dire*).

210 Freie **adverbiale Infinitivergänzungen** (Umstandsbestimmungen, s. § 202) dürfen normalerweise ebenfalls nur dann verwendet werden, wenn das Subjekt des Hauptsatzes zugleich Subjekt des Infinitivs ist (wie beim Gérondif § 171):

Nous avons *oublié d'éteindre la lumière avant de* **sortir.**

In Wirklichkeit wird diese Regel nicht immer eingehalten, z. B. mit unpersönlichen Verben:

Il faut éteindre la lumière avant de sortir.

und vor allem mit *à* (s. § 197) und den finalen *pour, afin de, en vue de, de peur de, de crainte de, de façon à, de manière à* (s. dazu M. GREVISSE, *Le Bon Usage,* Gembloux/Paris 1969, 9e éd., § 763):

Il *m'a demandé 100 francs pour* acheter *des livres.*	=	korrekt
Je lui *ai donné 100 francs pour* acheter *des livres.*	=	«Verstoß»

211 **Umschreibungen von deutschen Adverbien:**

Viele deutsche Adverbien lassen sich im Französischen mit Hilfe einer Infinitivkonstruktion sehr leicht umschreiben, und zwar nach folgendem Muster:

deutsch:	**Verb + Adverb**	z. B.:	*er tanzt gern*
französisch:	**Verbe + Infinitif**		*il aime danser*

Hierzu einige Beispiele:

212 *a)* sehr geläufige Umschreibungen:

beinahe, fast: *faillir Ø INF, manquer de INF**

**manquer de INF* nur für die Bedeutung «einer Gefahr entkommen sein»:
Wir wären beinahe zu spät gekommen.
→ *Nous avons failli être en retard/arriver trop tard.*

Fast hätten wir einen Unfall gehabt.
→ *Nous avons failli avoir* (od. *manqué d'avoir*) *un accident.*

gern: *aimer Ø INF, aimer bien Ø INF**

*in der gesprochenen Sprache häufig *adorer Ø INF*:
Ich gehe gern ins Kino.
→ *J'aime (j'aime bien, j'adore) aller au cinéma.*

nicht gern: *ne pas aimer Ø INF:*
Ich schlafe nicht gern auf einer Luftmatratze.
→ *Je n'aime pas dormir sur un matelas pneumatique.*

gerade (= in diesem Augenblick): *être en train de INF*

Er telefoniert gerade.
→ *Il est en train de téléphoner.*
Wir trinken gerade Kaffee. Möchten Sie eine Tasse?
→ *Nous sommes en train de prendre le café. En voulez-vous une tasse?*
s. auch unten!

gerade, soeben: *venir de INF*

Dein Freund hat gerade (soeben) angerufen.
→ *Ton ami vient de téléphoner.*
Ich bin gerade (soeben) heimgekommen.
→ *Je viens [juste] de rentrer.*
auch: *Ils viennent de se marier (Sie sind frisch verheiratet).*

gerade (schon) wollen (Vergangenheit): *aller Ø INF, s'apprêter à INF, être sur le point de INF*

Ich wollte gerade (schon) gehen, als du angerufen hast.
→ *J'allais [justement] sortir* }
Je m'apprêtais à sortir } *quand tu as appelé.*
J'étais sur le point de sortir }

immer noch, weiter: *continuer à INF*

Es regnet immer noch (weiter).
→ *Il continue à pleuvoir.*
Nach dem Essen spielen wir weiter.
→ *Après manger, on continuera à jouer.*

auch *persister à INF,* wenn *immer noch* zugleich «hartnäckig» bedeutet:

Er leugnet immer noch (weiter).
→ Il persiste à nier (continue à nier).

lieber: *aimer mieux Ø INF, préférer Ø INF*

Ich bleibe lieber zu Hause.
→ J'aime mieux (je préfère) rester à la maison.
Ich möchte lieber nicht davon sprechen.
→ J'aime mieux (je préfère) ne pas en parler.

Vorsicht: *Du solltest lieber ... = tu ferais mieux de, tu aurais intérêt à ...* (s. §§ 84 und 191).

schließlich: *finir par INF*

Wir haben uns schließlich geeinigt.
→ Nous avons fini par nous entendre.
Schließlich habe ich nicht mehr daran gedacht.
→ J'ai fini par ne plus y penser.

nicht aber im Sinne von «ja», z. B.: *Er ist schließlich groß genug (Ce n'est tout de même plus un gamin).*

213 *b)* gelegentliche Umschreibungsmöglichkeiten (je nach Kontext!):

allmählich, langsam: *commencer à INF*

Ich bekomme allmählich (langsam) Hunger.
→ Je commence à avoir faim.
Er geht mir langsam auf die Nerven.
→ Il commence à m'énerver (à m'embêter).

bald: *ne pas tarder à INF*

Er wird bald nach Hause kommen.
→ Il ne va pas tarder à rentrer.
Er wird es bald merken.
→ Il ne tardera pas à s'en apercevoir.

bestimmt, sicherlich, sicher: *ne pas manquer de INF*

Er wird es uns eines Tages bestimmt vorwerfen.
→ Il ne manquera pas de nous le reprocher un jour ou l'autre.

immer, immer wieder, die ganze Zeit, ständig: *ne pas arrêter/cesser de INF*

Es hat ständig (die ganze Zeit) geregnet.
→ Il n'a pas arrêté/cessé de pleuvoir.

Sie streiten sich ständig (immer wieder).
→ *Ils n'arrêtent pas/ne cessent pas de se disputer.*
auch *ne faire que* (s. § 255):
→ *Ils ne font que se disputer.*
Er schläft die ganze Zeit.
→ *Il ne fait que dormir.*

kaum können: *avoir du mal à INF, avoir peine à INF*

Ich kann ihn kaum verstehen.
→ *J'ai du mal/j'ai peine à le comprendre.*
Ich habe kaum schlafen können.
→ *J'ai eu du mal à dormir.*
Du wirst ihn kaum überzeugen können.
→ *Tu auras du mal à le convaincre.*
Ich bin so müde, dass ich kaum noch stehen kann.
→ *Je suis tellement fatigué que j'ai du mal à tenir debout.*

nicht mehr: *arrêter/cesser de INF*

Es regnet nicht mehr.
→ *Il a arrêté/cessé de pleuvoir.*
Ich rauche nicht mehr.
→ *J'ai arrêté/cessé de fumer.*

nur: *se contenter de INF, ne faire que INF*

Wir haben nur ein paar Museen angeschaut.
→ *Nous nous sommes contentés de visiter quelques musées.*
Als ich es ihm gesagt habe, hat er nur gelacht.
→ *Quand je le lui ai dit, il s'est contenté de rire.*
Ich schaue nur kurz vorbei.
→ *Je ne fais que passer* (s. § 255)

schnell: *se dépêcher de INF*

Zieh dich schnell an!
→ *Dépêche-toi de t'habiller!*
Mach die Tür schnell zu, es zieht!
→ *Dépêche-toi de fermer la porte, il y a des courants d'air!*

zuerst, zunächst: *commencer par INF*

Zieh dich zuerst an!
→ *Commence par t'habiller.*

Kapitel 10: Passiv und Passiversatz

I. Die Besonderheiten des französischen Passivs

1) Die Angabe des Subjekts:

214 Im Deutschen kann man drei Typen von Passivsätzen bilden, je nachdem, ob Subjekt und Agens, oder nur das Subjekt, oder keines von beiden angegeben sind:

S		A	
+	Verb	+	*(1)* Das Gesetz *wurde* vom Bundesrat *abgelehnt.*
+	Verb	–	*(2)* Das Gesetz *wurde abgelehnt.*
–	Verb	–	*(3) Es wurde viel getrunken.* *Nach den Tätern wird immer noch gefahndet.*

Beim dritten Typ können im Deutschen auch intransitive Verben verwendet werden, z. B.: *Jetzt wird geschlafen!*

Im Französischen sind dagegen nur die ersten zwei Typen möglich:

S		A	
+	Verb	+	*(1)* La loi *a été rejetée* par le Sénat.
+	Verb	–	*(2)* La loi *a été rejetée.*

Das bedeutet:

⇨ In einem französischen Passivsatz **muss das Subjekt immer angegeben werden!**

215 Da das passivische Subjekt aus einem aktivischen Objekt stammt, z. B.:

Le Sénat a rejeté la loi ↔ La loi *a été rejetée par le Sénat.*

kann man **nur aus transitiven Verben** ein Passiv bilden, z. B.:

autoriser **qn** *à INF*	Le public *n'a pas été autorisé à entrer.*
autoriser **qc**	La manifestation *a été autorisée par le Préfet.*

défendre **qc**	Im Passiv nur Sachsubjekt:
interdire **qc**	La manifestation *a été interdite.*
permettre **qc**	Sonst nur Aktiv: **On lui** *a interdit de sortir.*
demander **qc**	Des crédits *ont été demandés.*
demander **qn** verlangen	Monsieur Bouzigue *est demandé au téléphone!*
nicht aber:	
demander **à qn** jn fragen	*Er wurde nicht danach gefragt.*
	→ Nur: **On** *ne le* **lui** *a pas demandé.*

Ausnahmen: *obéir à qn, pardonner à qn* (früher konnten diese Verben transitiv gebraucht werden):

Vous serez obéi. Vous êtes pardonné.

In der **gesprochenen** Sprache auch *répondre* im Sinne von «beantworten»:

Ma lettre n'a toujours pas été répondue (gesprochene Sprache!).

216 Beim sogenannten **unpersönlichen Passiv** ist das Subjekt (das auch eine Infinitivergänzung oder ein *que*-Satz sein kann) nachgestellt und am Satzanfang durch das Pronomen *il* («Scheinsubjekt») vertreten:

Une voiture a été volée → Il a été volé une voiture.
Il a été décidé que le match serait annulé.
Il ne nous a pas été permis de prendre des photos.
(Gebrauch s. § 222)

217 Im Gegensatz zum Englischen kann man ein indirektes Objekt nicht zum Subjekt eines Passivsatzes machen, vgl.:

He was shown the way. He was allowed to …

Deshalb wird *il est permis de INF* sofort mit unpersönlichem *il, il est autorisé à INF* mit persönlichem *il* verstanden:

il est autorisé à INF = **er** hat die Erlaubnis …
il est permis de INF = **es** ist erlaubt …

2) Das Aspektproblem:

218 (Aspekt = Aktionsart, z. B. imperfektiv/perfektiv)
Die Tatsache, dass das Passiv mit *être* gebildet wird, führt zu einigen Komplikationen, weil das Partizip Perfekt zahlreicher Verben einen **Zustand** ausdrücken kann, z. B.:

La ville fut détruite par un tremblement de terre.	= wurde zerstört	**Vorgang** (Handlung)
La ville a été détruite.	= wurde zerstört	
La ville est détruite.	= ist zerstört	**Zustand** (Ergebnis)
La ville était détruite.	= war zerstört	

Das Partizip drückt dann einen **Zustand** aus, wenn *être* **in einer nicht abgeschlossenen Zeit** steht: Présent, Imparfait und Conditionnel Présent[1]. Beispiele:

Le pont est/était/serait (re)construit.
Les photos sont/étaient/seraient développées.
La fenêtre est ouverte/fermée.
La chemise est lavée/repassée.
Le chauffage est installé.
La date est fixée. (usw.)

Ebenso mit: *arrêté, barré* (gesperrt – Straße), *blessé, corrigé, dégagé* (geräumt, frei – Weg, Straße, Unfallstelle), *démoli* (zerstört), *détruit, écrit, élu, entretenu* (gepflegt, z. B. Rasen), *fait, guéri, interrompu, nettoyé, occupé* (besetzt), *payé, rédigé* (geschrieben, verfasst, z. B. Brief, Text), *réglé* (bezahlt – Rechnung, Betrag), *rempli, résolu* (gelöst – Problem), *sauvé, servi, tapé* (getippt), *traduit, vendu,* usw.

Wenn aber das Verb *être* in einer **abgeschlossenen Zeit** steht (Passé composé, Passé simple, Passé antérieur, Plus-que-parfait, Futur antérieur, Conditionnel Passé), hat man ein **echtes Passiv**, d. h. die Bedeutung eines **Vorgangs**:

Le pont a été/fut/avait été reconstruit.
Les photos ont été développées.
La chemise aurait été lavée.
Le chauffage a été installé.
Quand la date eut été fixée …

Mit dem Futur simple bleibt es zweideutig, vgl.:

Les photos seront développées demain = werden erst morgen entwickelt (Vorgang) oder werden morgen entwickelt (fertig) sein (Zustand).

Aber meistens überwiegt die passivische Bedeutung (Vorgang), vgl.:

La route sera dégagée, le chauffage sera installé, le pont sera reconstruit, la lettre sera tapée, la maison sera vendue …

219 Trotzdem ist es möglich, auch im Présent, Imparfait und Conditionnel Présent ein echtes Passiv zu bilden:

> Steht *être* in einer **nicht abgeschlossenen Zeit** (Présent, Imparfait, Conditionnel Présent) und gehört das Partizip zu denjenigen, die einen **Zustand** ausdrücken können, so kann man trotzdem ein echtes Passiv bilden,
> – wenn das **Agens** angegeben wird
> – oder wenn eine **Zeitangabe** vorhanden ist, die eine **Wiederholung** oder einen **Verlauf** beinhaltet.

[1] außer in der Funktion eines «Futur du passé»: *Le général a décidé que la ville serait détruite.*

Beispiele:

a) Agensangabe:

Le chauffage est installé par des spécialistes.
La ville est détruite par un tremblement de terre.
La date des examens est fixée par le ministère.

Es kann sich dabei um eine Ergänzung handeln, die einer Agensangabe gleichkommt, z. B.:

Les photos sont développées chez le photographe.
Le linge est lavé à la main, à la machine.
L'Assemblée nationale est élue au scrutin majoritaire.

b) Zeitangabe:

Wiederholung:

La salle est nettoyée deux fois par semaine.
L'Assemblée nationale est élue tous les quatre ans.
La ville était souvent *détruite.*
A Paris, les rues sont réparées la nuit.
Les repas sont servis de 12 à 14 heures (= jeden Tag).

Verlauf:

Chez Durand, les photos sont développées en deux jours.
La ville était détruite en quelques minutes.
Pendant que *ma voiture était réparée ...*

Der Ausdruck *être en train de INF* hat natürlich die gleiche Funktion:

La maison est en train d'être repeinte.

aber mit einem Passiv wird er selten gebraucht (wahrscheinlich wegen der Wiederholung von *être*).

220 Mit einigen Verben stellt sich das Aspektproblem nicht: Die Verbindung *être* + Partizip drückt immer einen Vorgang aus, z. B.:

Le chinois est enseigné dans certains lycées de Paris.
Le quartier est surveillé (wird überwacht).
Les frontières sont contrôlées (werden überwacht).
Bouzigue est observé (wird beobachtet), *soupçonné* (wird verdächtigt).
Bouzigue est questionné, interrogé (wird verhört), *interviewé.*
Ce médicament n'est pas remboursé (die Kosten für das Medikament werden nicht erstattet).
Le malade est opéré (wird operiert).
Le match est retransmis sur la 2ème chaîne (wird übertragen).
Le chancelier allemand est attendu à Paris.
Le pétrole est importé. (usw.)

3) de und par:

221 Der Gebrauch von *de* und *par* ist mehr ein lexikalisches als ein grammatisches Problem: *de* kann nur mit bestimmten Partizipien stehen.

> Die geläufigste Präposition für die Agensangabe ist **par**. Die Präposition *de* kann nur mit bestimmten Partizipien verwendet werden.

a) Bei einigen Verben wird *de* für eine übertragene oder abgeschwächte Bedeutung verwendet (aber oft kann auch *par* stehen), z. B.:

Je suis **accablé de** *fatigue, de remords.*	in der eigentlichen Bedeutung nur noch literarisch: *être accablé par une charge.*
Le premier ministre était **accompagné de** *son épouse.* (hier auch *par*) *La viande était accompagnée d'une sauce madère.*	*Charles Aznavour est* **accompagné par** *son orchestre personnel.*
Le ministère est **assailli de** (überschüttet) *lettres de protestation.*	*Mohammed Ali a été* **assailli par** *les journalistes* (umringt, verfolgt).
Je suis **écrasé de** (überlastet) *travail.* *Les gens sont écrasés d'impôts.*	*Le chien a été* **écrasé par** (überfahren) *une voiture.*
Je suis **frappé de** (überrascht) *son énorme courage.* (hier auch *par*) *être frappé d'une maladie*	*Bouzigue a été* **frappé par** (zusammengeschlagen) *un inconnu.*
Le film sera **suivi d'***un débat.* *Le premier ministre est toujours suivi (= accompagné) de deux gardes du corps.* (hier auch *par*)	*Bouzigue a été* **suivi par** (verfolgt) *un inconnu.*
Je suis **surpris du** *résultat des élections.* (hier auch *par*)	*Le cambrioleur* (der Einbrecher) *a été* **surpris par** (wurde überrascht) *le propriétaire.*

b) Nach einigen Partizipien, die einen **Zustand** ausdrücken, steht vorwiegend **de**:

aimé, détesté, haï, craint, redouté de qn:

Il est aimé/haï/craint de tout le monde.

connu de qn:

C'est un individu bien connu de la police.

déçu, étonné, effrayé, frappé (s. auch oben), *surpris* (s. auch oben) *de qc/de qn* (gelegentlich auch *par*):

J'ai été déçu de/par ce film. Je suis déçu de vous.
Je suis étonné de/par votre courage.

accompagné, bordé, entouré, précédé, suivi (s. auch oben) *de qc/qn* (gelegentlich auch *par*):

un dessin accompagné d'une légende
une route bordée d'arbres, un jardin entouré d'un mur
une maison précédée d'un jardin, une définition suivie d'un exemple

couvert, recouvert de qc (aber *par,* wenn das Agens von einem bestimmten Artikel begleitet ist):

Les livres sont couverts de *poussière.*
aber: *Ma voiture est entièrement recouverte* par la *neige.*

II. Die Funktion des Passivs

Das Passiv mag gegenüber dem Aktiv eher als eine umständliche Ausdrucksweise erscheinen. In Wirklichkeit kann es in vielen Fällen verwendet werden, wo das Aktiv «versagt».
Das Passiv hat zwei Hauptfunktionen:

222 **1) Das Verschweigen des «Urhebers»** (wie im Deutschen):

a) wenn der Urheber unbekannt ist, z. B.:

L'appartement de Bouzigue a été cambriolé.
Des documents secrets ont été dérobés au ministère de la Défense.
L'émission de télévision a été interrompue.
Au cours de la manifestation, plusieurs voitures ont été incendiées.

b) wenn es umständlich wäre, den Urheber genau zu nennen:

Le nouveau stade sera inauguré au printemps prochain. (par le maire? par un ministre?)
Le premier ministre a été contraint de démissionner. (par les événements? par le Président lui-même? par son propre parti?)
Le même phénomène a pu être observé à l'étranger. (par qui?)

c) wenn der Urheber selbstverständlich ist (aus dem Kontext bekannt):

Bouzigue a été condamné à 10 mois de prison. (par un tribunal)

Le projet de loi a été vivement critiqué. (par l'opposition)
Le blessé a été immédiatement transporté à l'hôpital. (par des infirmiers)
L'aéroport est étroitement surveillé. (par la police)
On est prié de ne pas fumer. (par la direction de l'établissement)

Das Verschweigen des Urhebers ist auch der Hauptvorteil des **unpersönlichen Passivs**, das allerdings nur in der Schriftsprache vorkommt:

Il a été décidé *que le traitement des fonctionnaires serait relevé de 10%.*
Il est rappelé (es wird darauf aufmerksam gemacht/hingewiesen) *que pour être valable, la carte d'étudiant doit être accompagnée de la quittance des droits d'inscription.*
Il est dit/précisé/stipulé/signalé *à l'article 4 que seuls les candidats de nationalité française sont admis à passer ce concours.*
Dans le communiqué commun des deux chefs d'Etat, il n'est pas fait mention (il n'est fait aucune mention) *de la question du respect des droits de l'homme.* (wird . . . nicht erwähnt)
Il a été demandé/proposé *que soit constituée une commission d'experts chargée d'étudier les modalités d'application de la loi.*
Il a été constaté/prouvé *que la peine de mort n'avait aucun effet de dissuasion.*

2) Die Umstellung der Wortfolge:

223 Die Tatsache, dass das Französische an die Wortfolge Subjekt – Verb – Objekt gebunden ist (Ausnahmen s. Kapitel 18, §§ 445 ff.), ist nicht immer von Vorteil. Dazu ein Beispiel:

Der Aktivsatz: *La municipalité a construit un nouveau stade.*
klingt natürlich, jedenfalls natürlicher als der entsprechende Passivsatz.
Dagegen ist der Passivsatz: *Le nouveau stade a été construit par un jeune architecte* viel natürlicher als der entsprechende Aktivsatz, es sei denn, man verwendet die Hervorhebung *c'est . . . qui*:
C'est un jeune architecte qui a construit le nouveau stade.

Diese Funktion des Passivs kann nicht für sich allein betrachtet werden, sondern nur im Zusammenhang mit anderen syntaktischen Mitteln (Nachstellung des Subjekts durch Inversion oder unpersönliches *il,* Hervorhebung, Satzsegmentierung). Dieses Problem wird deshalb im Kapitel 18 (§ 453) behandelt.

III. Passiversatz

Die französische Sprache verfügt über mehrere Möglichkeiten, das Passiv zu umschreiben:

1) die einfache pronominale Umschreibung:

224 Das Deutsche kennt zwar auch solche Umschreibungen, z. B.:

Die Tür öffnet sich. Dieses Hemd lässt sich leicht waschen.

aber ihr Gebrauch ist sehr begrenzt (z. B. kann man *sich eröffnen* nicht für eine Ausstellung oder eine Tagung sagen). Dagegen kann man im Französischen mit einer Fülle von transitiven Verben ein pronominales Passiv bilden, das **vor allem im Präsens** verwendet wird[1], was kein Zufall ist (s. § 218). Hierzu einige Beispiele:

La porte **s'est ouverte.** *Le Salon de l'Auto s'ouvrira demain.*
Les timbres peuvent **s'acheter** *dans les bureaux de tabac.*
Ce dentifrice **se vend** *exclusivement en pharmacie.*
Le français **se parle** *aussi en Suisse et en Belgique.*
L'italien **s'apprend** *facilement.*
L'adjectif «étourdi» **se dit** *de quelqu'un qui ne fait pas attention.*
Dans «gentil», le «l» ne **se prononce** *pas.*
«Gaiement» peut aussi **s'écrire** *«gaîment».*
Le verbe «distraire» ne peut pas **s'employer** *au passé simple.*
Cette chemise peut **se porter** *sans cravate.*
Cette chemise **se lave** *à 60°, ne* **se repasse** *pas.*
Le pastis **se boit** *à l'apéritif.*
Ce plat peut **se manger** (**se servir**) *froid.*
Ce comprimé **se prend** *avant les repas.*
La belote est un jeu de cartes qui **se joue** *à quatre.*
Le match-retour **se disputera** *le 28 octobre au Parc des Princes.*
Cette voiture **se conduit** *facilement*[2].
Ce texte **se traduit** *facilement*[2].
Ce roman **se lit** *avec plaisir.*
Les taches de graisse **s'enlèvent** *difficilement.*
La plupart des meurtres **se commettent** *la nuit.*
La cathédrale de Chartres **se voit** (**s'aperçoit**) *de loin.*
Un nouveau quartier **se construit.** (usw.)

In folgenden festen Wendungen steht das Verb ebenfalls im pronominalen Passiv:

Cela (ça) **se comprend.**	Das versteht sich.
Cela (ça) **se discute.**	Darüber lässt sich streiten.
Tout **s'explique!**	Jetzt ist alles klar!

---

[1] Nur wenige Verben können in einer abgeschlossenen Zeit stehen, z. B. *s'ouvrir: La porte s'est ouverte.*

[2] oder *est facile à INF* (s. § 194). Für die Übersetzung von *ist zu INF* s. § 193.

Cela (ça) ne **se fait** *pas.*	Das macht man nicht.
Cela (ça) **se voit** *(ne se voit pas).*	Das sieht man (das fällt nicht auf).

Gebrauch:

a) Beim pronominalen Passiv darf normalerweise **keine Agensangabe** stehen, denn wenn man den Urheber nennen will, kann man ja das normale Passiv verwenden.
b) Das pronominale Passiv darf verwendet werden, solange kein Missverständnis entsteht, d. h. solange es nicht mit einer normalen Reflexivform verwechselt werden kann, z. B.:

Le breton **se parle** *en Bretagne.*
Les Bretons ne **se parlent** *pas tous en breton.* } kein Missverständnis

Deshalb darf das pronominale Passiv **keine Person als Subjekt** haben:

Les Bretons *ne* **se comprennent** *pas* = verstehen sich nicht!

2) Die pronominale Umschreibung mit Hilfsverben:

225 **se faire INF** (nur auf Menschen bezogen!)

Bouzigue **s'est fait arrêter** (ist verhaftet worden).
Saint-Etienne **s'est fait battre** *par Manchester.*

Die Umschreibung mit *se faire* ist in der gesprochenen Sprache sehr beliebt. Sie ist vor allem dann interessant, wenn dadurch ein indirektes Objekt im Aktivsatz zu einem passivischen Subjekt werden kann, z. B.:

On **lui** *a volé ses papiers.* → **Il** *s'est fait voler ses papiers.*

Voraussetzung für den Gebrauch dieser Umschreibung ist jedoch, dass die Handlung für das Subjekt **unerwünscht** und unangenehm ist. Sonst würde man sie nämlich nicht mehr von der geläufigeren Wendung *se faire INF* in der Bedeutung von «sich (freiwillig) INF lassen»:

Il s'est fait couper les cheveux. Er hat sich die Haare schneiden lassen.

se voir/s'entendre INF (nur auf Menschen bezogen!)

Diese Passivumschreibung kommt nur in der Schriftsprache vor. Ihr besonderer Vorteil liegt darin, dass sie es ermöglicht, aus einem indirekten Objekt ein passivisches Subjekt zu machen, z. B.:

La Prévention Routière a attribué à M. Jules Bouzigue *la médaille du meilleur conducteur de l'année.*

→ M. Jules Bouzigue **s'est vu attribuer** *[par la Prévention Routière] la médaille du meilleur conducteur de l'année.*

Les services de sécurité ont refusé aux journalistes *l'accès de la salle de conférence.*
→ Les journalistes **se sont vu refuser** *l'accès de la salle de conférence.*
On a dit à Bouzigue *des choses fort désagréables.*
→ Bouzigue **s'est entendu dire** *des choses fort désagréables.*

3) Die Umschreibung durch on:

226 Die Umschreibung durch *on* ist notwendig, um ein deutsches Passiv ohne Subjekt (s. § 214, Typ 3) zu übersetzen, z. B.:

In Belgien wird nicht nur Französisch gesprochen.
→ *En Belgique,* **on** *ne parle pas que le français.*
Nach den Tätern wird immer noch gefahndet.
→ **On** *continue à chercher les auteurs (du hold-up, de l'attentat . . .).*
Es wurde in letzter Zeit viel darüber gesprochen.
→ **On** *en a parlé beaucoup ces derniers temps.*

On wird ferner in der Umgangssprache häufig in den Fällen verwendet, wo der Urheber nicht genannt werden soll (s. § 222), z. B.:

On *a cambriolé l'appartement de Bouzigue.*
On *a dérobé des documents secrets au ministère de la Défense.*
On *a décidé de relever de 10% le traitement des fonctionnaires.*
On *demande Monsieur Bouzigue au téléphone!*
On *est en train de réparer la route.*

Allerdings muss man darauf achten, dass *on* in der Umgangssprache häufig anstelle von *nous* gebraucht wird und somit zweideutig sein kann, z. B.:

On *n'a pas encore fixé la date.*
= a) *Wir* haben noch keinen Termin festgesetzt.
b) Der Termin ist noch nicht festgesetzt worden.

4)

227 *être l'objet de*
faire l'objet de

Diese Umschreibung ist vor allem in der Zeitungssprache verbreitet. Beispiele:

Le projet de loi sera examiné/débattu au cours de la prochaine séance de l'Assemblée nationale.
→ *Le projet de la loi* **sera/fera l'objet d'un examen/d'un débat** *au cours de la prochaine séance de l'Assemblée nationale.*
Bouzigue a été poursuivi en justice.
→ *Bouzigue* **a été/a fait l'objet de poursuites judiciaires.**

Kapitel 11: Die Verneinung

I. Ne . . . pas/point/plus/guère/jamais und ne . . . rien/personne/aucun

228 Diese Verneinungen lassen sich ihrer grammatischen Natur nach in zwei Gruppen aufteilen:

GRUPPE 1: Adverbien	
ne . . . pas	nicht; kein . . .
ne . . . point[1]	nicht; kein . . .
ne . . . plus	nicht mehr; kein . . . mehr
ne . . . guère	kaum
ne . . . jamais	nie, niemals

GRUPPE 2: Pronomen	
ne . . . rien	nichts
ne . . . personne[2]	niemand
ne . . . aucun	keiner; auch Adjektiv: kein Einziger . . .

Pas und *point* (Schritt, Punkt) sind wie viele andere Substantive sehr früh zur Verstärkung der eigentlichen Verneinung *ne* verwendet worden. Von den anderen Substantiven sind nur noch zwei übrig geblieben, und zwar in festen Wendungen: *goutte* (Tropfen) in *n'y voir goutte* (die Hand vor den Augen nicht sehen) und *mot* in *il ne dit mot* oder *sans mot dire.* Der substantivische Charakter von *pas* und *point* lässt sich zwar in einem Fall (s. unten § 232) immer noch erkennen, aber sie werden heutzutage als Adverbien empfunden, zumal sie auch mit intransitiven Verben gebraucht werden (z. B. *je ne pars pas*). Die anderen drei Elemente der Gruppe 1 (*plus, guère* und *jamais*) sind echte Adverbien.

1) Stellung:

229 Beispiele:

① **Rien n'***a bougé.* **Personne (aucun) ne** *le sait.*
Jamais *on* **ne** *te croira.*

② *Je* **ne** *le vois* **pas.** *Je* **n'***en sais* **rien.** *Je* **ne** *connais* **personne.**

③

Je **ne** *l'ai* **pas**	*vu.*		*Je* **n'** *ai vu*	**personne.**
Je **ne** *l'ai* **plus**	*revu.*		*Je* **n'** *ai parlé*	**à personne.**
Il **n'** *a* **guère**	*changé.*		*Je* **n'** *en ai trouvé*	**aucun**[3]**.**
Je **ne** *l'ai* **jamais**	*revu.*		*Je* **n'** *ai pensé*	**à rien.**
Je **n'** *ai* **rien**	*dit.*		*Je* **ne** *me suis occupé*	**de rien.**

---

1 *Ne . . . point* bedeutet nicht etwa «gar nicht, überhaupt nicht», sondern ist entweder eine literarische oder eine regionale (z. B. Savoyen) Variante zu *ne . . . pas.*

2 *Nul ne . . .* ist literarisch und kann im Gegensatz zu *ne . . . personne* nur als Subjekt fungieren: *Nul ne le sait.*

3 Für *en* in Verbindung mit *aucun* s. unten § 241.

④ *Je préfère*	**ne pas**	*le voir.*	. . . **ne** *voir*	**personne.**
”	**ne plus**	*le voir.*	. . . **n'** *en parler*	**à personne.**
”	**ne jamais**	*le voir.*	. . . **ne** *penser*	**à rien.**
”	**ne rien**	*dire.*	. . . **ne** *m'occuper*	**de rien.**

STELLUNGSREGELN:

a) **Ne** steht immer vor dem Verb und auch vor eventuellen Personalpronomen, s. ① ② ③ ④.

b) **Rien, personne, aucun** können am Satzanfang stehen, wenn sie als **Subjekt** fungieren, s. ①.
Jamais kann ebenfalls als einziges Verneinungsadverb am Satzanfang stehen, s. ①.

c) **Personne** und **aucun** als direktes oder indirektes Objekt (mit *à, de*) sowie **rien als indirektes Objekt**
stehen immer hinter dem Verb, und zwar **hinter dem Partizip,** s. ② ③ ④.

d) Die anderen Verneinungen, d. h. **pas** (und *point*), **plus, guère, jamais** und **rien** als direktes Objekt stehen:
- **zwischen Hilfsverb und Partizip,** s. ③
- **vor dem Infinitiv,** s. ④, und in diesem Fall auch vor eventuellen Personalpronomen[1].

SCHEMA:

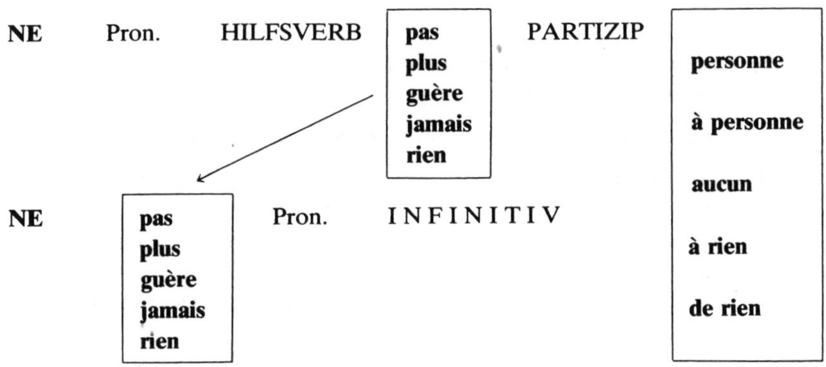

[1] Wortstellungen wie *ne le pas croire, n'y plus penser* usw., die im 17. Jh. noch geläufig waren, sind veraltet und höchst literarisch.

230 **Wenn das Hilfsverb zugleich ein Infinitiv ist** (z. B. in *avoir vu*), gibt es für *pas, plus, guère, jamais* und *rien* **zwei Stellungsmöglichkeiten,** weil man das Verb entweder als Hilfsverb oder als Infinitiv betrachten kann:

Il prétend	**ne** *l'avoir*	**pas**	*vu*	oder: . . .	**ne pas**	*l'avoir vu.*
Il prétend	**n'** *y être*	**jamais**	*allé*	oder: . . .	**ne jamais**	*y être allé.*

231 Die Stellung von **rien** als direktes Objekt entspricht der Stellung von **tout:**

J'ai **tout** *dit. Je veux* **tout** *dire.*
J'espère tout *avoir dit* oder geläufiger: *J'espère avoir* **tout** *dit.*

Bei *tout* ist aber auch die Nachstellung möglich:

J'ai dit tout. *Je veux dire* tout. *J'espère avoir dit* tout.
(= gleiche Stellung wie *quelque chose*).

Beim Gebrauch von *rien* mit anderen Präpositionen als *à* und *de* entfällt *ne.* Die Stellung ist die gleiche wie bei *à rien, de rien:*

Je suis venu pour rien.
Je crois être venu pour rien.

2) Der Gebrauch des Artikels nach pas/plus/guère/jamais:

232 ⇨ Wenn *pas* (und *point*), *plus, guère, jamais* ein Substantiv mit unbestimmtem Artikel einschränken, steht die Präposition *de* ohne Artikel, also:
pas de . . . plus de . . . guère de . . . jamais de . . .

J'achète **un** *pain.* / *J'achète* **du** *pain.*	→ *Je n'achète* **pas de** *pain.*
Je bois **du** *lait.*	→ *Je ne bois* **plus de** *lait.*
Je mange **une** *pomme.* / *Je mange* **des** *pommes.*	→ *Je ne mange* **jamais de** *pommes.*

Die Verneinung behält ihre Stellung zwischen Hilfsverb und Partizip bei:

Je n'ai **pas** *acheté* **de** *pain.*
Je n'ai **jamais** *mangé* **de** *homard.*

Wenn im Deutschen *keines (keinen, keine)* allein steht (als indefinites Pronomen), muss im Französischen das Pronomen **en** stehen, das die Ergänzung *de + Substantiv* vertritt:

Ich habe **keinen** *gefunden.*	→ *Je* **n'en** *ai* **pas** *trouvé.*
Hast du Zigaretten? Ich habe **keine mehr.**	→ *As-tu des cigarettes? Je* **n'en** *ai* **plus.** (s. auch § 274)

Der Artikelgebrauch bei der Verneinung ist also der gleiche wie bei der **Mengenangabe** (s. § 329 *b*):

un kilo de	*pain*	
une caisse de	*bière*	
beaucoup de	*pain*	→ **pas de** *pain*, **plus de** *bière*
assez de	*bière*	
trop de	*pain*	

Pas (als ursprüngliches Substantiv und aufgrund seiner Bedeutung) sowie *plus* (vgl. *il a plus de trente ans* – § 367) und *guère* (ursprüngliche Bedeutung: *beaucoup*) sind tatsächlich als Mengenangaben zu betrachten. Bei *jamais* (Zeitadverb) ist es anders: Der Gebrauch von *de + Substantiv* hat sich nach den anderen Verneinungen gerichtet (Analogie).

233 Nach **sans** + Verb steht ebenfalls **de ohne Artikel:**

Il est entré **sans** *faire* **de** *bruit.*
Il a guéri **sans** *prendre* **de** *médicaments.*
(In der gesprochenen Sprache allerdings häufig *du, des*)

Ausnahmen:

234 *a)* Bei **être** bezieht sich die Verneinung nicht auf das Substantiv, sondern auf das Verb (**«sein oder nicht sein!»**), so dass *du, des, un, une* möglich sind:

C'est du pain.	→ *Ce* **n'est pas** *du pain.*
C'est un crime.	→ *Ce* **n'est pas** *un crime.*
La télévision est un luxe.	→ *La télévision* **n'est plus** *un luxe.*
Les abeilles sont des insectes utiles.	→ *Les guêpes* **ne sont pas** *des insectes utiles.*

235 *b)* Der Teilungsartikel (*du, des*) darf nach einer Verneinung stehen, wenn die Verneinung sich ausschließlich auf das Substantiv oder auf ein Attribut des Substantivs bezieht:

Je ne veux pas des *conseils, mais de l'argent!*
= Ich will Geld und keine Ratschläge.
Je n'accepterai jamais de l'*argent volé.*
= Geld ja, aber kein gestohlenes.
Je ne fume pas des *cigarettes américaines.*
= Zigaretten ja, aber keine amerikanischen.

In der Praxis sieht es allerdings anders aus. In der Standardsprache (geschrieben + gesprochen) würde man den ersten Satz eher mit *ce n'est pas . . .* ausdrücken:

Ce n'est pas (oder *ce ne sont pas*) *des conseils que je veux, mais de l'argent.*

Im zweiten und dritten Satz würde man weiterhin *de* verwenden:

Je n'accepterai jamais d'argent volé.
Je ne fume pas de cigarettes américaines.

236 *c)* Selbstverständlich kann mit *être* und mit allen anderen Verben **der bestimmte Artikel** stehen, wenn die Bedeutung es verlangt:

Ich habe **den** *Apfel* **nicht** *gegessen.* → *Je* **n'***ai* **pas** *mangé* **la** *pomme.*

⇨ **Achtung!** Nach einigen Verben und in einigen Wendungen steht im Französischen der bestimmte Artikel, während im Deutschen der unbestimmte steht (s. §§ 330–332):

Il aime **les** *cacahuètes.* (Er mag Erdnüsse)	→	*Il* **n'***aime* **pas les** *cacahuètes.* (Er mag **keine** Erdnüsse)
Elle a **les** *yeux bleus.* (Sie hat blaue Augen)	→	*Elle* **n'***a* **pas les** *yeux bleus.* (Sie hat **keine** blauen Augen)
Nous avons **le** *temps.* (Wir haben Zeit)	→	*Nous* **n'***avons* **plus le** *temps.* (Wir haben **keine** Zeit mehr)

237 *d) pas un, plus un, jamais un* können nach anderen Verben als *être* (s. oben § 234) stehen, wenn sie «keinen einzigen» bedeuten:

Je n'ai plus un sou.	=	Ich habe keinen (einzigen) Pfennig mehr.
Je n'ai pas touché un centime.	=	Ich habe keinen (einzigen) Pfennig bekommen.

Pas un wird mitunter als indefinites Pronomen gebraucht:

Pas un n'a compris.	=	Keiner (kein Einziger) hat verstanden.
Il travaille comme pas un.	=	Er arbeitet wie «keiner», d. h. wie kein anderer.

238 *einen . . . nicht* → **il y a un . . . que . . . ne . . . pas**

Um einen deutschen Satz zu übersetzen, der die Folge *einen . . . nicht* enthält, muss man *il y a* verwenden:

Ich habe einen *Brief* nicht (nie) *bekommen.*	→	**Il y a une** *lettre* **que** *je n'ai pas (jamais) reçue.*
Einen *habe ich* nicht (nie) *bekommen.*	→	**Il y en a une que** *je n'ai pas (jamais) reçue.*
Ich habe eines (etwas) nicht *verstanden.*	→	**Il y a une chose que** *je n'ai pas comprise* (oder *quelque chose que . . . compris*).

Je n'ai pas reçu une lettre, je n'ai pas compris une chose würde bedeuten: «keinen einzigen Brief erhalten, überhaupt nichts verstanden» (s. oben § 237).

3) Der Gebrauch von rien/personne/aucun mit Ergänzung:

239 *a) Rien* und *personne* können die gleichen Ergänzungen haben wie *quelque chose* und *quelqu'un:*

Il a dit **quelque chose d'***intéressant.*[1]	→	*Il* **n'***a* **rien** *dit* **d'***intéressant.*
Je connais **quelque chose de** *plus beau.*	→	*Je* **ne** *connais* **rien de** *plus beau.*
Je voudrais **quelque chose d'***autre.*	→	*Je* **ne** *veux* **rien d'***autre.*
Connais-tu **quelqu'un de** *plus compétent?*	→	*Je* **ne** *connais* **personne de** *plus compétent*[1].
Je vais m'adresser à **quelqu'un d'***autre.*	→	*Je* **ne** *m'adresserai à* **personne d'***autre.*

240 *b) Aucun* kann als Adjektiv gebraucht werden:

Il n'a aucune chance de réussir.
Il n'y avait plus aucune place [de] libre.
Aucun dictionnaire ne mentionne ce mot[2].

ne . . . en aucun cas	=	auf keinen Fall
ne . . . à aucun prix	=	um keinen Preis
ne . . . en aucune façon (manière)	=	keineswegs (auch *ne . . . aucunement*)

241 Als Pronomen darf *aucun* nur in Subjektfunktion allein stehen:

Aucun n'a compris.
Aucune ne me plaît.

Sonst muss *aucun* immer von einer Ergänzung begleitet sein, und sei es nur *en*:

Je **ne** *connais* **aucun de** *ces messieurs,* **aucune de** *ces dames.*
Je **n'en** *connais* **aucun(e).**

Aucun kann die gleichen Ergänzungen haben wie *chacun*:

chacun de ces livres	→	*aucun de ces livres*
chacune de ces photos	→	*aucune de ces photos*
chacun(e) des deux	→	*aucun(e) des deux*
chacun de vous, d'entre vous	→	*aucun de vous, d'entre vous* (vgl. *lequel* § 315)

---

[1] *Quelque chose* und *personne* sind «neutral», d. h. (für die französische Sprache) männlich.
[2] Das Subjekt kann nicht mit *pas de* verneint werden. Hier ist also *aucun* notwendig.

4) Nul:

242 *Nul* ist synonym mit *aucun,* wird aber nur in der Schriftsprache (und auch nur in festen Wendungen) verwendet, außer in:

ne . . . nulle part	nirgends, nirgendwo(hin)
ne . . . nulle part ailleurs	nirgendwoanders(hin)

Stellung: wie *personne*:

Je **ne** *l'ai trouvé* **nulle part.**
Je **n'***ai été* **nulle part ailleurs.**

5) Positiver Gebrauch von rien/personne/aucun und jamais:

243 *Rien, personne, aucun* und *jamais* hatten ursprünglich genau wie *pas, point* usw. positive Bedeutung: Die negative Bedeutung ergab sich durch die Verbindung mit der eigentlichen Verneinung *ne* (vgl. *niemals = ni + jemals, niemand = ni + jemand).* Im heutigen Französisch haben diese Wörter auch ohne *ne* negative Bedeutung, außer in folgendem Fall:

Etwas, jemand, einer und **je(mals)** müssen durch die (positiv gebrauchten) **rien, personne, aucun** und **jamais** übersetzt werden, wenn der Satz schon eine **Verneinung** enthält, sowie nach **sans que** und **sans INF:**

Er hat nie **etwas** Böses getan.	*Il n'a jamais* **rien** *fait de mal.*
Ich habe nie so **etwas** gesagt.	*Je n'ai jamais* **rien** *dit de tel (de pareil).*
Er hat nie **jemanden** umgebracht.	*Il n'a jamais tué* **personne.**
Nie wird dir **jemand** glauben!	*Jamais* **personne** *ne te croira.*
Kennst du die Gammas? Ich habe noch nie **einen** gesehen.	*Connais-tu les Gammas? Je n'en ai encore jamais vu* **aucun.**
Keiner hat **je** daran gedacht.	*Personne n'y a* **jamais** *pensé.*
. . . ohne **etwas** zu essen	*. . . sans* **rien** *manger*
. . . ohne **jemanden** zu fragen	*. . . sans demander* **à personne**
. . . ohne dass er es **jemals** bereut hätte	*. . . sans qu'il l'ait* **jamais** *regretté*

In all diesen Sätzen ist die Bedeutung von *rien, personne, aucun, jamais* eine hypothetische, vgl.:

Er hat nie etwas *gesagt.*
Il n'a jamais rien *dit.* } = etwas, was es nicht gegeben hat

Er hat etwas *gesagt.*
Il a dit quelque chose. } = etwas Bestimmtes, Wirkliches

So muss man im Französischen unterscheiden:

quelque chose	**positiv:** etwas Bestimmtes
(ne . . . jamais) **rien**	**positiv/hypothetisch:** etwas, was es nicht gibt
ne . . . rien	**negativ:** nichts

244 *Jamais* wird in der Bedeutung von *jemals* auch in folgenden Fällen gebraucht:
– nach Verben, die einen Zweifel beinhalten:

Je doute qu'il guérisse jamais.
Je ne crois pas qu'il ait jamais dit cela.
Je désespère de pouvoir jamais le convaincre.

– in (meist zweifelnden) Fragen:

Avez-vous jamais vu un caméléon?
Sera-t-il jamais raisonnable?
A-t-on jamais fait mieux?
Sait-on jamais . . . (feste Wendung) = wer weiß

– nach hypothetischem *si*:

Si jamais tu viens en France, passe donc me voir.

245 *Personne, aucun* und *rien* können ebenfalls nach Verben des Zweifels und in zweifelnden Fragen gebraucht werden, z. B.:

Je ne crois pas qu'il ait aucune chance de gagner.
Je ne crois pas qu'il ait corrompu (bestochen) *personne.*
Je doute qu'on puisse rien prouver.
Y a-t-il rien de plus beau?

Aber sie werden in der Standardsprache zunehmend von *quelqu'un* und *quelque chose* verdrängt oder – soweit es möglich ist – durch *qui que ce soit* und *quoi que ce soit* ersetzt:

Je ne crois pas qu'il ait corrompu qui que ce soit.
Je doute qu'on puisse prouver quoi que ce soit.

6) Kombinationen mit anderen Verneinungen und Zeitadverbien:

246 Die Verneinungen *ne . . . guère/jamais/rien/personne/aucun* lassen sich mit *plus* kombinieren:

ne . . . plus guère
ne . . . guère plus
= kaum noch

Nous n'allons plus guère (guère plus) au cinéma.

⇨ Nicht verwechseln mit *ne . . . guère plus* im Sinne von «kaum mehr» (wie *ne . . . guère moins*). Achten Sie auf die Stellung von *plus*!:

Il n'a guère gagné plus (moins) de *2000 F.*

ne . . . plus jamais **ne . . . jamais plus** = nie mehr, nie wieder	*Nous ne l'avons plus jamais (jamais plus) revu.* Nicht verwechseln mit *ne . . . jamais plus/moins* («nie mehr/weniger»). Achten Sie auf die Stellung von *plus*!: *Il n'a jamais gagné* plus (moins) de *2000 F.*
ne . . . plus rien **ne . . . plus personne** **ne . . . plus aucun** = nichts/niemand/ keiner mehr	*Il n'a plus rien dit.* *Je n'ai plus vu personne.* *Je n'en ai plus vu aucun.* Als Subjekt: Plus rien ne *l'intéresse.* *Les jeux sont faits,* rien ne *va* plus*!* Plus personne n'*est venu.* *Il n'est* plus *venu* personne.

247 Die Verneinungen *ne . . . pas/jamais/rien/personne/aucun* lassen sich mit den Zeitadverbien *toujours* und *encore* kombinieren:

ne . . . pas toujours = nicht immer	*Les programmes de télévision ne sont pas toujours mauvais.*
ne . . . toujours pas (auch *ne . . . encore pas*) = immer noch nicht	*Il n'a toujours pas passé son permis de conduire.* (Er hat seinen Führerschein immer noch nicht gemacht.)
Ebenso: **ne . . . toujours rien** **ne . . . toujours personne** **ne . . . toujours aucun** = immer noch nichts/ niemand/keinen	*Je n'ai toujours rien reçu.* *Je n'ai toujours vu personne.* *Je n'ai toujours aucune nouvelle de lui.*
ne . . . pas encore = noch nicht (noch keinen)	*Je ne me suis pas encore renseigné* (Ich habe mich noch nicht erkundigt). *Je n'ai pas encore faim* (Ich habe noch keinen Hunger).

Aber:	
{ **ne . . . encore rien**	*Je n'ai encore rien (rien encore) reçu* (Ich habe noch nichts bekommen).
{ *ne . . . rien encore* (lit.)	
ne . . . encore personne	*Je n'ai encore vu personne.*
ne . . . encore aucun	*Je n'ai encore aucune nouvelle de lui.*
{ **ne . . . encore jamais**	*Je n'ai encore jamais (jamais encore) été à Paris.*
{ *ne . . . jamais encore* (lit.)	
= noch nichts, noch niemand, noch keinen, noch nie	
⇨ wieder nicht: **ne . . . encore pas**	*Il n'a encore pas fait attention* (Er hat wieder nicht aufgepasst).

Kombinationen von *jamais* mit *rien/personne/aucun* s. § 243.
Kombinationen mit *ne . . . que* s. § 257.

7) Verstärkte Verneinungen:

248 **du tout** — *Ne . . . pas/plus/rien* können durch *du tout* verstärkt werden.

Die Stellung von *du tout* ist sehr frei:

Il n'a pas **du tout** *changé. Il n'a pas changé* **du tout.**
(Er hat sich gar nicht/überhaupt nicht verändert.)
Il n'a plus **du tout** *travaillé. Il n'a plus travaillé* **du tout.**
(Er hat gar nicht mehr/überhaupt nicht mehr gearbeitet.)
Je n'ai rien **du tout** *senti. Je n'ai rien senti* **du tout.**
(Ich habe überhaupt nichts gespürt.)

249 **non plus** auch [nicht] — ist die Verneinung zu *aussi* (Stellung: wie *aussi*):

J'irai aussi. (Ich werde auch hingehen.)	*Je* **n'***irai* **pas non plus.** (Ich werde auch nicht hingehen.)
J'irai aussi au cinéma.	*Je* **n'***irai* **pas non plus** *au cinéma.*
J'irai au cinéma aussi.	*Je* **n'***irai* **pas** *au cinéma* **non plus.**
Moi aussi, j'irai au cinéma.	**Moi non plus,** *je* **n'***irai* **pas** *au cinéma.*
Il s'en est aperçu aussi.	*Il* **ne** *s'en est* **pas** *aperçu* **non plus.**
Lui aussi [il] s'en est aperçu.	**Lui non plus** *[il]* **ne** *s'en est* **pas** *aperçu.*
J'ai mangé quelque chose aussi.	*Je* **n'***ai* **rien** *mangé* **non plus.**
Tu as faim? Moi aussi.	*Tu n'as pas faim?* **Moi non plus.**

8) Die Verneinung von tout:

250 Wenn *tout* verneint wird, behält *pas* seine Stellung hinter dem Verb bei, im Gegensatz zum deutschen *nicht*:

Nicht alle *Insekten sind schädlich.*	→ **Tous** *les insectes* **ne** *sont* **pas** *nuisibles.*
Das kann sich **nicht jeder** *leisten.*	→ **Tout le monde ne** *peut* **pas** *se le permettre.*
Es ist **nicht alles** *Gold, was glänzt.*	→ **Tout** *ce qui brille* **n'***est* **pas** *de l'or.*

Wenn aber *alle* Apposition zum Subjekt ist, ist die französische Ausdrucksweise der deutschen ähnlich:

Die Insekten sind nicht alle *schädlich.*	→ *Les insectes* ne *sont* pas tous *nuisibles.*
Sie sind nicht alle *gekommen.*	→ *Ils* ne *sont* pas tous *venus.*

II. Ne . . . que, seulement, seul

1) Gebrauch:

Ne . . . que und *seulement/seul* sind die Entsprechungen für *nur* und *erst.* Ihr Gebrauch ist aber nicht so einfach wie der Gebrauch von *nur* und *erst,* denn man muss darauf achten, auf welches Element sich die Verneinung bezieht:

251

nur (oder *erst*) bezieht sich auf ein **Objekt** oder eine **Umstandsbestimmung** (auch Nebensatz)	→	**ne . . . que** oder **seulement**

Il **ne** *boit* **que** *de la bière. (Il boit seulement de la bière.)*[1]
Elle **ne** *pense* **qu'***à elle. (Elle pense seulement à elle.)* Sie denkt nur an sich.
Je **ne** *crois* **que** *ce que je vois. (Je crois seulement ce que je vois.)*
Elle **n'***a* **que** *vingt ans. (Elle a seulement vingt ans.)* Sie ist erst zwanzig.
Il **n'***est* **que** *neuf heures. (Il est seulement 9 heures.)* Es ist erst 9 Uhr.
Mon rasoir électrique **ne** *marche* **que** *sur le 220 (marche seulement sur . . .).*
Je **ne** *viendrai* **que** *si tu me promets de ne pas rentrer trop tard (je viendrai seulement si . . .).*

252 Bei Objektsätzen mit *que* kommt allerdings nur *seulement* in Frage, weil *que que* ausgeschlossen ist:

Ich habe **nur** *gesagt,* **dass . . .** → *J'ai* **seulement** *dit* **que . . .**

---

[1] Bei *ne . . . que* und *seulement* wird der Artikel wieder normal gebraucht.

253 Steht eine Zeitbestimmung mit *erst* am Satzanfang, so verwendet man die Hervorhebung *c'est . . . que:*

Erst 1950 *wurde mit dem Wiederaufbau des Doms begonnen.*	→ **Ce n'est qu'***en 1950* **que** *l'on commença à reconstruire la cathédrale* (oder: *c'est seulement en 1950 que . . .*).
Erst zwei Jahre später *wurde der Schuldige entdeckt.*	→ **Ce n'est que** *deux ans plus tard* **que** *l'on a découvert le coupable* (oder: *c'est seulement deux ans plus tard que . . .*).

254 ⇨

nur bezieht sich auf das **Subjekt** →	**il n'y a que . . . qui . . .** SUBJ[1] oder **seul (-e, -s, -es)**

Achten Sie auf die Stellung von *seul:*
- vor oder hinter einem Eigennamen (erster Satz);
- vor einem Substantiv (zweiter Satz);
- hinter einem Personalpronomen (dritter Satz).

Nur Jacques kann es reparieren.
Nur die Nachbarin hat den Schuss gehört.
Nur sie hat etwas gehört.

→ **Il n'y a que** *Jacques* **qui** *puisse/sache le réparer.*	**Seul** *Jacques* / *Jacques* **seul** } *peut/sait le réparer.*
Il n'y a que *la voisine* **qui** *ait entendu le coup de feu.*	**Seule** *la voisine a entendu le coup de feu.*
Il n'y a qu'*elle* **qui** *ait entendu quelque chose.*	*Elle* **seule** *a entendu quelque chose.*

oder: *Jacques est le seul à pouvoir . . .*
La voisine est la seule à avoir entendu . . .
Elle est la seule à avoir entendu . . .
} s. § 195

255 ⇨

nur bezieht sich auf ein **finites Verb** →	**ne faire que** (s. auch § 213) oder **seulement**

---

[1] s. § 133. Nach *il n'y avait que . . .* kann jedoch der Indikativ stehen: *Il n'y avait que Jacques qui n'était pas malade.*

Ich scherze nur.	{ *Je* **ne fais que** *plaisanter.* *Je plaisante* **seulement.**
Wir haben nur getanzt.	{ *Nous* **n'avons fait que** *danser.* *Nous avons* **seulement** *dansé.*

256 ➪

nur bezieht sich auf einen **Infinitiv,** ein **Adjektiv** oder ein **Substantiv** ohne Artikel	} →	**seulement**

Ich kann nur warten.	→ *Je peux* **seulement** *attendre.*[1]
Ich bin nur müde.	→ *Je suis* **seulement** *fatigué.*
Ich habe nur Angst.	→ *J'ai* **seulement** *peur.*

2) Kombinationen mit anderen Verneinungen und Zeitadverbien:

257

ne . . . pas que **ne . . . pas seulement** = nicht nur	*Il ne boit pas que de la bière/Il ne boit pas seulement de la bière* (Er trinkt nicht nur Bier). **Il n'y a pas que** *la voisine qui ait entendu le coup de feu* (Nicht nur die Nachbarin hat den Schuss gehört): hier ist *seul* (§ 254) ausgeschlossen!
(nicht nur . . ., sondern auch s. § 261)	*Nous n'avons pas fait que danser/Nous n'avons pas seulement dansé* (Wir haben nicht nur getanzt).
nur nicht: { **seulement . . . ne . . . pas** **ne . . . seulement pas**	Ich habe nur nicht daran gedacht: *Seulement, je n'y ai pas pensé/Je n'y ai seulement pas pensé.* bloß nicht = *surtout . . . ne . . . pas:* Geh bloß nicht hin!: *Surtout n'y va pas!* (oder *N'y va surtout pas!*)

ne . . . plus que = nur noch	Ich habe nur noch 10 Francs: *Je n'ai plus que 10 francs (il ne me reste plus que dix francs).*

[1] *Je ne peux (ne veux) que INF* ist nicht geläufig.

ne ... guère que **ne ... pratiquement que** = praktisch nur	Ich sehe ihn praktisch nur einmal in der Woche: *Je ne le vois guère (pratiquement) qu'une fois par semaine.*
ne ... guère plus que **ne ... pratiquement plus que** = praktisch nur noch	Ich sehe ihn praktisch nur noch einmal in der Woche: *Je ne le vois guère (pratiquement) plus qu'une fois par semaine.*

III. Das Weglassen von ne

258 **1)** In der Umgangssprache wird *ne* häufig weggelassen, **nicht jedoch in der gepflegten** gesprochenen Sprache und **auf keinen Fall in der Schriftsprache.**

Umgekehrt ist das Weglassen von *pas* nur noch mit wenigen Verben (z. B. *cesser, oser, pouvoir, savoir* + Infinitiv) und in einigen Wendungen möglich und wirkt selbst in der Schriftsprache ziemlich geziert.

259 **2)** Dagegen **darf** *ne* **nicht stehen:**

– in verblosen Sätzen:	*Pourquoi pas?* *A quoi penses-tu?* – A rien. *As-tu déjà été à Paris?* – Jamais.
– innerhalb einer Nominalgruppe, d. h. wenn die Verneinung sich z. B. auf ein Adjektiv bezieht:	*un poisson pas frais, un enfant pas sage* *un travail pas fait* *une pelouse jamais entretenue* *un restaurant guère recommandable*

IV. Der Gebrauch von non und pas

260 **1) non** wird verwendet:

– in der Bedeutung von *nein* nach Verben des Glaubens, des Sagens und des Wunsches:

Glaubst du, dass er kommt? – Ich glaube nicht. → **Je crois que non.**
Ich habe ihn gefragt, ob er uns helfen kann, und er hat nein gesagt. → **Il a dit [que] non.**
Es wird sicher regnen. – Ich hoffe nicht. → **J'espère que non.**

– als Verneinungspartikel für Substantive (mit Bindestrich) und für Adjektive (ohne Bindestrich):

un pacte de non-agression (ein Nichtangriffspakt)
la non-prolifération des armes atomiques (die Nichtverbreitung der Kernwaffen)
L'accusé a été déclaré non coupable.

261 **2)** In folgenden Fällen kann man **non** oder **pas** (bzw. *ne . . . pas*) verwenden:

ich nicht, er nicht usw.	*Wir gehen zum Strand.* – Ich nicht. *Nous allons à la plage.* { **Moi non.** / **Pas moi.** / **Moi pas** (gespr. Spr.).
oder nicht	*Du bleibst hier, ob es dir gefällt* oder nicht. *Tu resteras là, que ça te plaise* { **ou non.** / **ou pas.**
und nicht	*Mein Name ist Bouzigue,* und nicht *Zoubigue.* *Je m'appelle Bouzigue,* { **et non** / **et pas** / **et non pas** } *Zoubigue.*
nicht nur . . . sondern auch	Dieser Beruf ist nicht nur anstrengend, sondern auch gefährlich: *Ce métier est* **non seulement** *fatigant,* **mais aussi** *(mais encore) dangereux.* *Ce métier* **n'***est* **pas seulement** *fatigant, il est* **aussi** *dangereux.*
Wenn der Satz zwei verschiedene Verben enthält, muss man *non seulement* an den Satzanfang stellen:	**Non seulement** *les cambrioleurs ont vidé le coffre-fort, mais ils ont emporté aussi tous les tapis.*[1]

[1] In dieser Bedeutung auch *non content de INF: Non contents d'avoir vidé le coffre-fort, les cambrioleurs ont emporté tous les tapis.*

V. **Ni . . . ni . . .** (weder . . . noch)

Ni ist die Verneinung von *et* oder *ou.* Es wird immer mit *ne* gebraucht.

262 **1)** Verneinung mehrerer **Objekte** (auch Adjektive und Infinitivobjekte): *Ni* steht vor jedem Objekt:

> *Je* **ne** *suis* **ni** *riche* **ni** *pauvre.*
> *Il* **ne** *s'intéresse* **ni** *à la musique* **ni** *à la peinture.*
> *Nous* **n'***avons visité* **ni** *le Louvre* **ni** *les Invalides.*
> **Ni** *la musique* **ni** *la peinture* **ne** *l'intéressent.*
> *Il* **ne** *sait* **ni** *lire* **ni** *écrire.*

Wenn das erste Objekt schon verneint ist (durch *ne . . . pas, plus* usw.), steht *ni* nur beim zweiten Objekt:

> *Nous* **n'***avons* **pas** *visité le Louvre,* **ni** *les Invalides [non plus].*

Nach *ni* darf gewöhnlich der unbestimmte Artikel (auch der Teilungsartikel) nicht stehen:

Il a de l'argent et des amis.	→ *Il n'a plus* **ni** *argent* **ni** *amis.*
Il a une femme et des enfants.	→ *Il n'a* **ni** *femme* **ni** *enfants.*

263 **2)** Verneinung mehrerer (finiter) **Verben:** *Ni* steht erst beim 2. Verb (und gegebenenfalls beim 3., 4. . . .), *ne* muss bei jedem Verb stehen:

> *Je* **ne** *veux* **ni ne** *peux partir.*
> *Je* **ne** *dois,* **ni ne** *veux,* **ni ne** *peux partir.*

Das Partizip Perfekt verhält sich wie ein Adjektiv (wie in § 262):

> *Je* **ne** *l'ai* **ni** *vu* **ni** *entendu.*

Wenn zwei Verben nicht die gleiche Rektion haben (z. B. *voir qn* und *parler à qn*), muss man das erste normal verneinen und das zweite mit *ni ne:*

> Je **ne** *l'ai* **pas** *vu* **ni ne** *lui ai parlé.*

Kapitel 12: Die Personalpronomen + y/en

I. Die unbetonten Personalpronomen im Aussage- und Fragesatz

1) Die Formen:

264 Da die Personalpronomen eine Deklination mit drei Fällen beibehalten haben, ist es berechtigt, die Kasusbezeichnungen Nominativ, Akkusativ und Dativ zu verwenden:

Kasus (Fall)		=	Merkmal für die *Funktion:*
Nominativ	(*wer*-Fall)		Subjekt
Akkusativ	(*wen*-Fall)		direktes Objekt
Dativ	(*wem*-Fall)		indirektes Objekt mit *à*

Die Formen der unbetonten Personalpronomen sind (*Refl.* = Reflexivpronomen):

NOM.	**je**[1]	**tu**	**il, elle**	**on**[2]	**nous**	**vous**	**ils, elles**
AKK.	**me**	**te**	**le, la** *Refl.* **se**	— *Refl.* **se**	**nous**	**vous**	**les** *Refl.* **se**
DAT.	**me**	**te**	**lui** *Refl.* **se**	— *Refl.* **se**	**nous**	**vous**	**leur** *Refl.* **se**

Anmerkungen:

1 Das *e* in *je, me, te, le, se* und das *a* in *la* werden vor Vokal elidiert:

Je l'aime = ihn oder sie. aber: *Laisse*-le *entrer* (s. § 281)!

2 **On** wird hier als *Personal*pronomen aufgeführt, weil es in der gesprochenen Umgangssprache sehr häufig anstelle von *nous* verwendet wird:

*Qu'est-ce qu'*on *fait ce soir?* = Was machen wir heute abend?

Außer dem Reflexivpronomen *se* hat *on* keine Akkusativ- und Dativformen:

On s'*arrête ici?* (Akk.) *On* s'*achète une glace?* (Dat.)

Für die fehlenden nicht-reflexiven Akkusativ- und Dativformen (deutsch *einen, einem*) verwendet man *vous,* manchmal auch *nous:*

C'est un bon petit vin qui vous *réchauffe le cœur.*
Plus on est honnête, plus les gens vous (nous) *méprisent.*

265 ⇨ **Bei einigen Verben, die ein Objekt mit *à* anschließen, kann man die Dativform des Pronomens nicht verwenden.**

Diese Verben sind:

avoir affaire à, faire attention à, prendre garde à
penser à, recourir à, renoncer à
rêver à, songer à, tenir à
und alle **reflexiv gebrauchten** Verben (s. unten § 267).

Bei solchen Verben muss die Ergänzung immer die Form eines präpositionalen Objekts beibehalten, d. h. entweder durch **à + betontes** Pronomen (für Personen) oder durch **y** (für Sachen) ausgedrückt werden:

Il pense à ses enfants. → *Il pense* **à eux.**
Il pense aux vacances. → *Il* **y** *pense.*

2) Die Reihenfolge der unbetonten Pronomen:

266 Wenn ein Verb mehrere pronominale Objekte hat, müssen diese Pronomen in einer bestimmten Reihenfolge erscheinen:

Fall 1: Das Akkusativobjekt ist **le, la** oder **les:**

– wenn das Dativobjekt *lui* oder *leur* ist, gilt die Folge **AKK. – DAT.:**

Je **le lui** *montre. Je* **les leur** *donne.*

– wenn das Dativobjekt *me, te, se, nous* oder *vous* ist, gilt die umgekehrte Folge **DAT. – AKK.:**

Il **me le** *montre. Il* **nous le** *dit. Il* **se les** *achète.*

Fall 2: Das Akkusativobjekt ist **me, te, se, nous** oder **vous.**
In diesem Fall ist ein Dativobjekt in der Form *me, te, se, nous* oder *vous* ausgeschlossen, weil eine Abfolge wie z. B. **me vous* vollkommen unverständlich wäre (*mich Ihnen* oder *Sie mir?*). Deshalb muss das Dativobjekt durch **à** + **betontes** Pronomen ausgedrückt werden:

Ich stelle **mich Ihnen** *vor.* → Je **me** *présente* **à vous.** se présenter à qn

Ein Dativobjekt in der Form *lui* oder *leur* ist ebenfalls ausgeschlossen:

Ich stelle **mich ihr** *vor.* → Je **me** *présente* **à elle.**

obwohl dies zu keinem Missverständnis führen würde. Aber offensichtlich hat sich die Sprache zugunsten der Einfachheit entschieden:

267 ⇨ Wenn **me, te, se, nous, vous Akkusativ**objekte sind, müssen die **Dativ**objekte durch **à + betontes Pronomen** ausgedrückt werden. Weitere Beispiele:

Er stellt **sich uns** *vor.*	→ *Il* **se** *présente* **à nous.**
Ich schließe **mich euch** *an.*	→ *Je* **me** *joins* **à vous.**
Ich wende **mich an Sie.**	→ *Je* **m'***adresse* **à vous.**
Er interessiert **sich für dich.**	→ *Il* **s'***intéresse* **à toi.**
aber:	
Er stellt **sie ihm** *vor.*	→ *Il* **la lui** *présente.*
Ich stelle **sie Ihnen** *vor.*	→ *Je* **vous la** *présente.*
(= Fall 1!)	

268 Die Pronominaladverbien **y** und **en** stehen immer hinter allen anderen Pronomen, und *y* steht vor *en*:

Je **lui en** *parlerai. Il* **m'y** *a conduit. Il n'***y en** *a plus.*

269 **Zusammenfassung:**

	DAT.	AKK.	DAT.		
	me **te** **se** **nous** **vous**	**le** **la** **les**			
Subjekt		**le** **la** **les**	**lui** **leur**	**y, en**	Verb
		me **te** **se** **nous** **vous**	→		**à moi** **à nous** **à lui** **à elle** usw.

3) Die Stellung der unbetonten Pronomen in Bezug auf das Verb:

270 Im heutigen Französisch stehen die pronominalen Objekte **vor dem Verb, das sie ergänzen** (▶ mit einigen Ausnahmen, s. unten §§ 271–272), wobei das Hilfsverb eine Einheit mit dem Partizip bildet:

Je **le** *comprends. Je* **l'***ai compris.*
Je crois **le** *comprendre. Je crois* **l'***avoir compris.*
Je crois pouvoir **le** *comprendre.*

Im 17. Jh. konnte man die Pronomen auch vor das erste Verb stellen: *Je le peux faire* statt *je peux le faire.* Dies ist heute nur noch in einer sehr literarischen Sprache möglich, und auch nur mit einigen Verben.

Wenn das Verb verneint ist, stehen die Pronomen hinter *ne*:

Je ne lui en veux pas.

Wenn das Verb ein Infinitiv ist und von einem vorangestellten Adverb begleitet ist, stehen die Pronomen **zwischen Adverb und Infinitiv** (das gilt auch für Verneinungen – s. § 229):

afin de	bien	**le**	*comprendre*
afin de	mieux	**le**	*comprendre*
sans	trop	**se**	*fatiguer*
pour	ne pas	**le**	*déranger*

In der **Inversionsfrage** (verneint oder nicht) ändert sich lediglich die Stellung des Subjekts:

Tu *le lui as dit.* → *Le lui as-***tu** *dit?*
Vous *vous y intéressez.* → *Vous y intéressez-***vous***?*
Vous *ne vous y intéressez pas.* → *Ne vous y intéressez-***vous** *pas?*

Sonderfälle: Besonderheiten hinsichtlich der Stellung der Pronomen bei einigen Verben:

271 *a)* Verben der **Wahrnehmung**: *écouter, entendre; regarder, voir; sentir.* sowie *envoyer* und *laisser*

Wenn **mehrere pronominale Objekte** vorhanden sind, gilt die oben genannte Regel (§ 270). bei mehreren Objekten: Bezug auf Verb, das sie ergänzen

J'ai entendu Paul ouvrir la porte. → *Je* **l'***ai entendu* **l'***ouvrir.*
J'ai entendu la porte s'ouvrir. → *Je* **l'***ai entendue* **s'***ouvrir.*
J'ai vu Paul aller à la poste. → *Je* **l'***ai vu* **y** *aller.*
J'ai envoyé Marie chercher Paul. → *Je* **l'***ai envoyée* **le** *chercher.*

J'ai laissé les enfants regarder le film. → *Je* **les** *ai laissés* **le** *regarder.*

(Zur Veränderlichkeit des Partizips s. § 22)

> Wenn dagegen **ein einziges pronominales Objekt** vorhanden ist, steht das Pronomen **vor dem ersten Verb**, selbst dann, wenn es sich auf das zweite bezieht:

– das Pronomen ist Objekt des ersten Verbs (normale Stellung):

J'ai entendu Marie chanter. → *Je* **l'***ai entendue chanter.*

– das Pronomen ist Objekt des zweiten Verbs (abweichende Stellung):

J'ai entendu chanter cette chanson. → *Je* **l'***ai entendu chanter.*
J'ai entendu parler de ce film. → *J'***en** *ai entendu parler.*
(Ich habe von diesem Film gehört) (Ich habe davon gehört)
J'ai envoyé chercher Marie. → *Je* **l'***ai envoyé chercher*[1].
On a laissé détruire la forêt. → *On* **l'***a laissé détruire.*
(Zur Veränderlichkeit des Partizips s. § 22)

Wenn bei *laisser* + Infinitiv zwei Akkusativobjekte vorhanden sind, z. B.:

Je laisse Paul conduire la voiture. → *Je* **le** *laisse* **la** *conduire.*

kann das erste durch einen **Dativ** ersetzt werden, wobei die Pronomen beide vor *laisser* stehen können:

Je lui *laisse* la *conduire.*
oder (geläufiger): *Je* **la lui** *laisse conduire.* (wie bei *faire* § 272)

272 *b)*

> Das Verb **faire** verhält sich wie ein Hilfsverb:
> **Alle Pronomen stehen vor** *faire* + Infinitiv.

Wie ein Hilfsverb bildet *faire* eine Einheit mit dem Infinitiv. Deshalb können bei *faire* + Infinitiv nicht zwei Akkusativobjekte vorkommen:

Je vois *Paul laver la voiture.* }
Je laisse *Paul laver la voiture.* } zwei Akkusativobjekte
aber: *Je* **fais** *laver la voiture* **à Paul.**

Stellung der Pronomen (Beispiele):

J'ai fait développer les photos. → Je **les** *ai fait développer.*
J'ai fait lire ce livre à Paul. → Je **le lui** *ai fait lire.*
Je me suis fait couper les cheveux. → Je **me les** *suis fait couper.*

---

[1] Bei *envoyer* ist in der gesprochenen Sprache auch die «normale» Stellung häufig: *J'ai envoyé la chercher.*

Wenn aber der Infinitiv reflexiv ist, bleibt das Reflexivpronomen vor dem Infinitiv:

C'est cela qui **m'***a fait* **me** *décider.*

4) Der Gebrauch der Pronominaladverbien y **und** en:

273 *a)* **Y** vertritt im Prinzip präpositionale Ergänzungen mit *à,* kann aber auch für Ortsangaben mit *dans, en, sur* stehen. Es kann sich **nicht auf Personen** beziehen. Beispiele:

J'habite à Paris, je vais à Paris.	→ *J'***y** *habite, j'***y** *vais*[1].
J'ai mis le livre sur la table.	→ *Je l'***y** *ai mis.*
Je m'attends à être déçu.	→ *Je m'***y** *attends.*
Je pense aux vacances.	→ *J'***y** *pense.*

(aber: *Je pense aux* enfants → *Je pense* **à eux.**)

In einigen idiomatischen Wendungen ist die Bedeutung von *y* (d. h. das, wofür es steht) kaum zu erkennen:

Vous y êtes?	Sind Sie fertig? od.: Haben Sie verstanden?
Vous n'y êtes pas.	Sie irren sich.
Ça y est?	Ist es so weit? oder: Verstanden?
Je n'y suis pour rien.	Es ist nicht meine Schuld.
Je n'y suis pour personne.	Ich bin für niemanden zu sprechen.
Je n'y vois pas.	Ich sehe schlecht.
Je n'y tiens pas.	Ich lege keinen Wert darauf. Ich habe keine Lust.
Je n'y tiens plus.	Ich lege keinen Wert mehr darauf. Oder: Ich halte es nicht mehr aus.
Je n'y peux rien.	Ich kann nichts dafür.
Tu t'y prends mal.	Du stellst dich dumm an.
Il s'y connaît.	Er kennt sich aus.
Il y a mis du sien.	Er hat sich angestrengt.
Il s'y est mis.	Er hat es angepackt, in Angriff genommen.
Il y va de . . . (ton avenir).	Es geht um . . . (deine Zukunft).

274 *b)* **En** vertritt präpositionale Ergänzungen mit *de:*

Il vient de la gare.	→ *Il* **en** *vient.*
Je me souviens de cette ville.	→ *Je m'***en** *souviens.*
Il parle toujours des vacances.	→ *Il* **en** *parle toujours.*

---

[1] *Y* entfällt beim Futur von *aller (J'irai à Paris → J'irai),* nicht aber vor anderen Verben mit anlautendem *i: J'inscris/inscrirai mon nom sur la liste → J'y inscris/j'y inscrirai mon nom.*

Im Gegensatz zu *y* wird *en* gelegentlich für Personen verwendet:

Connais-tu les Bouzigue? – J'ai entendu parler d'eux (oder*: J'en ai entendu parler*).

In der gehobenen Sprache kann *en* eine **genitivische Ergänzung** vertreten (wie das Relativpronomen *dont*):

Un nouveau scandale immobilier a éclaté. La presse **en** *a commenté tous les détails.* (*en = les détails* **du** *scandale*)

En dient zum Ausdruck eines **partitiven Verhältnisses:**

J'ai **des** *cigarettes.*	→ *J'***en** *ai.* (ich habe welche)
As-tu **de l'***argent?*	→ **En** *as-tu?* (hast du welches?)
J'ai trop **de** *travail.*	→ *J'***en** *ai trop.*
Je n'ai plus **de** *cigarettes.*	→ *Je n'***en** *ai plus.*

Wenn *en* allein steht, bedeutet es «eine Menge von». Ist diese Menge zählbar, wie im ersten Beispiel, bezeichnet *en* einen **Plural** (deutsch *welche*). Will man einen **Singular** ausdrücken (z. B. *Ich habe eine*) oder die Menge näher bestimmen (z. B. *ich habe mehrere, ich habe zwei,* usw.), muss *en* entsprechend ergänzt werden:

Ich habe mehrere.	→ *J'***en** *ai* **plusieurs.**
Ich habe nur einige.	→ *Je n'***en** *ai que* **quelques-un(e)s.**
Ich habe eine.	→ J'**en** *ai* **une.**
Ich habe einen anderen.	→ *J'***en** *ai* **un autre.**
Ich habe keinen anderen.	→ *Je n'***en** *ai* **pas d'autre.**
Ich habe zwei *(zuviel).*	→ *J'***en** *ai* **deux** *(de trop).*

In einigen idiomatischen Wendungen ist die Bedeutung von *en* kaum zu erkennen:

Où en sommes-nous?	Wo sind wir stehen geblieben?
J'en ai pour une minute.	Ich bin in einer Minute wieder da. Ich brauche nur eine Minute.
J'en ai eu pour 100 francs.	Es hat mich 100 Francs gekostet.
Elle m'en veut.	Sie ist mir böse.
Je sais à quoi m'en tenir.	Ich weiß, woran ich bin.
Je n'en peux plus.	Ich kann nicht mehr.
Il s'en fait trop.	Er macht sich zu viel Sorgen.
Ne t'en fais pas.	Mach dir keine Sorgen!
Il n'en fait qu'à sa tête.	Er handelt nur nach seinem Kopf.
Elle lui en fait voir.	Sie macht ihm das Leben zur Hölle.
Mal lui en a pris (lit.).	Er hätte es nicht tun sollen.
Je m'en remets à vous.	Ich verlasse mich auf Sie.
Restons-en là.	Bleiben wir dabei.
Venons-en au fait.	Kommen wir zur Sache.
Il faut en mettre un coup.	Wir müssen uns anstrengen.

Il faut en passer par là.	Es führt kein Weg daran vorbei. Man muss sich damit abfinden.
Il s'en est fallu de peu que ... (mit Subjonctif)	Beinahe ...
Il m'en coûte beaucoup de INF	Es fällt mir schwer, zu ... (im Sinne von: ich habe keine Lust)
Si le cœur vous en dit ...	Wenn Sie Lust haben ...
Je n'en reviens pas.	Ich kann es nicht fassen.

5) Der Gebrauch des neutralen Pronomens le:

275 Wie das deutsche *es* (bzw. *das*) kann sich das neutrale *le* auf einen Sachverhalt beziehen, der in einem vorangegangenen Satz ausgedrückt wurde:

Sais-tu que Bouzigue a été arrêté? – Je le *sais depuis longtemps.*

Wie das deutsche *es* kann *le* ein Prädikatsnomen vertreten (Adjektiv oder Substantiv):

Hier, j'étais enrhumé, *mais aujourd'hui, je ne* le *suis plus.*
Il fut élu Président de la République *et* le *resta pendant sept ans.*

⇨ *Es* kann aber nicht immer durch *le* übersetzt werden! Vgl.:

Bist du zufrieden? – Ich bin es. → *Je* le *suis.*
Wer ist da? – ICH *bin es (ich bin's).* → **C'est moi.**

⇨ **Im Gegensatz zum deutschen** *es* **darf** *le* **nicht stehen, wenn ein Objektsatz** (Infinitiv oder *que*-Satz) **folgt.** Umgekehrt **muss ein vorangestellter Objektsatz durch ein Pronomen** (*le, y, en*) **wieder aufgenommen werden:**

Er wagte **es** *nicht, sie zum Tanzen aufzufordern.* → *Il n'osait pas l'inviter à danser.* (s. auch §§ 204 und 422)
Ich finde **es** *erstaunlich, dass er noch nicht da ist.* → *Je trouve étonnant qu'il ne soit pas encore là.* (s. auch § 422)

Dass er reich ist, weiß jeder. → *Qu'il soit riche, tout le monde* **le** *sait.*
Dass er reich ist, bezweifelt niemand. → *Qu'il soit riche, personne n'***en** *doute.*

II. Die Personalpronomen im Imperativsatz

276 **1) Im verneinten Imperativsatz** haben die Pronomen dieselben Formen und dieselbe Stellung wie im Aussage- und Fragesatz (§§ 264–272):

Sag es ihr nicht!	→ *Ne* **le lui** *dis pas.*
Gib ihm keine mehr!	→ *Ne* **lui en** *donne plus.*
Geh nicht hin!	→ *N'***y** *va pas.*

2) Im bejahenden Imperativsatz:

277 ⇨ Im **bejahenden** Imperativsatz werden die Personalpronomen **nachgestellt.**

Sag es ihr!	→ *Dis*-**le-lui.**
Gib ihm welche!	→ *Donne*-**lui-en.**
Geh hin!	→ *Vas*-**y**[1].

Wenn es diese Regel nicht gäbe, könnte man in einigen Fällen (bei reflexiv gebrauchten Verben) nicht unterscheiden, ob der Satz ein Aussage- oder ein Imperativsatz ist, vgl.:

Sie fragen ...	→ **Vous** *demandez ...*
Fragen Sie sich ...	→ *Demandez*-**vous** ...

Dagegen ist im verneinten Imperativsatz die Stellung der Pronomen vor dem Verb kein Hindernis, weil *ne* als syntaktisches Merkmal dient: Was links von *ne* steht, muss Subjekt sein, und was rechts von *ne* steht, muss Objekt sein:

Sie fragen nicht ...	→ **Vous ne** *demandez pas ...*
Fragen Sie sich nicht ...	→ **Ne vous** *demandez pas ...*

278 Im bejahenden Imperativsatz haben die Pronomen teilweise andere **Formen** und eine andere **Reihenfolge** als im Aussagesatz:

⇨
- *me* und *te* werden durch die betonten Formen **moi** und **toi** ersetzt (vor *y* und *en* jedoch weiterhin **m'** und **t'**).
- der Abfolge *me le, te le, nous le* usw. entsprechen nun zwei Abfolgen: **le-moi, le-toi, le-nous** oder **moi-le, toi-le, nous-le.**

[1] Wenn die Imperativform auf Vokal endet (Verben auf *-er* + *aller*), hängt sie vor *y* und *en* ein *s* an: *vas-y, penses-y, manges-en.*

279 **Zusammenfassung:**

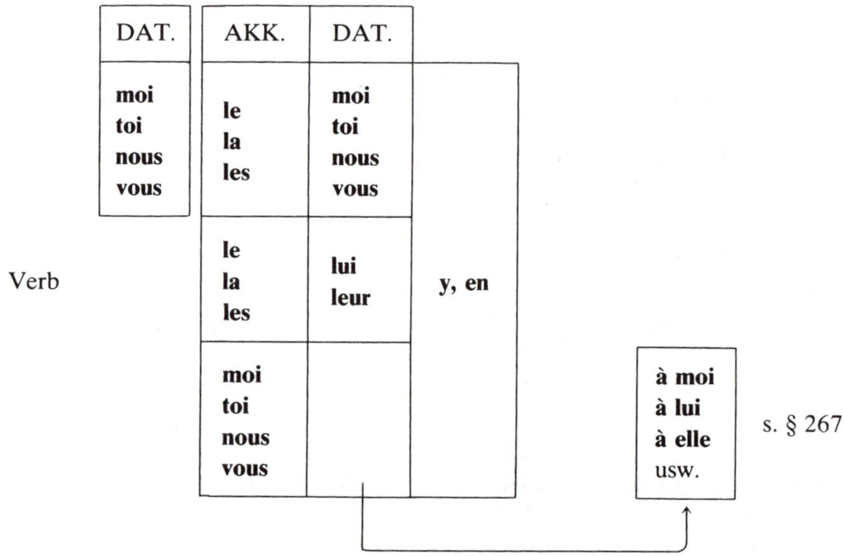

Beispiele:

Dis-**le-moi**. oder: *Dis*-**moi-le**.
Montre-**les-nous**. oder: *Montre*-**nous-les**.
Donne-**le-lui**.
Promets-**le-leur**.
Donne-**m'en**.
Présente-**la-moi**. oder: *Présente*-**moi-la**.
aber: *Présente*-**moi à elle**. (wie § 267).

280 Obwohl die Kombinationen *m'y* und *t'y* im Aussagesatz und im verneinten Imperativsatz geläufig sind (z. B. *Il m'y a fait penser, Ne t'y arrête pas*), werden sie im bejahenden Imperativsatz gemieden:

Conduis-moi **là-bas**. (statt *Conduis-m'y*)
Fais-moi penser **à cela**. (statt *Fais-m'y penser*)

In der **gesprochenen** Sprache hört man dafür häufig *«moi-z-y»: Fais-moi-z-y penser* (auch für *moi + en: Donne-moi-z-en* statt *Donne-m'en*).

281 Wenn der Imperativsatz zwei Verben enthält, sieht es so aus, als stünden alle Pronomen immer hinter dem ersten Verb. In Wirklichkeit muss man unterscheiden:

Fall 1: Die Pronomen gehören zum ersten Verb:

Laisse-**le** *partir.* vgl.: *Je* le *laisse partir.*
Laisse-**le** *entrer.* vgl.: *Je* le *laisse entrer.*
Laisse-**moi** *entrer.* vgl.: *Il* me *laisse entrer.*
Fais-**le-lui** *voir.* vgl.: *Je* le lui *fais voir.*

le gehört zu laisser → keine Verbindung mit entrer

Fall 2: Die Pronomen verteilen sich auf die zwei Verben:

Laisse-**moi** **y** *aller.* vgl.: *Il* me *laisse* y *aller.*
Laisse-**moi** **en** *acheter.* vgl.: *Il* me *laisse* en *acheter.*
Laisse-**moi** **l'***acheter.* vgl.: *Il* me *laisse* l' *acheter.*
Laisse-**la** **lui** *parler.* vgl.: *Je* la *laisse* lui *parler.*
Laisse-**le** **l'***acheter.* vgl.: *Je* le *laisse* l' *acheter.*

⇨ Konsequenzen:
- im Fall 1 werden *le, la, moi* nicht zu *l'* und *m',* wenn das zweite Verb mit Vokal beginnt (anders im Fall 2!): **laisse-**le **entrer**.
- im Fall 2 werden die Pronomen nicht durch einen Bindestrich miteinander verbunden. Die Abfolgen *moi y, moi en* und sogar *le le* sind möglich, weil das zweite Pronomen zum zweiten Verb gehört! Die Abfolge *moi le* darf aus demselben Grund nicht umgekehrt werden zu *le moi* (im Gegensatz zu den Beispielen in § 279).

III. Die betonten Personalpronomen

1) Die Formen:

282 Die betonten Pronomen haben keine Deklination. Ihre Formen sind:

je	*tu*	*il, elle*	*on*	*nous*	*vous*	*ils, elles*
moi	**toi**	**lui, elle**	nur reflexiv: **soi**	**nous**	**vous**	**eux, elles**

2) Der Gebrauch:

283 Das betonte Personalpronomen muss man verwenden:

– nach einer **Präposition:**	*Tu viens* **avec moi***?* *On partira* **sans eux.** *Je pense* **à elle** (s. § 265).
Das Reflexivpronomen **soi** wird nur in Bezug auf das indefinite **on** oder ein unbestimmtes Subjekt verwendet:	*Quand on est malade,* **on** *reste* **chez soi.** *Il faut toujours avoir confiance* **en soi.** *Chacun* **pour soi.**
Wenn aber *on* für *nous* steht, gebraucht man als betonte Form **nous:**	**On** *rentre* **chez nous***?* (wie: *Nous rentrons chez nous?*)
– nach **c'est ...** und wenn das Pronomen allein steht (**verbloser Satz**):	*C'est* **moi.** *C'est* **nous.** **Ce sont eux** *qui sont arrivés les premiers.* (gespr. Spr. auch *C'est eux . . .*) *Qui vient avec nous?* – **Moi.** *Je suis plus grand* **que lui.**
– wenn das Pronomen **näher bestimmt** ist:	*J'irai* **moi-même.** **Moi-même,** *je n'ai rien entendu.* **Moi aussi,** *je l'ai vu.* **Lui non plus** *[il] n'a rien dit.* **Elles seules** *y sont allées.* *Il* **n'***y a* **que moi** *qui le sache.* *Je* **n'***ai vu* **que lui.** *Je* **n'***en ai parlé* **qu'à eux.**
– wenn eine Ergänzung aus **mehreren Teilen** besteht: Pronomen und Substantiv oder zwei Pronomen:	**Ma soeur et moi** *[nous] ne l'avons jamais vu.* **Ni elle ni moi** *[nous] ne le connaissons.* *Je* **les** *connais* **elle et lui.** *Je ne* **les** *connais* **ni elle ni lui.** *Je ne connais* **ni elle ni ses parents.**
– bei **Satzsegmentierung** (Gebrauch s. § 459):	{ **Moi, je** *n'ai pas peur.* { **Je** *n'ai pas peur,* **moi.** { **Elle,** *je* **la** *connais bien.* { *Je* **la** *connais bien,* **elle.** { **Nous, nous** *partons demain.* { **Nous, on** *part demain.* { **On** *part demain,* **nous.**

Kapitel 13: Das Relativpronomen und der Relativsatz

Allgemeines

284 Das *Relativ*pronomen stellt eine *Relation* (Verbindung) her zwischen dem Satz, den es einleitet und in dem es eine grammatische Funktion erfüllt, und dem Wort, das es vertritt *(Bezugswort)*:

C'est la ville ← qui → me plaît le mieux.
Bezugswort: *ville*; grammatische Funktion: Subjekt von *plaire.*

I. Das Relativpronomen ohne Präposition

1) qui und que:

285 *Qui* und *que* sind hinsichtlich der grammatischen Funktion markiert: *qui* kann nur Subjekt sein (Kasus Nominativ), *que* kann nur direktes Objekt (Akkusativ) oder Prädikatsnomen sein:

Nom.	**qui**
Akk.	**que**
Präd.	**que**

La ville qui *me plaît le mieux.*
La ville que *je préfère.*
L'excellent homme qu'est *Bouzigue.*
(vgl.: *Bouzigue est un excellent homme*).

286 *Qui* und *que* ohne Präposition können sich sowohl auf Personen als auch auf Sachen beziehen (im Gegensatz zu *qui* mit Präposition). Was die grammatische Natur des Bezugswortes angeht, gibt es nur wenige **Einschränkungen**:

An { **beaucoup**, **chacun**, **tous, tout** } darf **kein Relativsatz** angeschlossen werden!

Beaucoup ist im Gegensatz zum Deutschen (vgl. *viele, vieles*) immer **Adverb**. Deshalb kann ein Relativsatz nur an eine **Ergänzung** von *beaucoup* angeschlossen werden:

Es gibt **vieles, was** *ich nicht verstehe.* → *Il y a beaucoup* **de choses que** *je ne comprends pas.*

Ich kenne **viele, die** *es nicht machen würden.* → *Je connais beaucoup* **de gens qui** *ne le feraient pas.*
oder: *J'***en** *connais beaucoup* **qui** *ne le feraient pas.*

Jeder, der . . . muss entweder durch das Relativpronomen *quiconque* übersetzt werden (das allerdings nur als Subjekt im Relativsatz fungieren kann) oder umschrieben werden *(toute personne qui . . ., tous ceux qui . . .):*

Das Gesetz bestraft **jeden, der** *Banknoten nachmacht.*
→ *La loi punit* **quiconque** *contrefait des billets de banque.*
La loi punit **toute personne qui** *contrefait des billets de banque.*
La loi punit **tous ceux qui** *contrefont des billets de banque.*

Alle anderen indefiniten Pronomen können einen Relativsatz anschließen:
Il a dit quelque chose *que je n'ai pas compris.*
Je n'ai rien *trouvé* qui *me plaise* (zum Modus s. § 132).
Je connais quelqu'un qui *peut vous renseigner.*
Je ne connais personne qui *puisse vous renseigner.* (zum Modus s. § 132).

Tous, tout können nur zusammen mit einem **Demonstrativpronomen** einen Relativsatz anschließen:

derjenige, der (den)/diejenigen, die der, der (den)/die, die	*celui/celle* *ceux/celles*	*qui (que)*
all diejenigen, die **alle, die**	**tous ceux** **toutes celles**	**qui (que)**
das, was was	*ce qui (que)*	
alles, was	**tout ce qui (que)**	

Dis-le à ceux que *tu connais* → *Dis-le* à tous ceux que *tu connais.*
Tu peux faire ce que *tu veux* → *Tu peux faire* tout ce que *tu veux.*

287 **Besonderheiten:**

a) Bei **unpersönlichen Verben** ist das Relativpronomen **qu'**:

As-tu tout ce **qu'il** *te faut?*

Viele Verben können aber auch persönlich gebraucht werden. In diesem Fall gibt es zwei Möglichkeiten:

Donne-moi l'argent **qu'il** *reste* oder: . . . *l'argent* **qui** *reste.*
Raconte-moi ce **qu'il** *est arrivé* oder: . . . *ce* **qui** *est arrivé.*
Fais ce **qu'il** *te plait* oder: . . . *ce* **qui** *te plaît.*

b) Ce qui und *ce que* können sich auf einen ganzen Satz beziehen (deutsch *was*):

Nous sommes allés au restaurant, **ce qui** *nous arrive rarement/***ce que** *nous faisons rarement.* (Variante: *chose qui . . ., chose que . . .*)

c) Ce que wird oft in Ausrufen verwendet, anstelle von *comme* oder *que:*

Ce que *tu es belle! (Comme tu es belle; Que tu es belle!)*

2) **lequel** (anstelle von *qui*):

288 *Lequel* ist das einzige Relativpronomen, das nach Genus und Numerus veränderlich ist: *lequel/laquelle, lesquels/lesquelles.* Ohne Präposition wird *lequel* nur in der **Schriftsprache** verwendet, unter folgenden Bedingungen:

- *lequel* kann im heutigen Französisch nur **Subjekt** sein (es kann also nur *qui* ersetzen).
- *lequel* entspricht einem *qui* **mit Komma** (s. dazu § 302):

Nous n'avons visité que les châteaux qui sont célèbres.	→ *lesquels* unmöglich.
Nous avons visité les châteaux de la Loire, **qui** *sont magnifiques* (= et ils sont magnifiques).	→ **lesquels** möglich.

- *lequel* wirkt nur dann natürlich, wenn es dazu dient, den Bezug des Relativpronomens zu verdeutlichen (z. B. wenn der Hauptsatz zwei Substantive verschiedenen Geschlechts enthält):

  Nous sommes allés voir la maison *de mon cousin,* **laquelle** *est en piteux état* (= in schlechtem Zustand).

II. Das Relativpronomen mit Präposition

1) nach allen Präpositionen außer de:

289 Je nachdem, ob das Relativpronomen sich auf Personen, Sachen oder unbestimmte Wörter (*quelque chose, rien, ce*) bezieht, verwendet man *qui, lequel* oder *quoi:*

Präposition, z. B.:	Personen:	Sachen:	*quelque chose, rien, ce:*
avec	**lequel** / **qui**	**lequel**	**quoi**
– Mit *à* wird *lequel* zu: *auquel, à laquelle, auxquels, auxquelles.* – Wenn die Präposition mit *de* endet (z. B. *près de*), wird *lequel* zu: *duquel, de laquelle, desquels, desquelles.*			

Beispiele:

a) **Personen:**

L'homme **à qui/auquel** *il parle . . .*
Les clients **pour qui/pour lesquels** *il travaille . . .*
Les amis **avec qui/avec lesquels** *nous sommes allés en vacances . . .*
L'homme **grâce à qui/grâce auquel** *les enfants ont pu être sauvés . . .*
La dame **près de qui/près de laquelle** *j'étais assis au théâtre . . .*
Un homme **en qui/en lequel** *nous avons confiance . . .*

Nach **parmi** und **entre** verwendet man nur *lequel:*

Les spectateurs, parmi lesquels *se trouvaient plusieurs personnalités . . .*
Il y avait là plusieurs personnalités, parmi lesquelles (= unter ihnen) *le Premier ministre et son épouse.*

Auch die Demonstrativpronomen *celui, celle* usw. gehören dazu, wenn sie Personen bezeichnen:

Celui **en qui/en lequel** *nous avons confiance.*
Celui **à cause de qui/à cause duquel** *tout a échoué.*
Tous ceux **à qui/auxquels** *nous faisons confiance.*

Ebenfalls die indefiniten Pronomen **quelqu'un** und **personne** (nach *personne* wird jedoch *lequel* gemieden):

Je connais quelqu'un à qui/auquel *tu peux faire confiance.*
Il n'y a personne à qui *je puisse me fier.*

b) **Sachen:**

L'immeuble **dans lequel** *il habite . . .*
Le but **auquel** *j'aspire . . .*
L'idée **pour laquelle** *nous combattons . . .*
La raison **pour laquelle** *je viens vous voir . . .* (s. auch § 318)
L'immeuble **en face duquel** *j'habite . . .*

c) **quelque chose, rien, ce** (und **tout ce**):

Quelque chose **à quoi** *on pouvait s'attendre.*
Il n'y a rien **à quoi** *il s'intéresse.*
Ce **à quoi** *je pense.*
Tout ce **à quoi** *je m'intéresse.*
Ce **sans quoi** *on ne peut pas vivre.*

Im 17. Jh. konnte man noch *quoi* auf Sachen beziehen (z. B. *Le but à quoi j'aspire . . ., La raison pour quoi je viens*). Dies ist heutzutage nur noch mit dem Substantiv **chose** möglich:

La chose à quoi/à laquelle je pense.
La seule chose à quoi/à laquelle je tienne.
Il y a beaucoup de choses à quoi/auxquelles je tiens.

2) nach der Präposition de:

290 *Präposition + Relativpronomen* können in diesem Fall drei Funktionen erfüllen, die man genau unterscheiden muss, um das richtige Relativpronomen zu verwenden:

Funktion 1: Objekt, d. h. Ergänzung zum **Verb:**

Ich spreche von einem Haus. *(Das Haus),* **von dem** *ich spreche.*	*Je parle d'une maison.* *(La maison)* **dont** *je parle.*

Funktion 2: (genitivische) Ergänzung zu einem **Substantiv ohne Präposition:**

Der Besitzer dieses Hauses *heißt Bouzigue.* *(Das Haus),* **dessen** *Besitzer Bouzigue heißt.*	*Le propriétaire* de cette maison *s'appelle Bouzigue.* *(La maison)* **dont** *le propriétaire s'appelle Bouzigue.*

Funktion 3: (genitivische) Ergänzung zu einem **Substantiv mit Präposition:**

Vor *der Tür* dieses Hauses *steht ein rosaroter Mercedes.* *(Das Haus),* **vor dessen** *Tür ein rosaroter Mercedes steht.*	Devant *la porte* de cette maison *est garée une Mercedes rose.* *(La maison)* **devant** *la porte* **de laquelle** *est garée une Mercedes rose.*

a) Funktion **1**

291 Für alle drei Spalten kann man *dont* verwenden, aber auch *de qui* (Personen), und *duquel* (Personen + Sachen). *De quoi* ist nicht ausgeschlossen, wird aber gemieden:

	Personen:	Sachen:	*quelque chose, rien, ce:*
Funktion 1	**dont** *[duquel, de qui]*	**dont** *[duquel]*	**dont**

Beispiele für die 1. Funktion (Ergänzung zum Verb):

– Personen:

Les gens **dont** *(desquels, de qui) je me méfie.* se méfier de !
Tous ceux **dont** *(desquels, de qui) il faut se méfier.*
Quelqu'un **dont** *(duquel, de qui) on a beaucoup parlé.*

Mit *personne* wird *duquel* gemieden:
Je ne connais personne **dont** *(de qui) on ait plus parlé.*

– Sachen:

La maladie **dont** *(de laquelle) il est mort.*
L'argent **dont** *(duquel) j'ai besoin.*

– *quelque chose, rien, ce* (und *tout ce*):

Quelque chose **dont** *j'ai besoin.*
Il n'y a rien **dont** *j'aie besoin.*
Ce dont *j'ai besoin.*
Tout ce dont *j'ai besoin.*

292 *b)* Funktion **2** (Ergänzung zu einem Substantiv **ohne** Präposition)[1]: Für alle drei Spalten kann man nur *dont* verwenden:

	Personen	Sachen	*quelque chose, rien, ce*
Funktion 2 (s. § 290)	**dont**	**dont**	**dont**

293 Vorsicht: Die Wortstellung des Relativsatzes weicht von der des Deutschen ab:

Im Gegensatz zum Deutschen bleibt im Französischen die **Wortstellung** die gleiche wie im **Aussagesatz:**

Subjekt:	*Bouzigue,* **dont la maison** *vient de brûler.*
direktes Objekt:	*Bouzigue,* **dont** *je connais* **la fille.**
Prädikatsnomen:	*Bouzigue,* **dont** *je suis* **le voisin.**

Un metteur en scène **dont les films** *sont célèbres.*
Le café **dont** *je connais bien* **le patron.**
L'usine **dont** *il est* **le directeur** (Prädikatsnomen).

[1] Streng genommen gehören Wendungen wie *avoir besoin de* (§ 291) auch dazu: Verb *(avoir)* + Objekt *(besoin)* + Ergänzung.

L'église **dont le toit** *va être refait.*
L'équipe **dont** *il est* **l'entraîneur** (Prädikatsnomen).
Quelqu'un **dont** *les journaux ont publié* **la photo.**
Ce **dont** *nous sommes* **les victimes** (Prädikatsnomen).

Dont kann auch partitive Bedeutung haben («von denen»):

La police vient d'arrêter les auteurs de l'enlèvement, dont l'un *a moins de 18 ans.* (dont deux, dont plusieurs, usw.)

und ohne Verb gebraucht werden («darunter», s. auch *parmi lesquels* § 289):

Plusieurs toiles d'une valeur inestimable ont été dérobées, dont *deux Rembrandt.*

294 *c)* Funktion **3** (Ergänzung zu einem Substantiv **mit** Präposition – s. § 290): In diesem Fall sind nur *de qui, duquel* und *de quoi* möglich:

	Personen	Sachen	*quelque chose, rien, ce*
Funktion 3 (s. § 290)	**duquel** / **de qui**	**duquel**	**de quoi**

Bei komplexen Präpositionen wie *à côté de, à cause de, à l'aide de,* usw., die im § 289 behandelt wurden, handelt es sich im Grunde um die gleiche Struktur:

J'étais assis **à** *côté* **d'une dame.**
→ *La dame* **à** *côté* **de laquelle** *j'étais assis.*

Wortstellung: Das präpositionale Objekt muss am Anfang des Relativsatzes stehen.

Das Relativpronomen nimmt die gleiche Stellung ein wie die genitivische Ergänzung, die es vertritt:

Il y a un village **au fond de** *la vallée.*
→ *La vallée,* **au fond de laquelle** *il y a un village.*

Beispiele:

Le général X, **sur l'ordre duquel (de qui)** *l'armée était intervenue, a été mis à la retraite anticipée.*

Le bâtiment **sur le toit duquel** *il y a une grande antenne est le siège de la Police Judiciaire.*

Le Préfet de Police a remercié la population, **sans l'aide de laquelle** *il aurait été impossible d'arrêter les coupables.*

Le jeune homme **en compagnie duquel (de qui)** *la célèbre actrice a passé ses vacances serait le fils d'un armateur grec.*

Ce au nom de quoi *la jeunesse se révolte.*

III. Où und que

1) mit örtlicher Bedeutung: nur où

295 *Où* kann allein stehen oder von den Präpositionen *de, par* und *jusque* begleitet werden:

Le pays où *(dans lequel) je vais.*
Le stade où *(dans lequel) aura lieu le match.*
Un film où *(dans lequel) il y a beaucoup de morts.*
Le pays d'où *je viens.*
L'endroit jusqu'où *nous sommes allés.*

Nach *ici, là* und *partout* steht ebenfalls *où,* soweit diese Adverbien nicht durch *c'est . . . que* hervorgehoben werden:

Là où *j'habite, c'est très calme.*
Partout où *l'on va, on fait de nouvelles connaissances.*
Aber: **C'est** *là* **que** *j'habite.*

2) mit zeitlicher Bedeutung: où oder que

296 Einige Ausdrücke werden nur mit *où* gebraucht, einige nur mit *que* und einige andere mit *où* oder *que,* wobei *où* eher umgangssprachlich ist:

- nur *où:* *à l'époque où, au moment où*
- nur *que:* alle Ausdrücke mit *fois: chaque fois que, toutes les fois que, la première fois que . . .*
- *que/où:* *le jour* (*le soir, le mois, l'année, l'été* usw.) *que/où, maintenant que/où, dés l'instant que/où, du temps que/où*

IV. Die beziehungslosen Relativpronomen

1) qui:

297 Das Pronomen *qui* kann als beziehungsloses Relativpronomen, d. h. ohne Bezugswort gebraucht werden. In diesem Fall ist *qui* mit dem deutschen Fragepronomen *wer?* vergleichbar, das auch als beziehungsloses Relativpronomen benutzt werden kann, vgl.:

Wer *zuletzt lacht, lacht am besten.*	= derjenige, der
Rira bien **qui** *rira le dernier.*	= celui qui

Diese Ähnlichkeit zwischen Fragepronomen und beziehungslosem Relativpronomen erklärt auch, dass das beziehungslose *qui* Subjekt und Akkusativobjekt sein kann (genau wie *qui?*):

Subjekt: **Qui** *vole un œuf vole un bœuf* (Sprichwort).
Qui *ne risque rien n'a rien* (Sprichwort).
Comprenne **qui** *pourra.* } feste Wendungen
Sauve **qui** *peut!* }
Akkusativobjekt: *Invite* **qui** *tu veux* (= celui que, ceux que).

298 *Qui* kann im Gegensatz zum Fragepronomen auch neutrale Bedeutung haben (in diesem Fall ist es immer Subjekt), in wenigen festen Wendungen und nach *voilà:*

Qui *pis est* . . . (was schlimmer ist . . .) } Bed. von *ce qui*
Qui *plus est* . . . (mehr noch, . . .) }
Voilà qui *me plaît.* } Bed. von *quelque chose qui*
Voilà qui *est fait* (das wäre geschafft). }

299 *Que* als beziehungsloses Relativpronomen für *ce qui* findet man nur noch in wenigen Wendungen, z. B.: *Advienne que pourra, Coûte que coûte, Vaille que vaille* (s. § 93).

300 Das beziehungslose *qui* wird viel häufiger mit Präposition gebraucht:

J'en parlerai **à qui** *je veux,* **à qui** *bon me semblera.*
Je sors **avec qui** *me plaît.*
Je peux aller **chez qui** *je veux.*
Il trouvera **à qui** *parler* (feste Wendung: ich werde ihm zeigen, mit wem er es zu tun hat).

2) quoi:

301 Mit Ausnahme des konzessiven *quoi que* (s. § 151) kann das beziehungslose *quoi* nur mit einer Präposition gebraucht werden:
a) **de quoi** + Infinitiv
De quoi hat ursprünglich partitive Bedeutung («etwas»):

Nous avons emporté **de quoi** *manger pour huit jours.*
As-tu **de quoi** *écrire?* (Hast du etwas zum Schreiben?)

► Der Satz *As-tu quelque chose à écrire* würde bedeuten: Hast du etwas *zu schreiben,* d. h. mußt du etwas schreiben?

aber in vielen Fällen ist diese Grundbedeutung kaum noch vorhanden:

Il a **de quoi** *vivre.* (Er hat genug zum Leben, d. h. Geld)
Nous n'avons pas **de quoi** *nous payer des vacances.* (Wir haben nicht genug Geld für einen Urlaub, wir können uns keinen Urlaub leisten)
Il y a **de quoi** *désespérer.* (Es ist zum Verzweifeln)

Il n'y a pas **de quoi** *en faire un drame.* (Das ist kein Grund, sich darüber aufzuregen)
Il n'y a pas **de quoi** *rire.* (Es gibt keinen Grund zum Lachen)
Merci. – Il n'y a pas **de quoi.** (Keine Ursache; =*pas de quoi dire merci*)

b) mit anderen Präpositionen:
Es handelt sich hier um feste Ausdrücke, die am Anfang eines Satzes stehen können und einem Adverb gleichkommen. Ganz beziehungslos ist *quoi* dabei nicht, denn es vertritt den Inhalt eines vorangegangenen Satzes:

après quoi	*Il attendit encore quelques minutes,* après quoi *il rentra chez lui.* = *ensuite* (woraufhin)
en quoi	*Il croit qu'on n'a aucune preuve contre lui,* en quoi *il se trompe.* = worin
sans quoi	*Il faut qu'on se dépêche,* sans quoi *on manquera le début du film.* = *sinon* (sonst)

V. Die Kommasetzung

302 Die Regeln für die Kommasetzung beim Relativsatz sind die gleichen wie im Englischen:

– es darf **kein Komma** stehen, wenn der Relativsatz das Bezugswort **näher bestimmt,** d. h., wenn er die Bedeutung des Bezugswortes **einschränkt,** z. B.:

les voitures qui consomment beaucoup	= nicht alle Autos, sondern nur diejenigen, die viel verbrauchen

– es steht ein **Komma,** wenn der Relativsatz eine **Apposition** ist, d. h. wenn die Bedeutung des Bezugswortes auch ohne den Relativsatz die gleiche bleibt; der Relativsatz ist in diesem Fall lediglich eine zusätzliche **Erklärung:**

Il est question d'augmenter la vignette (Autosteuer) *pour les voitures de grosse cylindrée, qui consomment beaucoup* (= die alle viel verbrauchen).

In manchen Fällen kann das Komma (bzw. sein Fehlen) allein über die Bedeutung Klarheit schaffen, z. B.:

Nous avons visité les châteaux de la Loire qui sont célèbres.	= nur diejenigen, die berühmt sind
Nous avons visité les châteaux de la Loire, qui sont célèbres.	= die (alle) berühmt sind
Le médecin qui habite à côté de chez nous est excellent.	= derjenige, der neben uns wohnt
Le médecin, qui habite à côté de chez nous, est excellent.	= der Arzt, der übrigens neben uns wohnt

303 **Zusammenfassung:**

	Personen	Sachen	*quelque chose, rien, ce*	§§
Subjekt (Nom.)	**qui** *(lequel)*			285–288
direktes Objekt (Akk.)	**que**			285–288
präd. Ergänzung	**que**			285–288
mit allen Präpositionen außer *de*	*avec* **lequel** *avec* **qui**	*avec* **lequel**	*avec* **quoi**	289
mit **de,** ① Erg. zum **Verb** (Funktion 1)	*[duquel]* *[de qui]*	*[duquel]*		290, 291
	dont			290, 291
② Erg. zu einem **Subst. ohne Präposition** (Funktion 2)	**dont**			290, 292–293
③ Erg. zu einem **Subst. mit Präposition** (Funktion 3)	**duquel** **de qui**	**duquel**	**de quoi**	290, 294

Kapitel 14: Das Fragepronomen und der Fragesatz

Allgemeines

304 Man unterscheidet:

– die **direkte** Frage (ohne einleitendes Verb):

Viens-tu?
Qui as-tu vu?
Où vas-tu?

– die **indirekte** Frage (mit einleitendem Verb):

Je te demande si tu viens.
Dis-moi qui tu as vu.
Je veux savoir où tu vas.

Fragen ohne Fragewort und indirekte Fragen mit *si* nennt man **Entscheidungsfragen** (die Antwort lautet «ja, nein, vielleicht, usw.»).
Fragen mit Fragewort (*qui?, où?,* usw.) sind **Ergänzungsfragen.**

305 Die direkte Frage kann im Französischen verschiedene Formen haben:

a) Die **Inversionsfrage** (auch «einfache Frage» genannt), gekennzeichnet durch die Umstellung des Subjektes, außer wenn das Subjekt Fragewort ist (z. B. *qui vient*?):

Viens-tu? *Qui as-tu vu?* *Où vas-tu?*

b) die **est-ce que-Frage** (auch «umschriebene Frageform» und «Signalfrage» genannt), die es ermöglicht, die Wortstellung des Aussagesatzes beizubehalten:

Est-ce que tu viens?
Qui est-ce que tu as vu?
Où est-ce que tu vas?

c) die **Intonationsfrage,** mit der gleichen Wortstellung wie im Aussagesatz; bei Entscheidungsfragen wird die Frage allein durch eine besondere Intonation als Frage gekennzeichnet:

Tu viens?
Qui tu as vu? oder mit nachgestelltem Fragewort: *Tu as vu qui?*
Où tu vas? oder mit nachgestelltem Fragewort: *Tu vas où?*

Die Inversionsfrage gehört dem *code écrit* an. In der gesprochenen Sprache wird sie höchstens bei sehr kurzen Fragen verwendet, wie *Viens-tu? Es tu malade? Où vas tu?* usw.
Die *est-ce que*-Frage kann man in der gesprochenen und in der geschriebenen Sprache verwenden.
Die Intonationsfrage gehört nur dem *code parlé* an. Sie ist jedoch nur bei Entscheidungsfragen geläufig *(Tu viens?)*: bei Ergänzungsfragen *(Où tu vas?)*, vor allem mit nachgestelltem Fragewort *(Tu vas où?)*, wird sie nur in einer ziemlich saloppen Sprache gebraucht.

Der Gebrauch der Fragetypen in den verschiedenen Sprachregistern lässt sich (etwas vereinfacht) so zusammenfassen (*courant* = Standardsprache; *familier* = saloppe Umgangssprache):

Sprachregister →	écrit	parlé courant	parlé familier
Inversionsfrage	x		
Est-ce que-Frage	x	x	x
Intonationsfrage: – Entscheidungsfrage – Ergänzungsfrage		 x	 x x

I. Die Fragepronomen und Frageadverbien

1) Die Frage nach Personen:

306

	Inversionsfrage	*est-ce que*-Frage
Nom. *(wer?)*	**Qui** *vient?*	**Qui** est-ce **qui** *vient?*
Akk. *(wen?)*	**Qui** *as-tu vu?*	**Qui** est-ce **que** *tu as vu?*
Präd. *(wer?)*	**Qui** *est cet homme?*	**– – s. unten**
Präposition	**A qui** *parles-tu?* **De qui** *parles-tu?*	**A qui** est-ce **que** *tu parles?* **De qui** est-ce **que** *tu parles?*

Als **Prädikatsnomen** kann *qui* nur mit dem Verb *être* vorkommen, z. B.:

Wer sind Sie? → *Qui êtes-vous?*
Wer ist diese Frau? → *Qui est cette femme?*

Eine entsprechende *est-ce que*-Frage gibt es in diesem Fall nicht. Wenn das Subjekt ein Substantiv ist, kann man das Adjektiv *quel* verwenden (s. § 314):

Quelle est cette femme?

Die *est-ce que*-Frage ist eine Kombination von Fragepronomen + Relativpronomen oder Fragepronomen + Konjunktion:

Qui *est-ce* **qui** *vient?* **Qui** *est-ce* **que** *tu as vu?*	} prädikatives Fragepronomen + Relativpronomen (Nom. oder Akk. – s. § 285)
A qui *est-ce* **que** *tu parles?*	Fragepronomen + Konjunktion *que*

Das Fragepronomen kann sich auf das Verb eines Nebensatzes oder auf einen Infinitiv beziehen:

Je veux que tu invites Jacques.	Qui *veux-tu que j'invite?* Qui est-ce que *tu veux que j'invite?*
Tu dois inviter Jacques.	Qui *dois-je inviter?* Qui est-ce que *je dois inviter?*

307 In der **indirekten Frage nach Personen** sind die Fragepronomen die gleichen:

direkt:	**indirekt:**
Qui *vient?*	*Elle demande* **qui** *vient.*
Qui *as-tu vu?*	*Elle a voulu savoir* **qui** *j'avais vu.*
Qui *est cet homme?*	*Je n'ai jamais su* **qui** *était cet homme.*
De qui *parles-tu?*	*Dis-moi* **de qui** *tu parles.*

(Zur Zeitenfolge im indirekten Fragesatz § 55ff.)

In der gesprochenen Sprache wird manchmal auch die *est-ce que*-Frage gebraucht: *Elle demande qui est-ce que j'ai vu.*

2) Die Frage nach Sachen:

308

	Inversionsfrage	*est-ce que*-Frage
Nom. **persönl.** Nom. **unpers.**	– – s. unten § 309 **Que** *te faut*-**il?**	**Qu'**est-ce **qui** *te gêne?* **Qu'**est-ce **qu'il** *te faut?*
Akk.	**Que** *fais-tu?*	**Qu'**est-ce **que** *tu fais?*
Präd. (s. § 310)	**Que** *deviens-tu?*	**Qu'**est-ce **que** *tu deviens?*
Präposition	**A quoi** *penses-tu?* **De quoi** *parles-tu?*	**A quoi** est-ce **que** *tu penses?* **De quoi** est-ce **que** *tu parles?*

309 **Persönliches und unpersönliches Subjekt:**
Für das Subjekt eines persönlichen Verbs ist die Frage nur mit *qu'est-ce qui* möglich:

Was *gefällt dir nicht?* → Qu'est-ce qui *ne te plaît pas?*
Was *läuft zur Zeit im Kino?* → Qu'est-ce qui *passe au cinéma en ce moment?*

Die Inversionsfrage kann nur für das Subjekt eines unpersönlichen Verbs verwendet werden:

Il *me faut quelque chose.* → Que *te faut-il?*
Il *y a quelque chose d'étrange.* → Qu'*y a-t-*il *d'étrange?*
Il *se passe quelque chose.* → Que *se passe-t-*il*?*

Es gibt aber Verben, die persönlich oder unpersönlich gebraucht werden können (s. auch § 287). In diesem Fall sind zwei *est-ce que*-Fragen möglich:

Il *se passe quelque chose.*	→ *Qu'est-ce* **qu'il** *se passe?*
Quelque chose se passe.	→ *Qu'est-ce* **qui** *se passe?*
Il *arrive quelque chose.*	→ *Qu'est-ce* **qu'il** *arrive?*
Quelque chose arrive.	→ *Qu'est-ce* **qui** *arrive?*

310 **Que als Prädikatsnomen:**

Die Inversionsfrage ist nur mit dem Verb *devenir* geläufig:

Que deviens-tu?
Qu'est devenu le projet du tunnel sous la Manche?

Dagegen ist mit *être* die *est-ce que*-Frage die geläufigste Frageform:

Was ist sie?	nicht *[Qu'est-elle?]*	sondern	*Qu'est-ce qu'elle est?*
Was ist das?	nicht *[Qu'est-ce?]*	sondern	*Qu'est-ce que c'est?*

Wenn aber das Subjekt ein Substantiv oder ein Infinitiv ist, fällt das zweite *est* weg:

Was ist Europa?	→ **Qu'est-ce que** *l'Europe?*
Was ist Wahrheit?	→ **Qu'est-ce que** *la vérité?*
Was ist ein Krokodil?	→ **Qu'est-ce qu'***un crocodile?*
Was ist Übersetzen?	→ **Qu'est-ce que** *traduire?*

Diese Frageform ist in der Umgangssprache oft durch das Einfügen von *c'est que* verstärkt:

Was ist das, Wahrheit?	→ *Qu'est-ce que* c'est que *la vérité?*
Was ist das, ein Krokodil?	→ *Qu'est-ce que* c'est qu'*un crocodile?*

Das Fragepronomen kann in einigen Fällen durch das Adjektiv *quel* ersetzt werden (s. unten § 314), aber die Frage bekommt meistens eine andere Bedeutung, vgl.:

Qu'est-ce que la vérité?	= Was ist Wahrheit?
Quelle est la vérité?	= Was ist die Wahrheit?

311 **Intonationsfrage:**

> In der Intonationsfrage muss *que* durch das betonte **quoi** ersetzt werden, welches nur in **Endstellung** erscheinen darf:

Que *veux-tu?*	*Tu veux* **quoi***?*
Qu'est-ce que *c'est?*	*C'est* **quoi***?*
Qu'est-ce qu'*un crocodile?*	*C'est* **quoi,** *un crocodile?* *Un crocodile, c'est* **quoi***?* (nur in einer saloppen Sprache!)

312 In der **indirekten Frage nach Sachen** wird das Fragepronomen *que* durch **ce + Relativpronomen** ersetzt:

	indirekte Frage nach Sachen			
Nom. persönl.	*Je voudrais savoir*	**ce qui**	*te gêne.*	
Nom. unpers.	*Je voudrais savoir*	**ce qu'il**	*te faut.*	
Akk.	*Je voudrais savoir*	**ce que**	*tu fais.*	
Präd.	*Je voudrais savoir*	**ce que**	*tu deviens.*	
Präposition	*Je voudrais savoir*	{ **à quoi** **de quoi**	*tu penses.* *tu parles.*	= wie direkte Frage

Beispiele:

direkt:	**indirekt:**
Qu'est-ce qui *passe au cinéma?*	*Je ne sais pas* **ce qui** *passe au cinéma.*
Qu'*y a-t-*il?	*Dis-moi* **ce qu'il** *y a.*
Qu'*as-tu vu?*	*Dis-moi* **ce que** *tu as vu.*
Qu'est ce que *c'est?*	*Je me demande* **ce que** *c'est.*
Qu'est-ce qu'*un crocodile?*	*Il ne sait pas* **ce qu'***est un crocodile.*
Avec quoi *dois-je laver la voiture?*	*Dis-moi* **avec quoi** *je dois laver la voiture.*

In der gesprochenen Sprache wird manchmal auch die *est-ce que*-Frage verwendet: *Je te demande qu'est-ce que tu as vu. Dis-moi avec quoi est-ce que je dois laver la voiture.*

3) quel und lequel:

313 *Quel* und *lequel* sind nach Genus (Mask. – Fem.) und Numerus (Sing. – Plural) veränderlich: *(le)quel, (la)quelle, (les)quels, (les)quelles.* Sie entsprechen beide dem deutschen *welcher? (-e, -es)* und fragen nach etwas Bestimmtem aus einer Gruppe von mehreren Möglichkeiten.

314 ⇨ **Quel** ist ein **Adjektiv** und kann folglich nur attributiv oder prädikativ verwendet werden:

– attributiv:

Quelle voiture *a-t-il achetée?*
Quel temps *fait-il?*
Quel âge *a-t-il?*
Dans quel restaurant *avez-vous mangé?*
De quel droit *me demandez-vous cela?*

Oft hat *quel* die Bedeutung von *was für . . .?*. In diesem Fall zieht man in der Umgangssprache die Wendung *qu'est-ce que . . . comme . . .* vor:

Qu'est-ce qu'il a acheté comme voiture?

Quel kann auch in Ausrufen gebraucht werden:

Quel temps! Quel idiot! Quelle chance! Quel malheur! (s. § 363)

– prädikativ (deutsch: *was, welches, wie*):

Quel *est votre plat préféré?*
Quels sont *les avantages de cette méthode?* (**Welches** sind . . .)
Quelle *est la vérité?* (Was ist *die* Wahrheit? – s. auch unten)
Quel *est votre nom?* (**Wie** ist Ihr Name?)

Im Gegensatz zu *quel* fragt das prädikative *que* eher nach dem Wesen, nach der Beschaffenheit einer Sache; die Antwort kommt einer Erklärung oder einer Definition gleich:

Qu'est-ce que l'Europe? → un continent.
Qu'est-ce qu'un crocodile? → un animal vert.
Qu'est-ce que la vérité? → un concept philosophique.
(Was ist Wahrheit?)

315 ⇨ **Lequel** verhält sich wie ein **Substantiv** und ersetzt *quel* + Substantiv.

– das ersetzte Substantiv wurde vorher genannt:

Voici deux chemises. Laquelle *préférez-vous?*
J'ai un Côtes-du-Rhône, un Bordeaux et un rosé de Provence. Par lequel *allons-nous commencer?*

– das ersetzte Substantiv wird nachher genannt, in Form einer genitivischen Ergänzung zu *lequel:*

Laquelle **de** *ces deux chemises préférez-vous?*
Par lequel **de** *ces trois vins allons-nous commencer?*

Lequel kann auch von einem Pronomen ergänzt werden:

Lequel **de** vous deux *pourrait me reconduire?*

aber wenn dieses Pronomen allein steht, muss man die Präposition *entre* hinzufügen:

Lequel **d'entre vous,** *laquelle* **d'entre elles.**

Mit *quel* und *lequel* kann man selbstverständlich auch eine *est-ce que*-Frage, eine Intonationsfrage und eine indirekte Frage bilden:

Quelle voiture est-ce qu'il a achetée?	*Laquelle est-ce qu'il a achetée?*
Quelle voiture il a achetée?	*Laquelle il a achetée?*
Dis-moi quelle voiture il a achetée.	*Dis-moi laquelle il a achetée.*

4) Frageadverbien:

316 **pourquoi?**	*Pourquoi viens-tu si tard?*
quand?	*Quand* kann allein oder mit einigen Präpositionen gebraucht werden: Quand *vous êtes-vous mariés?* Depuis quand *êtes-vous mariés?* Pour quand *le mariage est-il prévu?* De quand *date ce film?* Jusqu'à quand *faudra-t-il encore attendre?* A partir de quand *pourrai-je vous téléphoner?*
où?	*Où* kann ebenfalls allein oder mit einigen Präpositionen gebraucht werden: Où *allez-vous?* D'où *venez-vous?* Jusqu'où *êtes-vous allés?* Par où *êtes-vous passés?* A partir d'où *faut-il traduire?* (von wo ab)
comment?	*Comment as-tu trouvé mon adresse?*
⇨	Im Gegensatz zum deutschen *wie* kann *comment* kein Adjektiv oder Adverb ergänzen. In diesem Fall muss man **quel** (§ 314) oder **combien** (s. unten) verwenden:
wie alt …?	Quel *âge as-tu?*
wie groß …?	Quelle *est ta taille?* Combien *mesures-tu?*
wie schwer …?	Quel *est le poids de …?* Combien *pèse …?*
wie lang/oft …?	Combien de temps …? Combien de fois …?
combien?	*Combien* kann allein gebraucht werden: *Combien as-tu payé?* **Combien** *sommes-nous?* = Wie viele sind wir? **Le combien** *sommes-nous?* = Den Wievielten haben wir heute? oder mit einer Ergänzung: Combien de livres *as-tu achetés?* Combien en *as-tu acheté?*
wie lange …?	Combien de temps *avez-vous mis pour venir?*
(für) wie lange …	Depuis combien de temps *attendez-vous?* Pour combien de temps *restez-vous en France?*
wie oft …	Combien de fois *êtes-vous allé en France?*

5) Besonderheiten:

317 *a)* **die «verkürzte Frage»:**

Wenn eine direkte oder indirekte Frage *pouvoir* oder *devoir* + Infinitiv enthält, kann das Fragewort direkt mit dem Infinitiv verbunden werden:

Où puis-je aller?	→ *Où aller?*
Quelle route dois-je prendre?	→ *Quelle route prendre?*
Je ne sais pas où je peux aller.	→ *Je ne sais pas où aller.*
Je ne sais pas laquelle je dois prendre.	→ *Je ne sais pas laquelle prendre.*

In der Standardsprache wird *que* durch *quoi* ersetzt, vor allem in der indirekten Frage:

Que *faire? Je ne sais pas* que *faire.*	= gehobene Sprache
Quoi *faire? Je ne sais pas* quoi *faire.*	= Standardsprache

à quoi bon?
wozu?

A quoi bon kann allein oder mit einem Infinitiv (ohne Präposition) gebraucht werden:

Il faut faire vite. – A quoi bon?
A quoi bon se faire *des soucis?*

quoi de plus … que …? ist eine Verkürzung von: *Qu'y a-t-il de plus … que …?*

Qu'y a-t-il de plus fascinant que la grammaire?
→ *Quoi de plus fascinant que la grammaire?*

318 *b)* **Einschränkungen im Gebrauch der indirekten Frage:**

Im Gegensatz zum Deutschen kann eine indirekte Frage **nicht an ein Substantiv** und auch **nicht an jedes Verb** angeschlossen werden.

Nur die Verben, die ein **direktes Objekt** haben können (transitive Verben), können eine indirekte Frage einleiten, z. B.:

savoir, faire savoir, ignorer, apprendre
dire, indiquer, expliquer
comprendre, découvrir, imaginer, trouver
demander ▶ **nicht aber** *questionner!*
se demander ▶ **nicht aber** *réfléchir!*
(usw.)

Wenn man einen deutschen Satz übersetzen soll, in dem eine indirekte Frage an ein Substantiv angeschlossen ist oder an ein Verb, das im Französischen keine indirekte Frage einleiten kann, kann man beispielsweise so verfahren:
– soweit es möglich ist, fügt man ein Verb ein, das eine indirekte Frage einleiten kann;
– oder man versucht, die indirekte Frage zu umschreiben.
Beispiele:

Die Frage, ob diese Methode wirksam ist ...
→ *La question* **de savoir si** *cette méthode est efficace ...*
La question **de l'efficacité** *de cette méthode ...*
Der Grund, warum die Zahl der Geburten zurückgeht ...
→ *La raison* **pour laquelle** *le nombre des naissances diminue ...*
La raison **de la diminution** *du nombre des naissances ...*
Les raisons/les facteurs **qui entraînent** *une diminution ...*
Er überlegte, ob er schießen sollte.
→ *Il* **se demanda s'***il devait tirer.*
Il réfléchit **pour savoir s'***il devait tirer.*
Er dachte darüber nach, wie er es machen sollte.
→ *Il* **se demanda comment** *[il fallait] faire.*
Il réfléchit **pour trouver comment** *[il fallait] faire.*
Er zögerte, ob er es ihr sagen sollte.
→ *Il hésita,* **ne sachant pas s'***il devait le lui dire.*
Il hésita, **se demandant s'***il devait le lui dire.*
Ich habe mir den Kopf darüber zerbrochen, was dieser Satz bedeuten soll.
→ *Je me suis cassé la tête* **pour trouver ce que** *signifie cette phrase.*
Je me suis cassé la tête **sur le sens de** *cette phrase.*

II. Die Wortstellung in der Inversionsfrage: einfache oder komplexe Inversion?

319 In der Inversionsfrage gibt es zwei Arten von Inversion:

a) die **einfache Inversion**, bei der das Subjekt (ob Personalpronomen oder Substantiv) hinter dem finiten Verb steht:

Où habitent vos parents? *Où habitent-ils?*

Das Personalpronomen wird durch einen Bindestrich mit dem Verb verbunden. Wenn das Verb auf Vokal endet und das Pronomen mit einem Vokal beginnt, muss zwischen Verb und Pronomen ein *t* eingefügt werden: *où va-t-il? qu'en pense-t-elle?*
Im Präsens ist die Umstellung von *je* nur noch mit einigen Verben üblich *(avoir, être, aller, dire, faire, devoir, savoir, pouvoir – puis-je?).*

b) die **komplexe Inversion** (auch «absolute Frageform» genannt), die man als «vorgetäuschte Inversion» bezeichnen könnte: Das Subjekt steht vor dem Verb (normale Stellung), wird aber hinter dem Verb durch ein Personalpronomen wiederholt:

Où **vos parents** *habitent-***ils***?*
Le facteur *est-***il** *déjà passé?*

320 Wenn das Subjekt ein **Pronomen** ist, ist nur die **einfache** Inversion möglich:

*Viens-*tu *avec nous?*
*Quand part-*elle?

321 Die Frage, ob man die einfache oder die komplexe Inversion anwenden muß, stellt sich also nur in den Fällen, wo das Subjekt ein **Substantiv** ist:

Die **komplexe** Inversion ist **obligatorisch:**

– bei allen **Entscheidungsfragen** (s. Anm. 1)	Le facteur *est-*il *déjà passé?* Vos parents *habitent-*ils *toujours à Paris?*
– wenn die Frage ein **direktes Objekt** enthält (außer *que*, das als Akkusativ markiert ist) … (s. Anm. 2)	*Comment la police a-t-elle trouvé* le coupable*?* *Où Truffaut a-t-il tourné* ce film*?*
… insbesondere wenn das direkte Objekt **qui** ist:	Qui *Bouzigue a-t-il tué?* = **wen?** vgl.: Qui *a tué Bouzigue?* = **wer?**
– nach **pourquoi** (auch ohne direktes Objekt) – (s. Anm. 3)	*Pourquoi* la lettre *n'est-*elle *pas arrivée?*

Anmerkungen:

1 Durch diese Regel unterscheidet man sofort die Frage von der (einfachen) Inversion im Aussagesatz (s. § 445):

Arrive le patron. Le patron arrive-t-il?

2 Diese Regel dient zur Unterscheidung von Subjekt und direktem Objekt, die im Französischen nicht markiert sind. Mit *quel + Substantiv* ist die einfache Inversion möglich, solange keine Zweideutigkeit entsteht:

{ *Quels films Truffaut a-t-il tournés?*
{ oder: *Quels films a tournés Truffaut?*
aber: { *Quel homme Bouzigue a-t-il tué?* = welchen Mann?
{ *Quel homme a tué Bouzigue?* = welcher Mann?

3 Diese Regel dient wahrscheinlich zur Unterscheidung von *pourquoi* (warum?) und *pour quoi* (wofür?), obwohl eine solche Unterscheidung selten wichtig ist (außerdem kann man nach *pour quoi* auch die komplexe Inversion verwenden):

Pourquoi *ton frère a-t-il voté?* (warum?)
{ Pour quoi *a voté ton frère?* (wofür?)
{ aber auch: Pour quoi *ton frère a-t-il voté?*

322 In allen anderen Fällen ist sowohl die einfache als auch die komplexe Inversion möglich:

Où habitent vos parents?	*Où vos parents habitent-ils?*
Quand aura lieu la réunion?	*Quand la réunion aura-t-elle lieu?*
Comment vivent les Français?	*Comment les Français vivent-ils?*

außer nach **que** und nach **prädikativem qui** oder **quel**, welche die **einfache Inversion** erfordern:

Que *fait ton père?*	(Akk.)	nur einfache Inversion!
Qu'*est devenu ton frère?*	(Präd.)	
Qui *est cet homme?*	(Präd.)	
Quel *est cet homme?*	(Präd.)	

323 Zusammenfassung (einfache oder komplexe Inversion):

Nach *que* und nach prädikativem *qui* oder *quel*	**einfache Inv.**
Subjekt = Pronomen	**einfache Inv.**
Subjekt = Substantiv: a) Entscheidungsfrage b) direktes Objekt außer *que* c) nach *pourquoi* d) in allen anderen Fällen	 **komplexe Inv.** **komplexe Inv.** **komplexe Inv.** **einfache Inv.** oder **komplexe Inv.**

Kapitel 15: Der Artikel

I. Die Funktion der einzelnen Artikel

1) les:

324 Der bestimmte Artikel *les* bezeichnet sämtliche Bestandteile einer gegebenen Gruppe oder – um die Begriffe der Mengenlehre zu übernehmen – **die Gesamtheit einer gegebenen Menge:**

les fleurs = die Gesamtheit der Menge «Blumen»

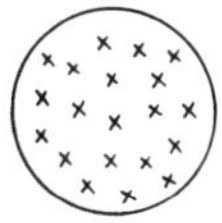

Der Umfang dieser Menge kann durch Ergänzungen jeder Art oder durch die Sprechsituation eingeschränkt werden, z. B.:

les fleurs artificielles
les fleurs de notre jardin
Mets les fleurs dans un vase = diese Blumen da

Les kann mit allen Präpositionen kombiniert werden, wobei *à* + *les* und *de* + *les* jeweils *aux* und *des* ergeben. In diesem Fall ist die Form *des* mit dem Teilungsartikel *des* identisch:

Je parle **des** *fleurs qui sont sur la table.*	= *de* + bestimmter Artikel *les*
J'ai acheté **des** *fleurs.*	= Teilungsartikel *des*

2) le, la:

325 Die bestimmten Artikel *le* und *la* bezeichnen:

a) die **Gesamtheit einer Menge,** die **unzählbar** ist:

le pain = die Gesamtheit der Menge «Brot»
la bière = die Gesamtheit der Menge «Bier»

Auch hier kann die Menge durch eine Ergänzung oder durch die Sprechsituation eingeschränkt werden:

le pain blanc, le pain français
Passe-moi le pain = das Brot da

In *une bière* bezeichnet der Artikel ein Element aus einer zählbaren Menge, nämlich ein Glas bzw. eine Flasche Bier oder eine Biersorte *(une bière bavaroise, une bière anglaise).*

Hierzu kann man auch die **Abstrakta** rechnen, z. B. *l'amour, le bonheur, la santé, la liberté, la fatigue, la solitude, la vérité,* usw., die bestimmte Merkmale oder Zustände in einem Begriff zusammenfassen.

Die Abstrakta können auch in verschiedene Arten aufgeteilt werden: *un amour paternel/maternel/platonique, une santé de fer, un bonheur illusoire,* usw.

b) die Gesamtheit einer Menge, die **auf ein einziges Element reduziert** ist:

– sei es, weil dieses Element einzigartig ist, z. B.:

le soleil, la lune, la France, la reine d'Angleterre, le pape usw.

– oder weil die Menge durch irgendeine Ergänzung bzw. durch die Sprechsituation auf ein einziges, für die Gesprächspartner wohl **bekanntes** Element reduziert ist:

les chats = alle möglichen Katzen, aber:
le chat de Bouzigue } einziges, bekanntes Element
Le chat est dehors (unsere Katze) } einziges, bekanntes Element

Ein Element kann auch einfach deshalb als bekannt gelten, weil es vorher einmal erwähnt wurde, z. B.:

Les gangsters sont montés dans une *voiture qui attendait.* La *voiture a démarré aussitôt et a pris la direction du Bois de Boulogne.*

c) die Gesamtheit einer zählbaren Menge (wie *les*), wobei ein Element als **Vertreter für die gesamte Menge** fungiert, z. B.:

Le chat est un mammifère.
L'homme est un animal social.
La salade est un légume sain.
La Porsche est une voiture de sport.
} es gilt für alle Katzen, Menschen usw.

Ob der Artikel ein einziges Element oder die gesamte Menge bezeichnet, hängt vom Kontext ab, vgl.:

Le chat est mort.	=	eine bestimmte Katze
Le chat est intelligent.	=	eine bestimmte Katze oder alle Katzen?
Le chat est un mammifère.	=	alle Katzen

3) un, une:

326 Der unbestimmte Artikel *un/une* bezeichnet **ein unbestimmtes,** noch nicht erwähntes **Element aus einer zählbaren Menge:**

Il y a un chat sous la voiture.
= ein Exemplar aus der Menge der Katzen
Bouzigue est un homme charmant.
= ein Exemplar aus der Menge der netten Menschen

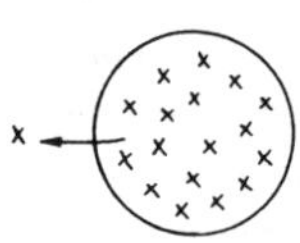

Ebenso wie *le* kann *un* ein Element bezeichnen, das als **Vertreter für die gesamte Menge** fungiert, z. B.:

Qu'est-ce qu'un crocodile? *Un triangle est une figure à trois côtés.* *Une femme a toujours raison.* *Une rose est une fleur.*	} es gilt für alle Krokodile, Dreiecke usw.

4) du, de la, des:

327 Die Artikel *du/de la/des* bezeichnen einen unbestimmten **Teil** einer **Menge** – daher der Name «Teilungsartikel» («article partitif»):

– unbestimmter Teil einer unzählbaren Menge:

Il boit de la *bière.*
N'oublie pas d'acheter du *pain!*
Il y a du *bruit.*
C'est de l'*or.*

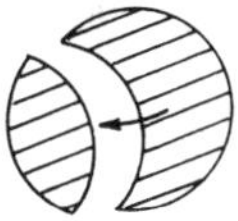

– unbestimmter Teil einer zählbaren Menge:

Y a-t-il encore des *frites?*
Je cherche des *allumettes.*
J'ai des *soucis.*
Ce sont des *fleurs.*

Einschränkungen im Gebrauch des Teilungsartikels:

328 *a)* **Bei vorangestelltem Adjektiv** darf **im Plural** kein Teilungsartikel stehen, sondern **nur die Präposition** *de* …
b) … außer wenn Substantiv und Adjektiv eine Sinneinheit bilden:

a) **des** *films* aber: **de** *mauvais films*
des *spectateurs* aber: **de** *nombreux spectateurs*
des *progrès* aber: **d'***importants progrès*

b) **des** *petits pois* (Erbsen)
des *petits pains* (Brötchen)
des *petits-enfants* (Enkelkinder)
des *petits commerçants* (Kleinhändler)
des *grandes personnes* (Erwachsene)
des *jeunes gens* (Jugendliche)

In der gesprochenen Sprache, teilweise auch in der Schriftsprache (z.B. in Zeitungen) wird diese Regel immer weniger beachtet (*des mauvais films* statt *de mauvais films*), außer wenn das Adjektiv mit einem Vokal beginnt (z.B. *d'excellents acteurs, d'importants progrès*) oder einen Grad bzw. eine Menge bezeichnet (Bedeutung von «viel/wenig», z.B.: *de nombreux spectateurs, de maigres résultats, de lourdes pertes*). Im «Français Fondamental» wird folgendes empfohlen: «On enseignera qu'il est plus correct de dire et surtout d'écrire *de bons amis* que *des bons amis.*» (Français Fondamental 2ème degré, § 48).

Wenn das Substantiv durch *en* vertreten ist, sind sowohl *de* als auch *des* möglich:

Ich habe schon schlechtere (= Filme) *gesehen.*
→ { *J'***en** *ai déjà vu* **de** *plus mauvais.*
*J'***en** *ai déjà vu* **des** *plus mauvais.*

Im Singular muss dagegen der **Teilungsartikel** stehen:

du *bon pain,* **du** *mauvais vin,* **de la** *bonne viande*
De ohne Artikel *(de bon pain, de mauvais vin)* ist veraltet.

329 ⇨ **Nach der Präposition *de* darf kein Teilungsartikel stehen.**

Aufgrund dieser Regel kann man unterscheiden:

{ *Il s'occupe* **d'***enfants* = Er beschäftigt sich mit Kindern.
(Das Fehlen des Artikels erfüllt die Funktion eines Teilungsartikels)
Il s'occupe **des** *enfants* = Er kümmert sich um **die** Kinder.
(Präposition *de* + bestimmter Artikel *les*)

Folglich steht **kein Teilungsartikel nach:**

a) Verben und Ausdrücken, die eine **Ergänzung** mit *de* haben, z.B.:

parler de:	*Il parle* **de** *cinéma.*
se nourrir de:	*Il se nourrit exclusivement* **de** *légumes.*
	(aber: *Il se nourrit* des *légumes de son jardin.*)
s'occuper de:	s. Beispiel oben
plein de:	*un seau plein* **d'***eau, une rue pleine* **de** *monde*
(usw.)	

b) Substantiven und Adverbien, die eine **Mengenangabe** ausdrücken, z.B.:

un kilo **de** *pommes*[1]	*un tas* **de** *sable*
une caisse **de** *bière*	*un sac* **de** *charbon*
un mètre **de** *tissu*	*un million* **d'***habitants*

un grand nombre/une foule/une quantité **de** *gens*
assez de/beaucoup de/moins de/plus de/peu de/trop de *travail* (usw.)

---

[1] aber: *Donnez-moi un kilo* des *pommes qui sont en réclame* (= von den Äpfeln ...).

Nach **bien** steht der Teilungsartikel, weil *bien* kein Adverb der Menge ist, sondern eine bloße Verstärkung der Gruppe Teilungsartikel + Substantiv:

des *gens* → *bien* **des** *gens.*

Nach *la plupart, la plus grande partie, la majorité* und *la moitié* steht die Präposition *de* mit dem **bestimmten Artikel:**

la plupart **du** *temps*
la plus grande partie **de la** *journée*
la majorité **des** *gens* (aber: **une** *majorité* **de** *gens*)
la moitié **du** *chemin*

ähnlich wie: *le reste du temps, la totalité du chemin, l'ensemble des élèves.*

c) **Verneinungen** (s. § 232):

Je ne mange **pas de** *pain.*
Je n'ai **guère de** *chance.*
Il n'y a **plus de** *bière.*
Il ne boit **jamais d'***alcool.*

außer nach *être* (§ 234) und wenn der Sinn des Satzes positiv ist (§ 235):

Ce n'est pas **de la** *bière allemande!*
Je ne veux pas acheter **de la** *bière française* (= Bier ja, aber kein französisches);
aber: *Je ne veux pas acheter* **de** *bière.*

II. Abweichungen vom Deutschen

330 **1)** Das Fehlen des Artikels im Deutschen erfüllt meistens die gleiche Funktion wie der französische Teilungsartikel, z. B.:

Ich trinke **Ø** *Bier.* → *Je bois* **de la** *bière.*
Haben Sie **Ø** *Kinder?* → *Avez-vous* **des** *enfants?*

Das **Fehlen des Artikels** im Deutschen bezeichnet aber auch häufig die **Gesamtheit einer Menge.** In diesem Fall muss man also im Französischen den **bestimmten Artikel** verwenden:

Ø *Bier macht dick.* → **La** *bière fait grossir.*
Ich mag **Ø** *Kinder.* → *J'aime* **les** *enfants.*
Ø *Grammatik ist spannend.* → **La** *grammaire est passionnante.*

Manchmal kommen beide Funktionen (Teil einer Menge + Gesamtheit einer Menge) in demselben Satz vor, z. B.:

Ø *Rosen sind* **Ø** *Blumen.* → **Les** *roses sont* **des** *fleurs.*
= **alle** Rosen zusammen sind ein **Teil** der Menge der Blumen

331 **2)** In Wendungen, in denen ein Körperteil mittels eines Adjektivs charakterisiert wird, steht im Französischen oft der bestimmte Artikel, während im Deutschen der unbestimmte Artikel (Singular) oder kein Artikel (Plural) steht. Es handelt sich um Wendungen folgender Struktur:

avoir + direktes Objekt + prädikatives Adjektiv (s. auch § 374)

Beispiele:

Jacques a **les cheveux** *blonds* (*bruns, longs, courts, frisés* usw.)
Elle a **les yeux** *bleus.*
Tu as **les joues** *rouges. Tu as* **le nez** *rouge.*
Il a **les mains** *sales,* **les ongles** *noirs* (schwarze Fingernägel).
J'ai **les pieds** *froids.*
J'ai **le ventre** *plein* (ich habe einen vollen Bauch).
Bouzigue a **le foie** *malade* (ist leberkrank).
J'ai **la tête** *lourde.*
J'ai **le cœur** *gros* (ich bin sehr traurig, bedrückt).
(usw.)

Die Adjektive *petit, grand, gros* (außer in *le cœur gros*) können jedoch in solchen Wendungen nur mit einer Ergänzung (*très, trop, assez* usw.) prädikativ gebraucht werden, z. B.:

Il a les oreilles *trop petites,* les yeux *trop grands,* les mains *trop grosses.*
aber: *Il a* **de** *petites oreilles,* **de** *grands yeux,* **de** *grosses mains.*

332 **3)** Schließlich steht der bestimmte Artikel in einer Reihe fester Wendungen, z. B.:

aller/rentrer à **la** *maison*
appeler qn à **l'***aide,* **au** *secours*
apprendre/comprendre/savoir **le** *français*
arriver/partir/sortir (usw.) **le** *premier,* **le** *dernier*
avoir **le** *temps de faire qc*
avoir **le** *cafard* (niedergeschlagen, deprimiert sein)
avoir **la** *frousse* (umgangsspr. für: Angst haben)
avoir **la** *gueule de bois* (umgangsspr.: einen Kater haben)
avoir mal à **la** *tête, à* **l'***estomac,* **au** *ventre* usw.
demander **l'***aumône* (betteln)
écrire qc à **l'***encre,* **au** *crayon,* **au** *stylo à bille*
faire **la** *cuisine,* **le** *ménage,* **la** *vaisselle* (kochen, putzen, abspülen)
faire **la** *tête* (schmollen, beleidigt sein)
jouer **aux** *cartes,* **au** *football*
mettre une montre (un réveil, une pendule) à **l'***heure* (stellen)
prendre qc/qn **au** *sérieux, prendre* **le** *café,* **le** *thé* (usw.)

III. Der Gebrauch des Artikels bei Ausdrücken der Zeit

333 **Monatsnamen** stehen ohne Artikel

Février *est le mois le plus court.*
Je viendrai au mois **de février, en février.**
J'arriverai **début février, fin février.**

Jahreszeiten stehen mit Artikel außer nach *en*

l'hiver, le printemps, l'été, l'automne
au début **de l'été**, *au milieu* **de l'hiver**
en *hiver,* **en** *été,* **en** *automne,* **en** *plein hiver*
aber: **au** *printemps*

Tageszeiten stehen mit Artikel

le matin, l'après-midi, le soir
à sept heures **du matin**
à quatre heures **de l'après-midi**
à six heures **du soir**

> Merke:
>
> **le** *soir*/**le** *matin*/**l'** *après-midi*
> = abends, morgens, nachmittags am Abend / Morgen / Nachmittag
> **ce** *soir*/**ce** *matin*/**cet** *après-midi*
> = heute Abend, heute Morgen, heute Nachmittag

außer *midi, minuit* und *matin, après-midi, soir,* wenn sie eine andere Zeitangabe ergänzen

à midi, à minuit (wie *à deux heures*)
le repas **de midi** (aber: *le repas* **du soir**)
demain matin, hier soir, lundi après-midi

Wochentage stehen mit Artikel, wenn eine Wiederholung gemeint ist …

Le lundi, *les cours commencent à 9 heures.*
= jeden Montag, montags

… oder wenn sie näher bestimmt sind

le lundi *7 novembre*
le *dernier* **dimanche** *du mois*
le lundi *de Pâques*
le dimanche suivant (am folgenden Sonntag – in der Vergangenheit – im Gegensatz zu **dimanche prochain** – nächsten Sonntag, s. unten)

Sie stehen aber ohne Artikel, wenn der letzte oder der nächste Wochentag gemeint ist

Dimanche, *nous sommes allés au restaurant.*
Lundi, *nous irons au cinéma.*
lundi prochain, lundi dernier, lundi en huit
Aber: **la semaine** *prochaine,* **l'année** *dernière,* **le mois** *prochain.*

IV. Der Gebrauch des Artikels bei Eigennamen

334	Kirchliche **Feste** stehen mit dem weiblichen Artikel …	**la** *Toussaint, le lundi de* **la** *Pentecôte* *à* **la** *Saint-Jean*
	… außer:	**Pâques, Noël**, *le lundi de* **Pâques**, *les vacances de* **Noël**.
335	**Personennamen** stehen ohne Artikel …	**Bouzigue** *est très gentil.*
	… außer wenn eine ganze Familie gemeint ist …	**Les Bouzigue** *sont des gens charmants.*
	… und wenn der Eigenname näher bestimmt ist …	**Le petit Bouzigue** *est insupportable.* **le docteur** *Latuile,* **le général** *de Gaulle* (aber: **saint** *Paul*)
	… oder wenn der Eigenname als Bezeichnung für ein einzelnes Werk der betroffenen Person verwendet wird.	*Il y a* **un Truffaut** *ce soir à la télé* (= un film de Truffaut). *J'ai lu* **tous les Agatha Christie.** (aber: *J'ai lu* **tout Goethe**.)
336	**Städtenamen** stehen ohne Artikel (es sei denn, der Artikel gehört zum Namen) …	*Je vais à* **Paris**, *je viens de* **Paris.** **Le Havre, Le Caire, La Haye, La Havane** *Je vais* **au Havre**, **au Caire**, **à la Haye**.
	… außer wenn sie näher bestimmt sind.	**le Paris** *des années trente* **le** *vieil* **Annecy** **la Rome** *de l'Antiquité*
337	**Fluss-, Meeres- und Gebirgsnamen** stehen mit Artikel …	**la Seine, le Rhône, la Moselle, le Danube** **la Manche, la Méditerranée, le Pacifique** **les Pyrénées, les Alpes, le Mont-Blanc**
	… außer in einigen Städtenamen.	*Chalon -sur-Saône, Villeneuve-sur-Lot*
338	**Provinz- und Ländernamen** stehen mit Artikel, z. B.:	männlich: / weiblich: / immer Plural: **le** *Périgord* / **la** *Champagne* **le** *Canada* / **la** *France* / **les** *Pays-Bas* **l'***Iran* / **l'***Allemagne* / **les** *Etats-Unis*
	außer: Gebrauch des Artikels bei *à, en* und *de* s. nächste Seite!	**Israël** und einige Inseln, z. B. *Bornéo, Chypre, Cuba, Madagascar.*

339 Gebrauch von **à** und **en** bei **Ländernamen:**

- **à mit Artikel** = männliche Ländernamen mit Konsonant sowie Ländernamen, die immer im Plural stehen

Je vais **au Canada**. *J'ai passé mes vacances* **au Portugal**. *Il habite* **aux Etats-Unis.**
Bei männlichen Provinznamen mit Konsonant sagt man **dans:** *Je vais* **dans le** *Périgord,* **dans le** *Poitou.*

- **à ohne Artikel** = Ländernamen, die keinen Artikel haben, außer *Israël (en Israël)*

Je vais **à Cuba, à Madagascar.**

- **en** (immer ohne Artikel) = weibliche Ländernamen + männliche Ländernamen mit Vokal einschl. *Israël.*

J'habite **en France**. *Je vais* **en Allemagne**.
Je vais **en Iran**, **en Uruguay**, **en Israël**.

340 Gebrauch von **de** mit oder ohne Artikel bei **Ländernamen:**

- **de mit Artikel** = Ländernamen, die auch *à* mit Artikel haben

Je reviens **du Canada**, **des Etats-Unis**.
L'ambassadeur **du Canada**, **des Etats-Unis.**
Le triangle **des Bermudes**.

- **de ohne Artikel** = Ländernamen, die auch *à* ohne Artikel haben, einschl. *Israël.*

Je reviens **de Cuba**, **de Madagascar**, **de Chypre.**
La capitale **de Madagascar**, *l'Ambassade* **d'Israël**

- **de mit oder ohne Artikel** = Ländernamen, die auch *en* haben:
  De steht **ohne** Artikel, wenn der Ländername die Herkunft bezeichnet oder zu einem Titel gehört.
  De steht **mit** Artikel, wenn ein Besitzverhältnis ausgedrückt wird.

Je reviens **de France**, **d'Allemagne.**
Les vins **d'Italie**, *les fromages* **de France.**
La reine **d'Angleterre**, *l'ambassadeur* **de France**, *l'équipe* **de France**, *le schah* **d'Iran**
l'industrie **de l'Allemagne**, *la politique extérieure* **de la France**, *la situation* **de l'Italie**, *la capitale* **de l'Iran**

V. Der Gebrauch des Artikels nach de und à in der Nominalgruppe

341 Wenn zwei Substantive durch *de* oder *à* miteinander verbunden sind, z. B. *un moteur d'avion, un moteur à essence,* bilden sie eine Einheit, die «Nominalgruppe» genannt wird. Diese Nominalgruppe kann einen festen Begriff darstellen oder eine zufällige Verbindung sein, z. B.:

fester Begriff:	zufällige Verbindung:
un moteur **d'***avion*	*le moteur* **de l'***avion*
une chemise **de** *nuit*	*la durée* **de la** *nuit*
un plat **du** *jour* (Tagesgericht)	*la durée* **du** *jour*

Wenn die Nominalgruppe eine zufällige Verbindung ist, steht die Präposition immer mit dem Artikel. Die Frage, ob die Präposition mit oder ohne Artikel steht, stellt sich also nur bei den Nominalgruppen, die einen festen Begriff darstellen. Das Vorhandensein oder das Fehlen des Artikels hängt von den semantischen Beziehungen zwischen den beiden Substantiven ab, z. B.:

une chemise **de nuit** = für die Nacht	*un plat* **du jour** = nicht «für den Tag», sondern für einen bestimmten Tag
une jambe **de bois** = ein Bein aus Holz	*le prix* **du bois** = das Holz hat einen Preis
des maux **de tête** = die Ursache des Schmerzes ist der Kopf	*le mal* **du pays** (Heimweh) = die Sehnsucht nach der Heimat
un adverbe **de temps** = die Art des Adverbs	*un emploi* **du temps** (Stundenplan) = die Zeit wird verwendet (employer son temps)

Da die Zahl solcher Nominalgruppen unbegrenzt ist, können hier nur einige typische Beispiele angeführt werden:

342 **de ohne Artikel:**

a) «besteht aus»:

	dagegen:
une feuille **de** *papier*	*l'industrie* **du** *papier*
une jambe **de** *bois*	*le prix* **du** *bois*
un rôti **de** *porc*	*l'élevage* **des** *porcs*
les chemins **de** *fer*	*l'extraction* (Gewinnung) **du** *fer*
une boule **de** *neige*	*la blancheur* **de la** *neige*
un gâteau **de** *riz*	*la culture* **du** *riz*

b) «enthält»:

une tasse **de** *café*	dagegen: *la qualité* **du** *café*
un verre **de** *vin*	*la vente* **du** *vin*
un sac **de** *pommes de terre*	*la culture* **des** *pommes de terre*
un magasin **de** *chaussures*	*l'industrie* **de la** *chaussure*
une boîte **de** *chocolats*	*le goût* **du** *chocolat*

c) Mengenangabe:

un kilo **de** *pommes*	dagegen: *la totalité* **des** *pommes* (s. § 329 *b*)
une tonne **de** *charbon*	
une foule **de** *gens*	
une douzaine **d'***oeufs*	

Einige Nominalgruppen in *a)* und *b)* könnten auch als Mengenangaben angesehen werden, z. B. *une feuille de papier, une tasse de café, un verre de vin.*

d) Art, Herkunft, Ursache:

des maux **de** *tête*	dagegen: *le mal* **du** *pays* (Heimweh)
le mal **de** *mer*	
une faute **de** *français*	*l'enseignement* **du** *français*
une dent **de** *lait*	*le prix* **du** *lait*
une menace **de** *mort*	*la peur* **de la** *mort*
un danger **de** *mort*	
un match **de** *football*	*les règles* **du** *football*
une voiture **de** *luxe*	
un geste **de** *désespoir*	*un geste* **de la** *main*
un sentiment **de** *peur*	
une histoire **de** *fou*	*l'histoire* **d'un** *fou*
un problème **d'***article*	*le problème* **de l'***article*
un poisson **de** *mer*	

e) Art, Zweck, Bestimmung, Zielperson:

une voiture **de** *course*	dagegen: *l'organisation* **de la** *course*
une prise **de** *courant*	
une chemise **de** *nuit*	*au milieu* **de la** *nuit*
une boîte **de** *nuit* (Nachtlokal)	
une robe **de** *soirée*	*les journaux* **du** *soir*
un vêtement **de** *sport*	*la passion* **du** *sport*
un plan **d'***épargne-logement*	*un plan* **des** *lieux*
un voyage **d'***étude*	*la durée* **des** *études*
un adverbe **de** *temps*	*un emploi* **du** *temps*
un asile **de** *vieillards*	
un lycée **de** *jeunes filles*	

343 à ohne Artikel:

a) Bestimmung, Zweck («für»):

une boîte **à** *lettres* (auch *aux*)	dagegen: *une foire* **aux** *antiquités*
	le marché **aux** *puces* (Flohmarkt)
un piège **à** *souris*	*la chasse* **aux** *escargots*
une tasse **à** *café* (Kaffeetasse)	
un moulin **à** *café*	
un sac **à** *dos, un sac* **à** *main*	
du papier **à** *dessin*	

Merke: *un verre* **de** *bière* ist ein Glas Bier, *un verre* **à** *bière* ist ein Bierglas.

b) «mit»:

un bateau **à** *voile*	dagegen: *la pêche* **à la** *ligne,* **au** *filet*
une lampe **à** *pile*	*un steak* **au** *poivre (une soupe* **à**
une voiture **à** *toit ouvrant*	**l'***oignon, le café* **au** *lait, des pâtes* **aux**
des freins **à** *disque*	*œufs frais* usw.)
un homme **à** *lunettes*	
un serpent **à** *lunettes*	
une chemise **à** *carreaux* (kariert)	
un pull **à** *col roulé*	
un moteur **à** *vapeur*	

VI. Die Auslassung des Artikels (in anderen Fällen als in §§ 333–343)

1) Bei indefiniten Adjektiven:

344 **quelque(s)**

ist im Singular literarisch (außer in einigen Wendungen) und steht ohne Artikel:

J'ai **quelque** *peine à le croire* (einige Mühe).
Il trouvera bien **quelque** *excuse* (irgendeine Entschuldigung).
en quelque sorte = gewissermaßen
pour quelque temps = für einige Zeit

Im Plural steht *quelques* mit dem bestimmten Artikel (bzw. mit einem Demonstrativpronomen) oder ohne Artikel.

Traduisons **ces quelques** *phrases. Traduisons* **les quelques** *phrases qui restent* (die wenigen ...).
Je reviens dans **quelques** *instants.*
Je vais prendre **quelques** *jours de repos.*

plusieurs

(mehrere) steht immer ohne Artikel.

maints

(manche) ist literarisch und wird nur noch in festen Wendungen gebraucht. Es steht immer ohne Artikel:

maintes fois, à maintes reprises = mehrmals
à maints égards = in mancher Hinsicht

certain(s)

Wenn *certain(s)* dem Substantiv folgt, hat es die Bedeutung von «sicher, unbestreitbar» und verhält sich wie ein normales Adjektiv (s. § 378): *une preuve certaine, des preuves certaines.*
Wenn es dem Substantiv vorangeht, wird es **im Singular** nur noch mit dem **unbestimmten Artikel, im Plural ohne Artikel** verwendet:

un certain *Bouzigue* (ein gewisser Bouzigue)
jusqu'à **un certain** *point* (bis zu einem gewissen Grade)
Cette méthode comporte **certains** *avantages.*

Certains kann auch allein gebraucht werden (als indefinites Pronomen):

Certains le pensent (Manche/Einige glauben es).

différents, divers

(verschiedene) verhalten sich wie *quelques,* wenn sie dem Substantiv vorangehen:

les différents/divers aspects du problème = die verschiedenen Aspekte des Problems
aber: *Nous avons abordé* **différents** *problèmes*/**divers** *problèmes* = verschiedene (mehrere) Probleme
à différentes reprises, à diverses reprises = mehrmals

Bei Nachstellung bekommt *différents* die Bedeutung von «unterschiedliche» (s. § 378): *des opinions différentes.*

tout

Im Singular steht *tout* ohne Artikel, wenn es «jeder» bedeutet:

Tout *abus sera puni* (Jeder Missbrauch wird bestraft).
Pour **tout** *renseignement, s'adresser au secrétariat.*
aber: **tout un** *pain,* **tout le** *pain* = das ganze (ein ganzes) Brot

tout (Fortsetzung)	feste Wendungen: *de toute façon* = auf jeden Fall, sowieso *en tout cas* = jedenfalls *en tout genre, de toute sorte* = jeder Art *à tout moment* = alle Augenblicke, jeden Augenblick *à tout prix* = um jeden Preis, unbedingt auch im Plural: *toutes sortes de …* = alle möglichen … *à tous égards* = in jeder Hinsicht

345 **2)** Bei substantivischen **prädikativen Ergänzungen** wird häufig der unbestimmte Artikel weggelassen, wenn das Substantiv allein steht (ohne Adjektiv), z. B.:

Il est médecin.
Ils sont tous deux médecins.
Il est avant-centre (Mittelstürmer) *dans l'équipe de Saint-Etienne.*

Wenn aber das Substantiv ergänzt wird, muss man den Artikel verwenden (das Subjekt muss in diesem Fall *ce* sein[1]):

C'*est* **un** *excellent médecin.*
C'*est* **un** *très jeune avant-centre.*

Nur in wenigen Fällen (bei einigen Adjektiven, die meist vorangestellt werden) kann der Artikel weggelassen werden, z. B.:

Elle est bonne cuisinière (oder *C'est une bonne cuisinière*).
Il est mauvais perdant (schlechter Verlierer).

Umgekehrt darf der unbestimmte Artikel auch dann stehen, wenn das Substantiv allein steht:

C'est un médecin.
Ce sont des médecins.

346 **3)** In **Appositionen** steht häufig kein Artikel, vor allem wenn die Apposition einem Titel gleichkommt:

La cérémonie sera célébrée par Mgr Marty, archevêque de Paris.
Le Président de la République s'est arrêté à Rouen, capitale de la Normandie.

Der bestimmte Artikel muss jedoch stehen, wenn die Apposition eine bekannte Bezeichnung (eine Art Beiname) für das Bezugswort ist, z. B.:

---

[1] außer in der indirekten Rede, damit man unterscheiden kann:

Il dit que **c'***est* (= ein anderer) *un bon médecin.*
*Il dit qu'***il** *est* (= er selber) *un bon médecin.*

Rouen, la *ville aux cent clochers.*
Amsterdam, la *Venise du Nord.*
Louis XIV, le *Roi Soleil.*

Der unbestimmte Artikel steht außerdem meistens, wenn die Apposition das Bezugswort erklärt, z. B.:

Un grave accident s'est produit près de Gruffy, un *petit village situé à une quinzaine de kilomètres au sud d'Annecy.*

4) Nach einigen Präpositionen:

347 **sans**: mit dem bestimmten Artikel oder ohne unbestimmten Artikel (bzw. Teilungsartikel)	*Je suis parti sans* le *porte-monnaie.* *Je suis parti sans argent.* ▶ **sans un** bedeutet «ohne einen einzigen ...»: *Je suis revenu de vacances sans un sou.* ▶ nach **sans + Infinitiv** steht **de** ohne Artikel (s. § 233)
par: ohne Artikel im distributiven Sinne (je, pro), auch in Zeitangaben	*Cela fait dix francs par personne.* *Il vient nous voir deux fois par mois.* *par moments* = zeitweise, ab und zu
pour: in der Bedeutung von «wegen» fehlt häufig der Artikel	*Il a été condamné pour insulte au tribunal.* *J'ai eu une contravention pour excès de vitesse.* *Le magasin est fermé pour cause de décès.* (aber: *se fâcher pour un rien*)
Ebenso in einigen Nominalgruppen	*une émission pour enfants* *une réduction pour étudiants*

Vor allem **in adverbialen Ausdrücken** fehlt der Artikel häufig, z. B.:

- **à:** *à voix basse* (leise), *à court terme* (kurzfristig), *à juste titre* (mit Recht), *à tort, à vive allure* usw.
  aber: *à* la *hâte, à* la *longue* (auf die Dauer) usw.
- **avec:** *avec ardeur, avec peine, avec plaisir, avec tendresse* usw.
  aber: *avec* une *infinie tendresse, avec* le *sourire* usw.
- **de:** *de façon ...* (aber auch *d'une façon ...*), *de force, de préférence, de vive voix* usw.
  aber: *d'un ton ..., d'un air ...* usw.
- **par:** *par habitude, par hasard, par mégarde* (versehentlich), *par surprise, par chance* usw.

Und in festen Wendungen wie:

à travers champs (querfeldein)
contre remboursement (per Nachnahme)
entre amis, entre parenthèses, entre guillemets
sous pression, sous terre
sur mesure (nach Maß, maßgeschneidert), *sur place* (an Ort und Stelle)
usw.

348 **5)** Schließlich fehlt der Artikel in einer Reihe von **verbalen Ausdrücken**, z. B.:

avoir *besoin, envie, faim, hâte, honte, mal, peur, raison, tort* ...
avoir peine à INF (aber: *avoir* du *mal à INF*)
avoir lieu (stattfinden)
demander *pardon à qn*
donner *raison (tort) à qn*
faire *attention à qc, faire confiance à qn, faire défaut* (fehlen),
faire erreur (irren), *faire face à qc, faire part de qc à qn* (mitteilen),
faire partie de qc (zu etw. gehören), *faire mal/peur/plaisir à qn*
faire preuve de qc (zeigen, z. B. *faire preuve d'un grand courage*) usw.
mettre *fin à qc* (aber: *mettre* un *terme à qc*)
perdre *courage, perdre patience*
porter *bonheur, porter chance, porter plainte contre qn* (Anzeige erstatten),
porter secours à qn
prêter *attention à qc* (Aufmerksamkeit schenken)
prêter *serment* (einen Eid leisten)
prendre *feu* (Feuer fangen), *prendre fin, prendre garde* (aufpassen),
prendre place
rendre *service à qn* (oder *rendre un service*), *se rendre compte de qc*
usw.

Kapitel 16: Wie übersetzt man SO, WIE und ALS?

Allgemeines

349 Diese drei kleinen Wörter bereiten dem deutschen Französischlernenden oft die größten Schwierigkeiten. Das ist kein Wunder, denn sie können die verschiedensten Funktionen erfüllen und werden deshalb auf die verschiedensten Weisen übersetzt, vgl.:

Ich arbeite mehr **als** *du.*	*Je travaille plus* **que** *toi.*
Ich arbeite mehr **als** *zehn Stunden am Tag.*	*Je travaille plus* **de** *dix heures par jour.*
In den Ferien habe ich **als** *Briefträger gearbeitet.*	*Pendant les vacances, j'ai travaillé* **comme** *facteur.*
Auf dem Faschingsball war ich **als** *Franzose verkleidet.*	*Au bal masqué, j'étais déguisé* **en** *Français.*

Wenn diese Wörter auch noch an mehreren Stellen einer Grammatik erscheinen, fehlt der Überblick vollkommen. Es wird unmöglich, Funktionen, Bedeutungen und französische Entsprechungen miteinander zu vergleichen. Deshalb werden sie hier alle zusammen in einem Kapitel behandelt.

I. SO

1) so + wie in Vergleichssätzen:

350

a) [genau] **so** ADJ/ADV **wie**	⟶	**aussi** ADJ/ADV **que**
b) **so viel** SUBST **wie**	⟶	**autant de** SUBST **que**
c) **so** *(viel, sehr)* **wie**	⟶	**autant que**

a)	*Er ist genau***so** *groß* **wie** *du.*	*Il est* **aussi** *grand* **que** *toi.*
	Ich werde so *schnell fahren,* **wie** *ich kann.*	*Je conduirai* **aussi** *vite* **que** *je pourrai* (od. *que possible*).
	*Wir haben genau***so** *lange gewartet* **wie** *letztes Mal.*	*Nous avons attendu* **aussi** *longtemps* **que** *la dernière fois* (hier auch *autant que* möglich – s. Anm. 3).
b)	*Der kleine Bouzigue macht genau***so** **viele** *Dummheiten* **wie** *sein Vater.*	*Le petit Bouzigue fait* **autant de** *bêtises* **que** *son père.*
	Ich werde mir **so viel** *Zeit nehmen* **wie** *nötig.*	*Je prendrai* **autant de** *temps* **qu'***il faudra.*

c) *Trinkt er immer noch* **so viel wie** *früher?*	*Boit-il toujours* **autant qu'***avant?*
Die Nachricht hat sie nicht **so sehr** *mitgenommen,* **wie** *wir gefürchtet hatten.*	*La nouvelle ne l'a pas bouleversée* **autant que** *nous avions craint.*

Anmerkungen:

1 Wenn der Satz eine **Verneinung** enthält, kann man *si* und *tant* statt *aussi* und *autant* verwenden:

Il ne conduit pas **si (aussi)** *vite que d'habitude.*
Il n'y a pas **tant (autant) de** *monde qu'hier.*

2 In Wendungen wie *avoir froid, avoir mal, avoir peur* usw. kann das Substantiv auch als Adverb behandelt werden (vgl. *avoir* **très** *froid*), so dass sich zwei Möglichkeiten ergeben:

J'ai aussi *froid (mal, peur) qu'avant.*
J'ai autant *froid (mal, peur) qu'avant.*

3 *Autant* ist ein Adverb des Grades und der Menge, wie *beaucoup*. Deshalb kann *autant* nach Verben stehen, die auch mit *beaucoup* verwendet werden können:

Le film me plaît beaucoup.
→ *Le film ne me plaît pas* autant *que le roman.*
J'ai attendu longtemps oder *j'ai attendu beaucoup.*
→ *J'ai attendu* aussi longtemps *que la dernière fois.*
oder *J'ai attendu* autant *que la dernière fois.*

351 Besondere Ausdrücke:

soviel *ich weiß ...*	*[pour]* **autant que** *je sache ...*
soweit *ich mich erinnere ...*	*[pour]* **autant que** *je me souvienne ...*
so weit wie möglich *(möglichst)*	**autant que possible**

Machen Sie die Übersetzung möglichst ohne Wörterbuch.
→ *Faites la traduction autant que possible sans dictionnaire.*

solange (als Konjunktion)	**aussi longtemps que** oder **tant que**

Solange es nicht regnet, haben wir uns nicht zu beklagen.
→ *Tant que/aussi longtemps qu'il ne pleut pas, nous ne pouvons pas nous plaindre.*

352 Wie im Deutschen kann der zweite Teil des Vergleichs unausgedrückt bleiben. In diesem Fall kann man sowohl *aussi/autant* als auch *si/tant* verwenden (eine Verwechslung mit den konsekutiven Ausdrücken in § 355 ist nämlich ausgeschlossen):

Je n'aurais jamais pensé que Bouzigue était **si/aussi** *riche.*
Je n'aurais jamais pensé qu'il y aurait **tant/autant de** *monde.*

353	**so, wie** ⟶	**comme**; prädikativ auch **tel que**

Ich lebe **so, wie** *ich will.*	*Je vis* **comme** *je veux.*
Ich arbeite **so, wie** *ich kann.*	*Je travaille* **comme** *je peux.*
So, wie *ich ihn kenne, kommt er sicher zu spät.*	**Comme/tel que** *je le connais, il arrivera sûrement en retard.*
Der Wagen ist in schlechtem Zustand, aber ich kaufe ihn **so, wie** *er ist.*	*La voiture est en mauvais état, mais je l'achète* **comme/telle qu'***elle est* (auch verkürzt: *je l'achète* **telle quelle**).

2) sowie als Koordination («und auch»):

354	*Pierre* **sowie** *Jacques*	→ *Pierre* **ainsi que** *Jacques*
	sowohl *Pierre* **als (wie) auch** *Jacques*	→ **aussi bien** *Pierre* **que** *Jacques*

Dans l'appartement de l'inculpé (des Beschuldigten), *la police a découvert une mitraillette* **ainsi que** *d'importantes quantités d'explosifs.*
Cette loi est critiquée **aussi bien** *par les syndicats* **que** *par le patronat.*

3) so + dass:

355 konsekutiv (s. auch § 140)

a) **so** ADJ/ADV, **dass**	⟶	**si** ADJ/ADV **que**	od. **tellement … que**
b) **so viel** SUBST, **dass**	⟶	**tant de** SUBST **que**	od. **tellement … que**
c) **so** *(viel, sehr)*, **dass** / *dermaßen …, dass*	⟶	**tant que**	od. **tellement … que**

a)	*Der Film war* **so** *rührend,* **dass** *alle Zuschauer geweint haben.*	*Le film était* **si (tellement)** *émouvant* **que** *tous les spectateurs [en] ont pleuré.*
	Er lügt **so** *gut,* **dass** *man ihm alles glaubt.*	*Il ment* **si (tellement)** *bien* **qu'***on croit tout ce qu'il dit.*
b)	*Er hat* **so viele** *Bonbons gegessen,* **dass** *ihm schlecht wurde.*	*Il a mangé* **tant (tellement) de** *bonbons* **qu'***il a eu mal au cœur.*
	Er hat **so viele** *gegessen,* **dass** *ihm schlecht wurde.*	*Il* **en** *a mangé* **tant (tellement) qu'***il a eu mal au cœur.*
c)	*Er hat* **so viel** *gegessen,* **dass** *ihm schlecht wurde.*	*Il a* **tant (tellement)** *mangé* **qu'***il a eu mal au cœur.*
	Bouzigue hat **so** *(dermaßen) zugenommen,* **dass** *er nicht mehr in seinen Anzug passt.*	*Bouzigue a* **tant (tellement)** *grossi* **qu'***il ne peut plus mettre son costume.*

Vergleicht man diese Ausdrücke mit denen des § 350, so stellt man fest, dass der Unterschied im Deutschen im 2. Teil des Satzes *(wie/dass)* und im Französischen im 1. Teil des Satzes ausgedrückt wird:

so ... **wie** ⟶ { **aussi ...** / **autant ...** } *que* = vergleichend

so ... **dass** ⟶ { **si ...** / **tant ...** / **(tellement ...)** } *que* = konsekutiv

356 In konsekutiven Sätzen dieser Art kann die Reihenfolge der beiden Teile geändert werden, z. B.:

Er war **so** *wütend,* **dass** *wir ihn zurückhalten mussten.*
→ *Wir mussten ihn zurückhalten,* **so** *wütend war er.*

In diesem Fall kann man nicht mehr *si,* sondern nur noch **tant** und **tellement** verwenden:

Il a fallu le retenir, **tant/tellement** *il était furieux.*

357 konsekutiv oder final:

a) konsekutiv (s. auch § 140)

..., so dass ⟶ { **si bien que** / *au point que* / *à* **tel** *point que* / *de façon (manière, sorte) que* } **IND**

b) final (= Zweck; s. auch § 139)

... so, dass ⟶ { *de façon* **à ce que** / *de façon (manière, sorte) que* } **SUBJ**

a) konsekutiv:

Es hat die ganze Zeit geregnet, **so dass** *wir nicht ein einziges Mal gebadet haben.*	*Il n'a pas cessé de pleuvoir,* **si bien que** *(au point que, à tel point que, de sorte que* usw.*) nous ne nous* **sommes** *pas baignés une seule fois.*

Um ein konsekutives «so dass» zu erkennen, braucht man es nur durch «und» zu ersetzen: Wenn der Satz noch akzeptabel ist, hat «so dass» konsekutive Bedeutung.

b) final:

Ändern Sie folgenden Satz **so, dass** *das Subjekt zu einem Objekt wird.*	*Transformez la phrase suivante* **de façon à ce que** *(de façon que, de manière que* usw.*) le sujet* **devienne** *un objet.*

4) alleinstehendes **so**:

358 *a)* **so** kann ein pronominales Adverb sein (Bedeutung von «auf diese Weise»). Es antwortet auf die Frage **wie?**. Die französischen Entsprechungen sind **comme cela**[1] (oder *de cette façon*) und **ainsi** (Schriftsprache):

> **Wie** *hast du es gemacht?*
> *Ich habe es* **so** *gemacht.* ⟶ *Je l'ai fait* **comme cela** *(de cette façon).*
> *Je l'ai fait* **ainsi** (Schriftsprache).

Im Gegensatz zum deutschen *so* darf *comme cela* (in der Bedeutung von «auf diese Weise») nicht am Satzanfang stehen (vgl. § 405), und *ainsi* nur in wenigen Fällen:

> *Ainsi soit-il* (Amen).
> *Ainsi parla Zarathoustra.* (Also sprach Zarathustra)

Wenn im Deutschen ein **betontes** *so* am Satzanfang steht, muss man entweder *comme cela* (bzw. *ainsi*) am Satzende lassen (insbesondere dann, wenn der Satz verneint ist):

> **So** *kann es nicht weitergehen!*
> → *Ça ne peut pas durer longtemps* comme cela (ainsi).
> **So** *kann man das Wort nicht übersetzen.*
> → *On ne peut pas traduire ce mot* comme cela (ainsi).

oder es durch *c'est ... que* hervorheben; in diesem Fall kann auch *voilà comment (voici comment)* stehen:

> **So** *muss man das machen.*
> → { **C'est comme cela qu'** / **Voilà comment** } *il faut faire.*
> **So** *endete diese tragische Geschichte.*
> → C'est comme cela que (voilà comment) *s'est terminée cette tragique histoire.*

C'est ainsi que wird in diesem Fall selten gebraucht, weil es eine andere Funktion erfüllt (s. § 359).
Manchmal kann man das Adjektiv *tel* in prädikativer Funktion verwenden (jedoch nur in der Schriftsprache), z. B.:

> So *endete diese tragische Geschichte.*
> → **Telle** *fut la conclusion de cette tragique histoire.*
> So *sprach der Häuptling der Apachen.*
> → **Telles** *furent les paroles du chef des Apaches.*

359 *b)* **so** als **Satzverknüpfung**:

Im Deutschen erfüllt ein **unbetontes** *so* am Satzanfang oft die Funktion einer Satzverknüpfung: Es verbindet einen neuen Satz mit dem vorhergegangenen. Die französi-

---

[1] umgangsspr. *comme ça.*

sche Entsprechung ist *ainsi* oder (häufiger) **c'est ainsi que**, wobei *c'est ... que* nicht als Hervorhebung empfunden wird (genauso wenig wie in *c'est alors que,* «daraufhin»):

> *In Frankfurt wurde eine weitere Senkung des Kurses des britischen Pfundes registriert.* **So** *erreichte es heute nachmittag seinen niedrigsten Stand seit November.*
> → *A Francfort, on a enregistré une nouvelle baisse du cours de la livre sterling.* **C'est ainsi qu'** *elle atteignait cet après-midi son niveau le plus bas depuis le mois de novembre.*
> oder: **Ainsi,** *elle atteignait cet après-midi ...*
>
> Wenn *so* die Bedeutung von «daher» hat, kann man auch *aussi* + komplexe Inversion verwenden (s. § 420).

5) umso:

360

a) **umso** Komparativ, **als**	→	**d'autant plus** ADJ **que**
b) **umso weniger** ADJ, **als**	→	**d'autant moins** ADJ **que**
{ ..., **umso mehr (weniger), als**	→	**d'autant [plus, moins] que**
{ ..., *zumal*		

a) Der Erfolg der französischen Nationalmannschaft ist **umso** *überraschend***er, als** *der Gegner bis zur 60. Minute mit 3:0 führte.*
→ *La victoire de l'équipe de France est* **d'autant plus** *surprenante* **que** *l'équipe adverse menait par 3 buts à zéro jusqu'à la 60e minute de jeu.*

b) Der Erfolg der französischen Nationalmannschaft ist überraschend, **umso mehr, als** *(zumal) der Gegner bis zur 60. Minute mit 3:0 führte.*
→ *La victoire de l'équipe de France est surprenante,* **d'autant plus que** (oder einfach **d'autant que**) *l'équipe adverse menait par 3 buts à zéro jusqu'à la 60e minute de jeu.*

Feste Wendung:

Umso besser! → Tant mieux! (aber *Tant pis!* bedeutet nicht etwa «umso schlimmer», sondern «Es ist halb so schlimm, es macht nichts»).

6) konzessives *so (so stark er auch ist):* s. § 150.

7) so ein ... *(solch ein),* **so etwas:**

361 Für *so ein* ... und *so etwas* gibt es keine hundertprozentige, allgemein gültige Entsprechung. Je nach Kontext verwendet man verschiedene Ausdrücke:

> *So ein Glück möchte ich haben!*
> → *J'aimerais avoir* cette *chance* (oder: *une chance* pareille).
> *Ich habe schon mal so einen Film gesehen.*
> → *J'ai déjà vu un film* semblable/de ce genre/du même genre/comme celui-là.

Ich habe schon mal so etwas gesehen.
→ *J'ai déjà vu quelque chose* de semblable/de pareil/de ce genre.
Hat man jemals so etwas gesehen?
→ *A-t-on jamais vu* pareille chose (une chose pareille)*?*

Wenn der Satz aber verneint ist, gebraucht man meistens *pareil* (Standardsprache) oder *tel* (Schriftsprache):

So einen Erfolg hatte ich nicht erwartet.
→ *Je ne m'attendais pas à un* **pareil** *succès* (oder *à un succès pareil)/à un* **tel** *succès.*
So etwas habe ich nie gesagt.
→ *Je n'ai jamais* **rien** *dit* **de pareil/de tel** (für *rien* s. § 243).

362 In konsekutiven Sätzen *(so ein …, dass)* verwendet man *tel,* oder in der Standardsprache *tellement de,* z. B.:

Es war **so ein** *Verkehr,* **dass** *ich zu spät ins Büro gekommen bin.*
→ *Il y avait une circulation* **telle** (od. *une telle circulation*) **que** *je suis arrivé en retard au bureau.*
oder: *Il y avait* **tellement de** *circulation* **que** … (wie § 355)
Ich habe **so einen** *Muskelkater,* **dass** *ich nicht mehr richtig gehen kann.*
→ *J'ai des courbatures* **telles que** *j'ai du mal à marcher.*
oder: *J'ai* **tellement de** *courbatures* **que** *j'ai du mal à marcher.*

363 In verblosen Ausrufen verwendet man *quel:*

So ein *Dummkopf!*	→ **Quel** *idiot!*
So ein *Wetter!*	→ **Quel** *temps!*

II. WIE

- in Verbindung mit *so:* s. oben §§ 350, 353, 354.
- mit konzessiver Bedeutung *(Wie stark er auch ist, wie du dich auch anstellst):* s. §§ 150 und 153.
- als Fragepronomen: s. § 316.

364 **1) wie** als Ausdruck der **Intensität:**

Beispiele:

Du weißt nicht, **wie sehr** *ich dich vermisst habe.*
Wenn du wüsstest, **wie sehr** *ich darunter leide.*
Du kannst dir nicht vorstellen, **wie** *schwierig das ist.*

Die Entsprechung für *wie* ist hier *combien* oder *à quel point,* manchmal auch *comme:*

Tu ne sais pas **combien/à quel point** *tu m'as manqué.*
Si tu savais **combien/à quel point/comme** *j'en souffre.*
Tu ne peux pas savoir **combien/à quel point/comme** *c'est difficile.*

In Ausrufen verwendet man dagegen *comme* oder *que:*

Wie *schön du bist!*	→ **Comme** *tu es belle!* **Que** *tu es belle!* (umgangsspr. *Qu'est-ce que tu es belle!*)
Wie *nett!*	→ **Comme** *c'est gentil!* **Que** *c'est gentil!*

2) wie als **Konjunktion:**

365

a) nach Verben der Wahrnehmung:		Nicht *comme,* sondern nur:
sehen, schauen, fühlen, hören, merken, spüren (usw.), **wie ...**	⟶	**Infinitivkonstruktion** oder *que*
b) mit temporaler Bedeutung:		
wie (oder *als*)	⟶	**comme**
c) in Vergleichssätzen	⟶	**comme** (außer nach *aussi* – s. § 350!)

a)	*Ich fühlte,* **wie** *das Flugzeug sich sanft erhob.*	*J'ai senti l'avion* **décoller** *doucement* (od. *que l'avion décollait ...*).
	Ich habe gesehen, **wie** *er sie geschlagen hat.*	*Je l'ai vu la* **frapper.**
	Ich habe gehört, **wie** *sie sich gestritten haben.*	*Je les ai entendus* **se disputer.**
b)	**Wie** *(als) ich aus dem Haus ging, hörte ich einen Knall.*	**Comme** *je sortais de chez moi, j'ai entendu une explosion.*
c)	*Es war kein Urlaub,* **wie** *ich ihn mir vorgestellt hatte.*	*Ce n'étaient pas des vacances* **comme** *je les avais imaginées.*
	Es ist eine alte Schule, **wie** *es viele davon gibt.*	*C'est une vieille école* **comme** *on en voit beaucoup.*

366 **3)** Wenn *wie* ein Beispiel einleitet, kann *tel que* stehen:

Truffaut hat mehrere Filme über die Kindheit gedreht, **wie z. B.** *«Der Wolfsjunge».*
→ *Truffaut a tourné plusieurs films sur l'enfance,* **tel(s) que** *«L'Enfant sauvage».*

III. ALS

1) in Vergleichssätzen:

367	*a) schnell***er als**	→ **plus** ADJ/ADV **que**
	weniger schnell **als**	→ **moins** ADJ/ADV **que**
	b) **mehr/weniger** SUBST **als**	→ **plus de/moins de** SUBST **que**
	c) **mehr/weniger als**	→ **plus/moins que**
	⇨ aber wenn es sich um eine **Mengenangabe** handelt → *plus/moins* **de**	

a) *Grammatik ist* **weniger** *spannend* **als** *Fußball.*	*La grammaire est* **moins** *passionnante* **que** *le football.*
*Der Porsche fährt schnell***er als** *der VW.*	*La Porsche va* **plus** *vite* **que** *la VW.*
b) *Es sind* **mehr (weniger)** *Leute* **als** *gestern.*	*Il y a* **plus (moins) de** *monde* **qu'***hier.*
Es sind **mehr (weniger) als** *gestern.*	*Il y* **en** *a* **plus (moins) qu'***hier.*
c) echter Vergleich: *Bouzigue trinkt* **mehr (weniger) als** *sonst.*	*Bouzigue boit* **plus (moins) que** *d'habitude.*
Mengenangabe: *Bouzigue trinkt* **mehr (weniger) als** *drei Liter am Tag.*	*Bouzigue boit* **plus (moins) de** *trois litres par jour.*
Die Polizei hat **mehr als** *100 Personen festgenommen.*	*La police a arrêté* **plus de** *100 personnes.*

Wenn im Deutschen die Mengenangabe durch ein Adjektiv ausgedrückt wird (z.B. *länger als 20 Meter*), muss man im Französischen ebenfalls *plus de SUBST* verwenden:

Das Schiff ist länger als 20 Meter.
→ *Le bateau a* **plus de 20 mètres** *de long* (od. *de longueur*).
oder: *Le bateau a une longueur de* **plus de 20 mètres.**

Denn der Satz «Le bateau est plus long **de** 20 mètres» würde bedeuten: «ist **um** 20 Meter länger».

368	**zu** ADJ, **als dass** → **trop** ADJ **pour que** SUBJ

Der Koffer ist **zu** *schwer,* **als dass** *sie ihn tragen könnte.*
→ *La valise est* **trop** *lourde* **pour qu'***elle puisse la porter.*

Wenn beide Subjekte identisch sind: *pour INF:*

Er ist noch zu klein, um allein zur Schule zu gehen.
→ *Il est encore* **trop** *petit* **pour aller** *tout seul à l'école.*

369 | **als ob** ⟶ **comme si IND** (s. auch § 73)

Er tut so, **als ob** *er nichts verstehen würde (als würde er ...).*
→ *Il fait* **comme s'***il ne comprenait rien.*

370 **2)** Ergänzung zum Subjekt oder zum Objekt, z. B.:

Als Kind *war* **er** *immer sehr schüchtern.*
Ich habe **ihn** *schon* **als Kind** *gekannt.*

In diesem Fall gibt es keine «Patentlösung». Es handelt sich eher um ein lexikalisches Problem: Mit bestimmten Verben verwendet man bestimmte Präpositionen, mit anderen steht eine prädikative Ergänzung ohne Präposition, in einigen Fällen reicht eine einfache Apposition. Beispiele:

a) **comme**:

betrachten als: *considérer comme*
Ich betrachte ihn als meinen besten Freund.
→ *Je le considère comme mon meilleur ami.*

etwas als ... benutzen: *se servir de qc (utiliser qc) comme ...*
Ich habe meine Jacke als Kopfkissen benutzt.
→ *Je me suis servi de ma veste comme oreiller.*
▶ aber *dienen als = servir* **de** (s. unten *c)*)

arbeiten als: *travailler comme* (ohne Artikel!)
Er arbeitet als Versicherungsvertreter.
→ *Il travaille comme représentant en assurances.*

etwas als ... vorschlagen: *proposer qc comme ...*
Was schlagen Sie als Lösung vor?
→ *Que proposez-vous comme solution?*

b) **comme** oder **en** (ohne Artikel):

jn als ... behandeln: *traiter qn comme un ...* oder *en ...*
Man behandelt ihn als Verbrecher.
→ *On le traite comme un criminel (en criminel).*
(▶ aber *traiter qn* **d'***idiot* = jn einen Idioten nennen)

als ... sterben: *mourir comme un ... oder en ...*
Er ist als Held gestorben.
→ *Il est mort en héros (comme un héros).*

c) **de**:

Das zählt zu Ihren Verpflichtungen als Lehrer.
→ *Cela fait partie de vos obligations de professeur.*

dienen als: *servir de*

Dieser Raum dient als Abstellkammer.

→ *Cette pièce sert de débarras.*

d) **en**:

sich als ... verkleiden: *se déguiser en ...*

Er hat sich als Franzose verkleidet.

→ *Il s'est déguisé en Français.*

etwas als Geschenk, als Prämie erhalten: *recevoir qc en cadeau, en prime.*
als Dank/als Belohnung für ...: *en remerciement de/en récompense de ...*
als Taschenbuch erscheinen: *paraître en édition de poche*

e) **en tant que**:

Der Mensch als soziales Wesen. → *L'homme en tant qu'être social.*
Der Mensch als solcher. → *L'homme en tant que tel.*

f) **en qualité de**:

Als Staatssekretär hatte er Zugang zu den geheimen Akten.
→ *En [sa] qualité de Secrétaire d'Etat, il avait accès aux documents secrets.* Hier auch: *en tant que ..., comme ...*
oder Nebensatz: *Comme il était Secrétaire d'Etat ..., Etant Secrétaire d'Etat ...*
oder reine Apposition:
Secrétaire d'Etat, il avait accès aux documents secrets (s. § 168).

g) **à titre de**:

als Beispiel, als Warnung: *à titre d'exemple, à titre d'avertissement*

h) **en guise de**:

Man hat ihm als Trost eine Stelle in der Verwaltung verschafft.
→ *En guise de consolation, on lui a procuré un poste dans l'administration.*

i) **Nebensatz** oder reine **Apposition**:

Als Kind war er sehr schüchtern.
→ *Quand il était enfant (quand il était petit), il était très timide.*
Enfant, il était très timide.

j) **prädikative Ergänzung**:

Ich habe ihn als Kind gekannt. → *Je l'ai connu enfant.*
Er ist als Sieger hervorgegangen. → *Il est sorti vainqueur.*
Die Nachricht hat sich als falsch/als eine Lüge erwiesen.
→ *Cette nouvelle s'est avérée fausse/s'est avérée* être *un mensonge.*
Er ist **als Erster** *gegangen.* → *Il est parti* **le premier**. (s. § 332)
aber: *Er hat* **als Einziger** *verstanden.*
→ *Il est* **le seul à** *avoir compris.* (s. § 195)

Kapitel 17: Adjektiv und Adverb

I. Das Adjektiv

1) formale Besonderheiten:

371 *a)* Bildung des **Femininums**:

Adjektive, die im Maskulinum auf *-e* enden, behalten im Femininum die gleiche Form bei, z. B.: *calme, habile, rouge, tranquille.* Alle anderen Adjektive bekommen im Femininum ein *-e,* z. B.: *plein → pleine, grand → grande.* Bei vielen ändert sich allerdings die Form des Adjektivs:

Veränderung des Endvokals:

er → ère	*premier, première; régulier, régulière.* Ebenso: *cher* [ɛr], *chère; fier* [ɛr], *fière.*

Veränderung des Endkonsonanten:

el → elle **eil → eille**	*tel, telle; pareil, pareille.* Ebenso: *nul, nulle; gentil* [-ti], *gentille* [-tij]. *beau/bel* → belle; nouveau/nouvel* → nouvelle;* *vieux/vieil* → vieille; fou(mou)/fol(mol)* → folle, molle.* * maskuline Form vor Vokal (z. B. *un bel appartement*).
en → enne **on → onne**	*européen, européenne; ancien, ancienne.* *bon, bonne.* aber: **an → ane** außer *paysan, paysanne.* **in → ine** außer *bénin, malin → béni**gn**e, mali**gn**e.*
et → ette	*muet, muette; net, nette.* außer: *complet, concret, désuet, discret, inquiet, secret* → *compl**ète**, concr**ète*** usw.
ot → otte	Nur *pâlot, sot, vieillot → pâlotte, sotte, vieillotte* (aber: *idiot, idi**ote**; dévot, dév**ote***)
c → che **c → que** **s → sse**	*blanc, blanche; franc, franche; sec, sèche.* *public, publique; caduc, caduque; grec, grecque; turc, turque.* **Nur** *bas, gras, las → basse, grasse, lasse; gros, grosse; exprès, expresse; épais, épaisse* (aber *frais, fraî**che***). Sonst: **s → se**: *gris, grise; pervers, perverse* usw.

f → **ve**		*sauf, sauve; naïf, naïve; vif, vive; neuf, neuve; bref, brève.*
x → **se**		*dangereux, dangereuse; jaloux, jalouse.*
		außer: *doux* → *dou***ce**; *faux, roux* → *fau***sse**, *rou***sse**.
eur → **eure**		*intérieur, intérieure; meilleur, meilleure* (u. a.).
eur → **euse**		*menteur, menteuse; rêveur, rêveuse* (u. a.).
teur → **trice**		*destructeur, destructrice; moteur, motrice* (u. a.).

372 *b)*

> Das Adjektiv richtet sich nach Genus und Numerus nach dem ergänzten Substantiv, auch wenn es **prädikativ** gebraucht ist:

attributiv: *une voiture chère, des prunes vertes.*
prädikativ: *Cette voiture n'est pas chère.*

Wenn sich das Adjektiv auf mehrere Substantive **verschiedenen Geschlechts** bezieht, steht es im **Maskulinum** (Plural):

*une fusée et un satellite américain***s**
*Monsieur et Madame Bouzigue sont charmant***s**.

Sonderfälle:

1 *Demi, nu* und *nouveau* bleiben unverändert, wenn sie vor dem Substantiv stehen und mit ihm durch einen Bindestrich verbunden werden:

une **demi-***livre de beurre*	aber: *une livre et demi***e**
une **demi-***heure*	aber: *une heure et demi***e**
nu-*pieds* (barfuß)	aber: *pieds nu***s**
des **nouveau-***nés* (Neugeborene)	

In Frankreich werden allerdings die Schreibungen *demie livre* und *nus pieds* toleriert (Erlass des Französischen Erziehungsministers vom 28. 12. 1976, § 20).

2 *Grand* hat in einigen Ausdrücken eine alte feminine Form beibehalten, die sich im heutigen Französisch nicht von der maskulinen unterscheidet:

une **grand-***mère, une* **grand-***tante* (Plur.: *des* **grands-***mères*)
la **grand-***messe, ne … pas* **grand-***chose* (nicht viel)

3 **Farbadjektive** bleiben unverändert, wenn sie aus einem Substantiv oder aus mehreren Wörtern bestehen:

des chemises **marron, orange**
des chemises **bleu ciel, vert clair** aber: *des chemises* **bleues**

4 *Gens* ist feminin, wenn *vieux* und *bon* vorangehen. Alle anderen Adjektive (auch prädikative) stehen im Maskulinum:

les **bonnes** *gens, les* **vieilles** *gens*
aber: *les gens* **âgés***; les vieilles gens sont* **mécontents** *de leur sort.*

5 Nach *quelque chose* und *personne* steht das Adjektiv im Maskulinum:

Quelque chose est **cassé**. *Personne n'est* **content**.

6 *Possible* bleibt unverändert, wenn es den Superlativ *le plus/le moins* ergänzt:

courir **le moins** *de risques* **possible**
aber: *prendre toutes les précautions* **possibles**

2) Besonderheiten im Gebrauch des attributiven Adjektivs:

373 Nach *quelque chose, autre chose, pas grand-chose, rien, quelqu'un* und *personne* steht das Adjektiv mit **de**:

quelque chose **d'***important, autre chose* **d'***important*
Je n'ai pas vu grand-chose **d'***intéressant.*
Je n'ai rien vu **d'***intéressant.*
J'ai vu quelqu'un **d'***autre, je n'ai vu personne* **d'***autre.*

An *tout* und an Personalpronomen darf kein Adjektiv angeschlossen werden:

alles Schöne → *tout ce qui est beau (tout ce qu'il y a de beau)*
ich armer → *pauvre de moi*

außer *autre* in *nous autres, vous autres:*

wir Franzosen → *nous autres Français*

In der Bedeutung von «seltsam, merkwürdig» wird *drôle* als Substantiv gebraucht:

un **drôle de** *film* = ein merkwürdiger Film
une **drôle d'***histoire* = eine merkwürdige Geschichte
aber: *un film drôle, une histoire drôle* = ein lustiger Film, eine lustige Geschichte (bzw. ein Witz).

3) Der Gebrauch des prädikativen Adjektivs:

374 Das Adjektiv kann nur nach bestimmten Verben prädikativ gebraucht werden. Die Anzahl dieser Verben ist allerdings größer als im Deutschen:

– das prädikative Adjektiv bezieht sich auf das **Subjekt**:

être, devenir	*Elle est gentille. La route devient mauvaise.*
paraître, sembler	*Cela semble inutile.*
demeurer, rester	*Elle est restée seule. Il est demeuré calme.*
▶ **faire** im Sinne von «wirken»	*Elle fait vieille. Cela fait un peu démodé.*

– das prädikative Adjektiv bezieht sich auf das **direkte Objekt**:

trouver	*Je* la *trouve belle. Elle* se *trouve belle.* *Je trouve étrange* que vous n'en sachiez rien.
croire, estimer, juger	*Je* la *croyais partie. Il* se *croit très fort. Vous pouvez* vous *estimer heureux. Je juge* cela *impossible.*
déclarer, dire, prétendre	*Il* s'*est déclaré vaincu. Il* se *dit* (se *prétend*) *riche. On* le *dit riche.*
se sentir, se montrer	*Elle* se *sent très seule. Il* s'*en est montré capable.*
s'avérer	*La nouvelle* s'*est avérée fausse.*
connaître	*Je* l'*ai connu tout petit.*
▶ **rendre** (nicht *faire!*)	*Le poisson* m'*a rendu malade. Elle* s'*est rendue ridicule* (sie hat sich lächerlich gemacht).
avoir (s. auch § 331)	*Elle a* les yeux *bleus. Tu as* le nez *rouge.*
avoir l'air	*Elle a* l'air *gentil* (oder *gentille*). (Nach *avoir l'air* kann sich das Adjektiv auch nach dem Subjekt richten).

4) Die Stellung des Adjektivs:

375 Die Adjektive können in Bezug auf ihre Stellungseigenschaften in drei Gruppen eingeteilt werden (N = Nomen, Substantiv):

□ **N**	= vorangestellte Adjektive
□ **N** □	= Adjektive, die sowohl vor als auch hinter dem Substantiv stehen können
N □	= nachgestellte Adjektive

376 *a)* □ **N (Voranstellung)**:

Eine geringe Anzahl von Adjektiven wird fast immer (Einschränkungen s. § 380ff.) vorangestellt:

grand, petit	*une grande maison, un petit appartement*
bon, mauvais	*un bon film, une mauvaise route*
beau, joli	*une belle ville, une jolie fille*
bref, long	*un bref résumé, un long voyage*
jeune, vieux	*une jeune fille, un vieil homme, une vieille voiture*
gros	*un gros livre, une grosse bête*

haut **meilleur, moindre** und alle Zahladjektive	*un haut plateau, une haute montagne* *une meilleure idée, la meilleure solution* *un moindre mal, le moindre bruit* *le premier jour, la deuxième fois*

Diese Adjektive werden häufig in übertragener Bedeutung verwendet und bilden mit dem Substantiv eine **Sinneinheit**, vgl.:

les grandes personnes	=	die Erwachsenen
le petit coin	=	die Toilette
un petit commerçant	=	ein Kleinhändler
un beau jour	=	eines Tages
au bon moment	=	im richtigen Augenblick
un vieux garçon	=	ein Junggeselle

377 *b)* **N □ (Nachstellung)**:

Die weitaus größte Zahl der Adjektive steht hinter dem Substantiv, z. B.:

Adjektive, die eine physische oder seelische **Eigenschaft** bezeichnen (außer den Adjektiven in § 376) darunter alle **Farbadjektive**	*un temps chaud, froid, sec, humide, doux ...* *une sauce acide, salée, sucrée, épaisse ...* *une substance dure, molle, liquide, transparente ...* *une valise lourde, légère, métallique ...* *une voiture rapide, confortable, élégante ...* *un homme maigre, mince, laid ...* *un homme gai, gentil, sympathique, heureux ...* *une chemise bleue, du linge blanc, des nuages noirs, une cravate rose ...*
Adjektive, die eine Relation ausdrücken, d. h. eine **Zugehörigkeit** zu irgendeinem Bereich (Nation, Politik, Wirtschaft, Kultur, Zeit, Ort usw.)	*la police française, une fusée américaine ...* *un député gaulliste, une zone industrielle ...* *l'Eglise catholique, une œuvre littéraire ...* *un congrès annuel, une revue mensuelle ...* *la situation actuelle, les techniques modernes ...* *la main gauche, une rue transversale, la partie inférieure ...*
alle **Partizipien** und die meisten **adjectifs verbaux**	*une jambe cassée, une route barrée ...* *un travail fatigant, une soirée dansante ...*

378 *c)* □ **N** □ **(Voranstellung oder Nachstellung)**:

Bei einigen Adjektiven hat die Voranstellung oder die Nachstellung einen **Bedeutungsunterschied** zur Folge:

□ N	N □
une **ancienne** *prison* (ehemalig)	*une prison* **ancienne** (sehr alt)
un **brave** *homme* (nett, anständig)	*un homme* **brave** (tapfer)
certains *faits* (s. auch § 344), *un certain Bouzigue* (gewisser)	*un fait* **certain** (sicher, unbestritten)
la **dernière** *semaine d'octobre* (letzte)	*la semaine* **dernière** (vorige Woche)
différents *projets* (s. auch § 344) (verschiedene)	*des projets* **différents** (unterschiedlich, oder andere)
un **pauvre** *homme* (bedauernswert)	*un homme* **pauvre** (mittellos)
sa **propre** *maison* (eigen)	*une maison* **propre** (sauber), *le mot propre* (geeignet), *le sens propre* (eigentlich)
une **sacrée** *chance* (ein verdammtes Glück)	*une vache* **sacrée** (heilig)
une **sale** *histoire* (ärgerlich), *un sale temps* (Sauwetter)	*une maison* **sale** (schmutzig)
un **seul** *homme* (einzig)	*un homme* **seul** (einsam)
une **simple** *chemise* (bloß ein Hemd)	*une chemise* **simple** (einfach)
un **triste** *individu* (elendig), *de tristes résultats* (dürftig, unbefriedigend)	*un film* **triste** (traurig)
un **vrai** *fou, un vrai problème* (echt, im Sinne von «wirklich ein»)	*une histoire* **vraie** (wahr), *un homme vrai* (aufrichtig)

379 **Einige** Adjektive, die in **übertragener Bedeutung** verwendet werden können, vor allem solche, die einen **Grad** oder eine **Menge** ausdrücken können («sehr groß, sehr klein, viel, wenig, sehr gut, sehr schlecht»), werden in übertragener Bedeutung meist vorangestellt, während sie in der eigentlichen Bedeutung meist nachgestellt werden, z. B.:

faible	«gering»	□ N	*une faible chance, une faible quantité* (schwach: meist N □, *un élève faible*)
fort	«groß, viel»	□ N	*une forte somme, une forte fièvre* (stark: meist N □, *un vent fort, un homme fort*)
léger	«gering»	□ N	*une légère augmentation, un léger doute, un léger bruit* (leicht: meist N □, *une valise légère*)
lourd	«groß, viel»	□ N	*de lourdes pertes, une lourde responsabilité* (schwer: meist N □, *une valise lourde, un temps lourd, un terrain lourd*)

maigre	«gering»	□ N	*de maigres résultats, une maigre consolation* (mager: meist N □, *un homme maigre, une viande maigre*)
profond	«groß, sehr stark»	□ N	*un profond respect, une profonde ignorance* (tief: meist N □, *un trou profond, un fleuve profond*)
vif	«groß, stark»	□ N	*une vive émotion, une vive curiosité, un vif intérêt* (lebhaft, grell: meist N □, *un regard vif, une couleur vive*)

Das gilt aber nicht für alle Adjektive, z. B.:

cher	«lieb»	□ N	*mon cher ami*
		N □	*une personne chère* (teuer: ebenfalls N □, *une voiture chère*)
curieux	«seltsam»	□ N □	*une curieuse histoire, une histoire curieuse* (neugierig nur N □: *un regard curieux*)
important	«groß, viel»	□ N □	*d'importants progrès, des progrès importants* (wichtig: meist N □, *une question importante, une remarque importante*)
sain	«gut»	□ N □	*une saine réaction, une réaction saine* (gesund: nur N □: *des légumes sains, des dents saines*)

d) **□ N → N □: Nachstellung von meist vorangestellten Adjektiven:**

380 Wenn ein Adjektiv eine **präpositionale Ergänzung** erfordert, **muss es nachgestellt werden,** selbst wenn es sonst immer vor dem Substanriv steht:

un vieux bâtiment → *un bâtiment* vieux de plusieurs siècles
une longue route → *une route* longue de trente kilomètres

381 Wenn ein meist vorangestelltes Adjektiv durch ein **kurzes Adverb** ergänzt wird, **kann** es nachgestellt werden:

une trop *grande maison* – *une maison* trop *grande*
une très *belle femme* – *une femme* très *belle*

Je länger das Adverb ist, desto zwingender wird die Nachstellung:

une maison incroyablement *grande, une femme* extrêmement *belle*

382 Wenn **mehrere Adjektive** dasselbe Substantiv ergänzen, kann ein meist vorangestelltes Adjektiv nachgestellt werden, z. B.:

une grande *maison confortable* → *une maison* grande et *confortable*
une belle *femme mince* → *une femme* belle et *mince*
une grande et belle *femme* → *une femme* grande et belle

383 Ein meist vorangestelltes Adjektiv kann nachgestellt werden, wenn seine (konkrete) Bedeutung **betont** werden soll:

□ N: neutral: *une belle femme, un bref résumé, une lourde responsabilité*
N □: betont: *une femme* belle, *un résumé* bref, *une responsabilité* lourde

oder wenn die Voranstellung mit bestimmten Substantiven eine andere Bedeutung ergibt, z. B.:

un grand homme = ein großer (berühmter) Mann
→ *un homme grand* = ein großer (sehr großer) Mann
un bonhomme (umgangsspr.) = ein Mann
→ *un homme bon* = ein guter (gütiger) Mann

384 Einige meist vorangestellte Adjektive werden in bestimmten Wendungen oder mit bestimmten Substantiven nachgestellt, z. B.:

marcher la tête haute
un front haut (wegen: *un front bas*)
à voix haute (neben: *à haute voix*)
une robe longue, *des manches* longues (wegen: *une robe courte, des manches courtes*)
un vin vieux (*un vieux vin* wäre alt im Sinne von «schlecht»)
une industrie jeune, *une équipe* jeune

e) **N □ → □ N: Voranstellung von meist nachgestellten Adjektiven:**

385 Viele meist nachgestellte Adjektive werden in festen Wendungen oder mit bestimmten Substantiven vorangestellt, z. B.:

un chaud *partisan de qc., pleurer à* chaudes *larmes*
à court *terme, de* courte *durée* (wie *à long terme, de longue durée*)
une douce *espérance, un* fol *espoir*
une dure *leçon, une* dure *défaite*
la morte *saison*
se mettre à plat *ventre*
en pleine *nuit, en* plein *milieu de la rue, à* pleines *mains*
de vive *voix* (usw.)

386 Viele meist nachgestellte Adjektive können durch Voranstellung **leicht betont** werden:

N □: neutral:	*un résultat étonnant*
□ N: leicht betont:	*un* étonnant *résultat*

Durch die markierte Stellung wird diesmal (im Gegensatz zu § 383) nicht die konkrete Bedeutung des Adjektivs unterstrichen. Vielmehr bekommt das Adjektiv eine **affektive** Nuance, als würde es etwas von den Gefühlen des Sprechenden verraten, vgl.:

des épaules larges	= breite Schultern (neutral)
de larges épaules	= breite, «beeindruckende» Schultern (leicht affektiv)

Deshalb ist die Voranstellung nur mit Adjektiven möglich, die eine Eigenschaft bezeichnen (nicht mit solchen, die eine Relation ausdrücken, wie z. B. *électrique* oder *moderne* – s. § 377):

un extraordinaire acteur, une délicate affaire, une immense joie
une passionnante aventure, un épouvantable massacre
un merveilleux voyage, une sympathique personne
une élégante robe, une criante injustice, une violente tempête (usw.)

Wenn das Substantiv ergänzt ist, erscheint die Voranstellung umso natürlicher:

un fort vent d'ouest, une élégante robe du soir, une épaisse couche de neige

387 In der Schriftsprache werden manchmal Farbadjektive vorangestellt, wenn sie im übertragenen Sinne gebraucht werden, z. B.:

de noires intentions (finstere Absichten)

oder wenn die Farbe im Substantiv selbst enthalten ist, z. B.:

la verte campagne, la verte Normandie
un blanc tapis de neige (vgl. *Blanche-Neige*)

II. Interferenzen zwischen Adjektiv und Adverb

388 **1)** Die Adverbien *bien, mal* und *mieux* können **adjektivisch** gebraucht werden:

prädikativ: *C'est bien. Ce costume est très bien (mieux).*
mal meistens mit einer Verneinung:
Ce costume n'est pas mal.
attributiv: nach *quelque chose, pas grand-chose* und *rien:*
quelque chose de bien, de mieux, de mal
(*un type bien, des gens bien* = nur gesprochene Sprache!)

389 **2)** Einige Adjektive werden nach bestimmten Verben **adverbial** (also unverändert) gebraucht:

parler **bas/haut**: laut/leise sprechen *sentir* **bon/mauvais**: gut/schlecht riechen *tenir* **bon**: standhalten *coûter/acheter/vendre/payer* **cher**: teuer sein/kaufen/verkaufen, viel bezahlen *voir* **clair**: gut (klar) sehen *marcher* **droit**: gerade gehen	*travailler* **dur**: hart arbeiten *chanter/sonner* **faux/juste**: falsch/richtig singen/klingen *gagner/risquer* **gros**: viel verdienen/riskieren *deviner/penser* **juste**: richtig raten/denken *peser* **lourd**: schwer wiegen *refuser* **net**: glatt ablehnen

390 Manchmal wird ein **prädikatives Adjektiv** statt eines Adverbs verwendet, wenn nicht die Art und Weise der Handlung, sondern der (körperliche oder seelische) **Zustand des Subjekts** ausgedrückt werden soll, z. B.:

Vous pouvez partir (voyager, dormir) tranquille. (Sie können unbesorgt gehen, reisen, schlafen)
Nous sommes revenus (rentrés) fatigués, contents, déçus, reposés usw.

III. Das Adverb

391 Nach dem Wort «ad-verb» («beim Verb») zu urteilen, wäre ein Adverb ein Begleiter des Verbs. In Wirklichkeit aber kann ein Adverb nicht nur ein Verb, sondern auch ein Adjektiv (z. B. *assez grand*) oder ein anderes Adverb ergänzen (z. B. *assez bien*).

1) formale Besonderheiten:

392 *a)* **Bildung der Adverbien auf -ment**:

Die größte Zahl der Adverbien lässt sich von Adjektiven ableiten. Die Adverbien werden normalerweise von der **femininen** Form des Adjektivs gebildet, z. B.:

heureux → heureuse → heureusement

Zu dieser Grundregel gibt es allerdings Ausnahmen, die auf die geschichtliche (lautliche) Entwicklung der Sprache zurückzuführen sind:

Einige Adverbien haben ein **é**, z. B.:	*commodément, communément, confusément, énormément, expressément, intensément, précisément, profondément, uniformément* + *impun**i** → impun**é**ment*
Wenn das Adjektiv auf **Vokal** endet, fällt das *e* aus:	*vraie → vraiment, aisée → aisément* *hardie → hardiment, absolue → absolument* Ausnahme: *gaie → gaîment* und *gaiement*

Einige Adverbien haben einen **Accent circonflexe:**	*assidûment, dûment, goulûment* *gaîment* (auch *gaiement*)
Die Adjektive auf **-ant** und **-ent** ergeben **-amment** und **-emment**:	*constant →constamment, suffisant → suffisamment* *apparent → apparemment, décent → décemment* Ausnahmen: *lentement, présentement, véhémentement*

393 *b)* **adverbiale Umschreibungen:**

Man kann nicht aus jedem Adjektiv ein Adverb auf *-ment* bilden (die Zahl der Adverbien auf *-ment* ist zwar sehr groß, aber begrenzt). Dafür gibt es eine Reihe von Umschreibungsmöglichkeiten (die man jedoch auch dann verwenden kann, wenn es ein Adverb gibt):

{ **d'une façon (de façon) ...**	*Il se conduit d'une façon (manière) curieuse.*
{ **d'une manière (de manière) ...**	*Il travaille de façon intelligente.*
d'un air ...	*Il nous a regardés d'un air étonné.*
d'un geste ...	*Il a fermé la porte d'un geste brusque.*
d'un pas ...	*Il marchait d'un pas hésitant.*
d'un ton ...	*Il m'a répondu d'un ton agacé.*

Präposition + Substantiv (Beispiele):

à	*à toute vitesse, à la hâte, à fond, à contrecœur ...*
avec	*avec attention, avec curiosité, avec respect, avec soin ...*
de	*de toute évidence, de force, d'habitude, d'urgence ...*
en	*en douceur, en fait, en hâte, en vain, en vérité, en vitesse ...*
par	*par ruse, par surprise, par mégarde ...*
sans	*sans effort, sans mal, sans peine, sans plaisir, sans succès ...*

(deutsches) Adverb → (französisches) Verb, z. B. *gern* → *aimer*: s. §§ 211–213

2) Die Stellung der Adverbien – die drei Adverbtypen:

394 Bei der Stellung des Adverbs spielt seine Form eine geringe Rolle. Entscheidend sind die Bedeutung und die syntaktische Funktion. Deshalb muss man verschiedene Typen von Adverbien unterscheiden:

① Die Adverbien der **Art und Weise** und des **Grades**:
- Art und Weise: *bien, mal, mieux, correctement, prudemment, violemment ...* und die «Umschreibungen»: *d'une façon naturelle, d'un ton irrité, avec soin, en vain, par mégarde, sans peine, comme cela (so) ...*
- Grad: *assez, beaucoup, davantage* (mehr), *moins, peu, plus, tant, autant, tellement, guère* (als Verneinung), *suffisamment, énormément ...*

Diese Adverbien sind die **echten** Adverbien, weil sie tatsächlich das **Verb** ergänzen, indem sie seine Bedeutung einschränken und mit ihm eine **Sinneinheit** bilden, vgl.:

conduire correctement, conduire prudemment, conduire vite usw.
manger beaucoup, manger assez, manger trop usw.

395 ② Die **Modal**adverbien:
certainement, certes, vraiment, effectivement, manifestement, probablement, peut-être, sans doute (wahrscheinlich), *sans aucun doute* (zweifellos), *bien sûr, évidemment* (selbstverständlich), *heureusement …*
und die Verneinungen *ne … pas, point, plus, guère, jamais* (s. auch § 228).

Die Modaladverbien ergänzen nicht das Verb («manger sans doute» ist keine Sinneinheit), sondern **beziehen sich auf den ganzen Satz**, indem sie Subjekt und Verb miteinander verbinden und eine Art **Aussage über die Aussage** machen (s. dazu § 95).

396 ③ Die **Umstands**adverbien:
- Zeit: bestimmte Zeitadverbien: *aujourd'hui, hier, demain …*; unbestimmte Zeitadverbien: *bientôt, ensuite, alors* («damals» od. «daraufhin»), *toujours, jamais* (positiv od. verneinend), *souvent, parfois, tôt, tard …* und adverbiale Ausdrücke wie: *de tous temps, tous les jours, l'an dernier …*
- Ort: *ici, là, là-bas, là-dessus, dedans, dehors, devant, derrière, ailleurs, quelque part, nulle part, partout, loin …*
- Grund (im weitesten Sinne): *par conséquent, aussi* (mit Inversion, im Sinne von «deshalb» – s. § 420), *alors* («in diesem Fall»), *pourtant, cependant, toutefois, pour cette raison …*

Die meisten unter diesen Adverbien können zwei Funktionen erfüllen:

Objektfunktion:

Je vais là-bas.
Je reste ici.
J'arriverai demain.

Das Adverb *(là-bas, ici, demain)* bezieht sich ausschließlich auf das **Verb**, mit dem es eng verbunden ist und das es wie ein (präpositionales) **Objekt** ergänzt, vgl.: *aller à Paris, rester à la maison, arriver dans trois jours.*

rein **situative** Funktion:

Là-bas, *il fait toujours beau.*
Ici, *on se sent à l'aise.*
Demain, *nous irons au cinéma.*

Das Adverb *(là-bas, ici, demain)* ergänzt nicht das Verb, sondern **bezieht sich auf den ganzen Satz**. Es bezeichnet einen Begleitumstand des Vorgangs, d. h., es **situiert** die Aussage «il fait toujours beau», «on se sent à l'aise» usw.

Einige dieser Adverbien können jedoch entweder nur die eine oder nur die andere Funktion erfüllen:
- *loin, tôt* und *tard* können z. B. nur in Objektfunktion auftreten *(aller loin, habiter loin, se coucher tôt/tard);* aber *loin d'ici, très tôt, très tard* können wiederum beide Funktionen erfüllen (z. B. situativ: *Très tôt, les groupes politiques interdits se sont reconstitués sous d'autres noms*).

– *soudain, alors* (in den drei Bedeutungen: damals, daraufhin, in diesem Fall), *pourtant, cependant* können z. B. nie ein Verb ergänzen, sondern nur situativ sein.
Rein situative Adverbien oder adverbiale Ausdrücke erfüllen oft zusätzlich die Funktion einer **Satzverknüpfung** (s. dazu § 440).

397 Interferenzen zwischen den einzelnen Typen:

Nicht jedes Adverb kann von vornherein in die eine oder in die andere Kategorie eingestuft werden, z. B.:

a) Die **Verneinungen** sind zunächst modal (sie verneinen die Verbindung zwischen Subjekt und Verb – s. § 95), einige können aber zusätzlich einen Grad bezeichnen *(guère)* oder temporale Bedeutung haben *(jamais)*. Da ihre Stellung schon behandelt wurde (§§ 229–230), werden sie im Folgenden nur gelegentlich erwähnt.

b) Einige Adverbien der **Art und Weise** können einen **Grad** bezeichnen, z. B.:

serrer fortement	=	stark, heftig
augmenter, grossir fortement	=	stark im Sinne von viel, sehr

c) Einige Adverbien können je nach Kontext zu den Adverbien der **Art und Weise** oder zu den **modalen** Adverbien gehören, z. B.:

bien[1]	gut	*J'ai bien dormi.*
	tatsächlich	*Bouzigue a bien été arrêté.*
curieusement	auf neugierige Weise	*Il nous a interrogés curieusement.*
	merkwürdigerweise	*Il a curieusement refusé.*
heureusement	auf glückliche Weise	*L'affaire s'est terminée heureusement.*
	zum Glück	*Heureusement, il ne pleut pas.*
logiquement	logisch	*Il pense trop logiquement.*
	normalerweise	*Logiquement, il devrait déjà être arrivé.*
naturellement	auf natürliche Weise	*Elle s'habille très naturellement.*
	selbstverständlich	*Naturellement, il est en retard.*
normalement	auf normale Weise	*Elle s'habille normalement.*
	normalerweise	*Normalement, il devrait être arrivé.*

usw.

Umschreibungen wie *d'une façon naturelle, d'un air curieux* usw. bezeichnen jedoch nur eine Art und Weise.

---

[1] im modalen Sinne auch *bel et bien: Il a bel et bien été arrêté.*

d) Einige Adverbien, die meist eine **Art und Weise** bezeichnen, können **situativ** (temporal) gebraucht werden, z. B.:

{ *Il parle lentement* = langsam, auf langsame Weise
{ *Lentement, le ciel s'est couvert* = langsam im Sinne von allmählich
(Ebenso mit *très vite*)
{ *On nous a renvoyés brusquement* = plötzlich + heftig
{ *Brusquement, le ciel s'est couvert* = plötzlich, auf einmal

3) Die Stellung der Adverbien der Art und Weise und des Grades:

398 Diese Adverbien können sich beziehen auf:

– ein **finites Verb** in einer einfachen Zeit	*Elle* parle *vite. Elle* parle *trop.*
– ein **Partizip Präsens** (oder ein Gérondif)	*(en)* parlant *vite, (en)* parlant *trop.*
– einen einfachen **Infinitiv**	parler *vite, trop* parler.
– ein **Partizip Perfekt**	{ *Elle a* parlé *vite. Elle a trop* parlé. { *ayant* parlé *vite, ayant trop* parlé. { *avoir* parlé *vite, avoir trop* parlé.

Im letzten Fall ist die Freiheit des Adverbs am größten. Wie beim Adjektiv (§ 375) kann man drei Gruppen unterscheiden (P = Part. Perfekt):

□ **P**	= vorangestellte Adverbien
□ **P** □	= Adverbien, die sowohl vor als auch hinter dem Partizip stehen können
P □	= nachgestellte Adverbien

399 *a)* □ **P (Voranstellung)**:

Folgende Adverbien stehen meist vor dem Partizip Perfekt:

bien, mal, mieux	*Nous avons bien (mal, mieux) dormi.*
und die kurzen Adverbien des Grades: **assez, beaucoup, peu, plus, moins, tant, autant, trop** und **à peine**	*Nous avons assez (beaucoup, peu, trop) dormi.* *Nous avons moins (plus, autant, tant) mangé.* *Nous avons à peine dormi.*
sowie die Verneinung **guère** (s. § 229)	*Nous n'avons guère dormi.*

Die Nachstellung ist jedoch nicht ausgeschlossen, außer bei *bien, mal* und *guère,* vgl.:

Il a parlé mieux. Nous avons mangé assez (beaucoup, plus, trop ...).

vor allem wenn das Adverb ergänzt wird:

Nous avons mangé beaucoup plus (bien moins, assez peu ...).
Nous avons mangé plus mal que d'habitude.
(aber Voranstellung ist weiterhin möglich!)

400 *b)* **P □ (Nachstellung)**:

Immer nachgestellt sind:

Die Adverbien, die eine sehr präzise Bedeutung haben:	*Il a répondu* **négativement** *à cette question.* *Cet adjectif est employé* **adverbialement.** *Il a répondu* **exactement, insolemment, sèchement ...** *Il a travaillé* **méthodiquement, intelligemment ...** *Nous y sommes allés* **séparément.**
ensemble, exprès («extra, absichtlich»), **ainsi, vite** (s. Anm.!):	*Nous y sommes allés* **ensemble**. *Il est venu* **exprès.** *Je l'ai fait* **ainsi.** *Nous avons marché* **vite.**

Anm.: Wenn *vite* zwischen Verb und Partizip steht, wird es **situativ** verstanden, d. h. mit temporaler Bedeutung (bald, kurz darauf), vgl.:

Il s'est **vite** *excusé. Il s'est* **vite** *mis au travail.*

In manchen Fällen können jedoch beide Interpretationen und somit beide Stellungen möglich sein, vgl.:

Il a **vite** *guéri* (bald). *Il a guéri* **vite** (schnelle Genesung).

Alle **adverbial gebrauchten Adjektive** (s. § 389):	*Il a refusé* **net.** *Nous avons tenu* **bon.** *Il a travaillé* **dur.**
Alle **Umschreibungen** (s. § 393):	*Il a répondu* **de façon correcte, d'un ton insolent ...** *Je l'ai fait* **avec plaisir, sans peine, comme cela ...**

Meist nachgestellt sind ferner:

Die Adverbien der Art und Weise, die auch **modal** gebraucht werden können (s. § 397 *c*), außer *bien:*	*Il a parlé* **naturellement, normalement, simplement ...** *Il nous a regardés* **curieusement.** *L'affaire s'est terminée* **heureusement.**

In dieser Stellung können sie nie modal verstanden werden, weil Modaladverbien zwischen Hilfsverb und Partizip stehen (s. § 407). Stehen sie aber vor dem Partizip, werden sie eher modal verstanden (es sei denn, der Kontext ist eindeutig):

Il a naturellement *parlé* = eher «selbstverständlich»
Il a simplement *parlé* = eher «nur, bloß»

c) □ **P** □ **(Voranstellung oder Nachstellung)**:

401 Mit **Bedeutungsunterschied**: Einige Adverbien der Art und Weise, die auch einen **Grad** bezeichnen können (s. § 397 *b*), können je nach Bedeutung verschiedene Stellungseigenschaften haben (ähnlich wie beim Adjektiv, § 379), z. B.:

faiblement	«schwach»	P □	*Il a respiré faiblement.*
	«wenig»	□ P □	*Les prix ont faiblement augmenté/augmenté faiblement.*
fortement	«stark, heftig»	P □	*Il l'a serrée fortement contre lui.*
	«sehr, viel»	□ P □	*Il s'est fortement intéressé/intéressé fortement à ce projet.*
fort	«stark, laut»	P □	*Le vent a soufflé fort. Il a parlé fort.*
	«sehr»	□ P	*Son attitude m'a fort déplu.*
légèrement	«leicht, leichtsinnig»	P □	*Il a mangé légèrement.* *Il a agi légèrement* (= à la légère).
	«wenig»	□ P □	*Les prix ont légèrement augmenté/augmenté légèrement.*
méchamment	«bösartig»	P □	*Il nous a parlé méchamment.*
	«sehr» (umgangsspr.!)	□ P	*Il a méchamment grossi* (umgangsspr.).
profondément	«tief»	P □	*Il a dormi profondément. Nous avons creusé profondément.*
	«sehr»	□ P □	*La ville a profondément changé/changé profondément.*
rudement	«hart, grob»	P □	*Il nous a traités (parlé) rudement.*
	«sehr»	□ P	*Il a rudement grossi, changé.*

402 Die übrigen Adverbien der Art und Weise und des Grades, die nicht zu denjenigen gehören, die meist voran- (s. § 399) oder nachgestellt werden (§§ 400–401), können beide Stellungen haben, ohne Bedeutungsunterschied, z. B.:
Art und Weise:

Le projet de loi a été violemment *critiqué/critiqué* violemment.
Il a systématiquement *refusé/refusé* systématiquement *toutes nos propositions.*
Il a brillamment *réussi/réussi* brillamment *tous ses examens.*
Deux policiers ont été grièvement *blessés/blessés* grièvement.
Il s'est poliment *excusé/excusé* poliment.

Grad:

Nous avons suffisamment *travaillé/travaillé* suffisamment.
Il a énormément *changé/changé* énormément.
Nous en avons abondamment *discuté/discuté* abondamment.

403 *d)* **beim Infinitiv**:

Wenn das Verb ein einfacher Infinitiv ist (s. § 398), ist die **Voranstellung** nur bei Adverbien üblich, die immer oder meist vorangestellt werden (§ 399)[1], z. B.:

pour bien *comprendre; pour* mieux *comprendre.*
sans trop *travailler; sans* beaucoup *travailler.*
(aber auch: *sans travailler* trop, *sans travailler* beaucoup).

Es sei denn, die Stellung vor dem Infinitiv ergibt einen anderen Sinn, weil das Adverb sich auf ein anderes Verb des Satzes bezieht, z. B.:

Je veux bien *écrire.*	= Ich will gern schreiben.
Je veux écrire bien.	= Ich will gut schreiben.
*J'*aimerais mieux *dormir.*	= Ich möchte lieber schlafen.
J'aimerais dormir mieux.	= Ich möchte besser schlafen (können).

Die übrigen Adverbien, die sowohl voran- als auch nachgestellt werden können (s. §§ 401–402), werden dagegen nur in einer gepflegten Sprache vor den Infinitiv gestellt:

afin de brillamment *réussir* geläufiger: *afin de réussir* brillamment.
sans suffisamment *travailler* geläufiger: *sans travailler* suffisamment.

404 *e)* **beim finiten Verb in einer einfachen Zeit oder beim Partizip Präsens**:

In diesem Fall muß jedes Adverb nachgestellt werden:

Il travaille bien.
Son attitude me déplaît fort.
En travaillant mieux.

405 *f)* **am Satzanfang**:

> Die Adverbien der **Art und Weise** und des **Grades** dürfen **nicht am Satzanfang** stehen:

Deutlicher *hatte er nicht reden können.*
→ Nur: *Il n'aurait pas pu parler* **plus franchement** (nettement).

---

[1] außer *à peine*, das wegen des möglichen Zusammentreffens von zwei Präpositionen (z. B. commencer *à* + *à* peine) immer hinter dem Infinitiv steht.

Schneller *kann der Wagen nicht fahren.*
→ Nur: *La voiture ne peut pas aller* **plus vite**.
Mehr *verlange ich nicht.*
→ Nur: *Je n'en demande pas* **plus** (davantage).

Ausnahmen:

- **ainsi** mit einfacher Inversion (selten – s. § 358);
- **tant** und **tellement** (s. § 356);
- **plus** und **moins** im Sinne von «je mehr (weniger) ..., desto ...»:

  Plus *on boit,* plus *on a soif.*

- einige adverbiale Ausdrücke wie *d'un air ..., d'un geste ..., d'un ton ...:*

  D'un geste brusque, *il nous fit signe de sortir.*
  D'un ton irrité, *il nous demanda de sortir.*

4) Die Stellung der Modaladverbien:

406 ⇨ Die **Modal**adverbien dürfen bis auf wenige Ausnahmen (s. unten) am **Satzanfang** stehen:

Apparemment, *il n'habite plus à cette adresse.*
Evidemment (bien sûr, naturellement), *je vous préviendrai.*
Peut-être *le facteur est-***il** *déjà passé.* } (s. Anm. 2)
Peut-être que *le facteur est déjà passé.* } (s. Anm. 2)
Jamais *je ne l'ai vu gai.*

Ausnahmen: **bien** und **bel et bien** (s. § 397 *c*), **certainement, sûrement** (s. Anm. 2), und die Verneinungen **pas/point/plus/guère** (s. Anm. 3).

Anmerkungen:

1 Da die Adverbien der Art und Weise an dieser Stelle ausgeschlossen sind (Regel § 405), werden Adverbien, die an sich zweideutig sind (§ 397 *c*), automatisch **modal** verstanden, wenn sie am Satzanfang stehen:

Naturellement, il a parlé = selbstverständlich

2 Nach *peut-être, sans doute* und *probablement* steht eine komplexe Inversion (s. Beispiel oben und § 418). In der gesprochenen Sprache verbindet man diese Adverbien sowie *certainement, sûrement* und gelegentlich auch *bien sûr* mit dem Rest des Satzes durch **que** (s. Beispiel oben).

3 Wenn *plus* am Satzanfang steht, bedeutet es «je mehr ...» (s. § 405). *Guère* ist auch Adverb des Grades und darf als solches nicht am Satzanfang stehen (§ 405). Unter den Verneinungen dürfen also nur *jamais* (als Zeitadverb), *nulle part* (als Ortsadverb) und die indefiniten Pronomen *rien, personne, aucun* (in Subjektfunktion) am Satzanfang stehen (s. § 229).

407 ➪ Wenn sie nicht am Satzanfang stehen, stehen die **Modal**adverbien **direkt hinter dem finiten Verb**, also vor dem Partizip und vor eventuellen Adverbien der Art und Weise und des Grades:

Il viendra **sans doute**. *Il est* **sans doute** *venu* (wie *il n'est* **pas** *venu*).
Il a **peut-être** *manqué son train. Il a* **effectivement** *réussi.*
Vous avez **peut-être** mal *entendu. Tu as* **sans doute** trop *mangé.*
Son attitude m'a **vraiment** fort *déplu.*
Je l'ai **malheureusement** à peine *vu.* (ebenso: ... malheureusement guère).
Nous avons **bien sûr** énormément *profité du beau temps.*

5) Die Stellung der Umstandsadverbien:

408 *a)* in **Objekt**funktion (s. § 396):

➪ **Umstands**adverbien in **Objekt**funktion (d. h., wenn sie sich auf das *Verb* beziehen) dürfen nur hinter dem Verb stehen, und zwar **hinter dem Partizip**:

Je suis allé **là-bas**. *Nous sommes toujours restés* **ici**.
Je suis arrivé **avant-hier**. *Nous nous sommes couchés* **tard**.
Nous n'avons pas nagé **loin**. *Nous nous sommes arrêtés* **avant**.
Das gilt auch für die Verneinung *nulle part*:
Je ne suis allé **nulle part** (*Nulle part* kann aber auch situativ sein und vor dem Partizip stehen – s. § 410: *Je n'ai nulle part aussi bien mangé*).

Là-bas kann höchstens mit Wiederaufnahme durch *y* am Satzanfang stehen: *Là-bas, j'***y** *suis allé souvent* (s. § 426).
Einige Adverbien können durch **c'est ... que** hervorgehoben werden:

C'est là-bas *que j'irai. C'est* hier *que je suis arrivé.*

b) in **situativer Funktion** (s. § 396):

409 ➪ **Umstands**adverbien in **situativer** Funktion (d. h., wenn sie sich auf den ganzen Satz beziehen), können am **Satzanfang** stehen (s. auch § 419):

Hier, *il y avait du brouillard.* **Demain,** *nous irons au cinéma.*
Quelquefois (parfois), *il y a un bon film à la télé.*
Finalement (ensuite, après), *nous sommes repartis.*
Très vite (très tôt), *les groupes interdits se sont reconstitués.*
(aber: *Il parle très vite* – § 400, *Il se lève très tôt* – wie § 408)
Brusquement (soudain), *la voiture a dérapé.*
(aber: *Il nous a renvoyés brusquement* = d'un ton brusque, wie § 400)

Pendant longtemps, *nous sommes restés sans nouvelles de lui.*
(aber: *Nous sommes restés longtemps* – wie § 408)
Partout, *les terrains de camping étaient pleins.*
(aber: *Nous avons regardé partout* – wie § 408)
Ailleurs, *il n'y avait pas de place non plus.*
(aber: *Nous sommes allés ailleurs* – wie § 408)
Malgré tout (pourtant, cependant), *nous nous sommes bien amusés.*

Toujours und **encore** dürfen jedoch nicht am Satzanfang stehen wegen *toujours est-il que ...* (= immerhin) und *encore + Inversion* (= allerdings: *Encore faudrait-il le prouver*) (s. § 420).
Alors kann nur in der Bedeutung von «dann» (*Alors, nous sommes partis*) oder «in diesem Fall» (*Alors, il faut partir*) am Satzanfang stehen, nicht in der Bedeutung von «damals» *(Il était alors premier ministre)*.
Aussi + Inversion (= deshalb) steht nur am Satzanfang (s. § 420).

410 Wenn sie nicht am Satzanfang stehen, stehen die **Ortsadverbien** und die **bestimmten Zeitadverbien** (*aujourd'hui, hier, demain,* usw.) **hinter dem Partizip** und meist hinter den anderen Ergänzungen:

Nous avons bien mangé (,) **hier (là-bas)**.
Il y a un bon film à la télévision (,) **aujourd'hui (ce soir)**.

Außer *nulle part* stehen sie selten zwischen Hilfsverb und Partizip, und nur, wenn der Satz nicht zu kurz ist. In diesem Fall müssen sie vor eventuellen Adverbien der Art und Weise oder des Grades stehen:

Je n'ai nulle part *aussi bien mangé.*
Elle avait là-bas *désespérément attendu de ses nouvelles.*

411 Wenn sie nicht am Satzanfang stehen, stehen die übrigen Umstandsadverbien, darunter die **unbestimmten Zeitadverbien**, oft **zwischen Hilfsverb und Partizip**, vorausgesetzt, dass sie nicht zu lang sind:

J'ai **pourtant** *fait mon possible. Nous nous sommes* **quand même** *amusés.*
Nous avons **néanmoins** *pris toutes les précautions utiles.*
Il est **toujours (souvent, fréquemment, rarement)** *arrivé en retard.*
Nous avons **aussitôt (tout de suite, ensuite, alors, d'abord)** *prévenu la police.*
Je l'ai **déjà (encore)** *vu.*
J'ai **longtemps (parfois, quelquefois)** *cru qu'il m'en voulait.*

Liste der wichtigsten unbestimmten Zeitadverbien:

déjà, dès lors, désormais (von nun an), *encore, de nouveau*
aussitôt, tout de suite, bientôt, ensuite, d'abord, enfin, finalement
brusquement, subitement, soudain, tout à coup
toujours, jamais, constamment, sans cesse
souvent, rarement, fréquemment, quelquefois, parfois

autrefois, alors (damals), *actuellement, maintenant, dernièrement récemment, prochainement, auparavant, jusqu'alors* (bisher)
longtemps, pendant longtemps, depuis longtemps, depuis peu de temps

412 Unbestimmte Zeitadverbien können auch **hinter dem Partizip** stehen, bis auf wenige Ausnahmen (*alors, déjà, dès lors, désormais, encore* im Sinne von «immer noch», *toujours* im Sinne von «immer noch» und *jamais*):

Nous sommes allés quelquefois (souvent, ensuite) *au cinéma.*
Nous avons prévenu aussitôt (d'abord, finalement) *la police.*

413 Sie müssen immer **vor** eventuellen **Adverbien der Art und Weise** oder des **Grades** stehen:

Nous avons **souvent** mieux *mangé.*
Nous en avons **finalement** beaucoup *parlé.*
Il a répondu **parfois** insolemment.

414 Schließlich stehen die unbestimmten Zeitadverbien **hinter den Modaladverbien**:

Il est malheureusement **souvent** *malade.*
Il a apparemment **longtemps** *cru que je lui en voulais.*
Il est peut-être **déjà** *rentré.*

aber **vor den Verneinungen**, da sich die Verneinung sonst auf das Zeitadverb bezieht, z. B.:

{ *toujours pas* = immer noch nicht (s. § 247)
{ *pas toujours* = nicht immer
{ *souvent pas* = oft nicht
{ *pas souvent* = nicht oft

Kapitel 18: Die Wortstellung im Aussagesatz

Allgemeines

415 Die Wortstellung, oder genauer die «Satzgliedstellung», erfüllt in jeder Sprache die gleiche Funktion: Ihre Aufgabe ist, das Verstehen der Satzstruktur zu ermöglichen und somit das Verstehen des Satzes zu erleichtern. Dafür verfügen die Sprachen über die verschiedensten Mittel. Zum Beispiel werden im Deutschen durch die Stellung des finiten Verbs verschiedene Satztypen gekennzeichnet:

1. Stelle:	Hat *er angerufen?*	Fragesatz
	Hätte *er angerufen ...*	Bedingungssatz mit Frageform
	Bist *du dumm!*	Ausruf
2. Stelle:	*Gestern* hat *er angerufen.*	Aussagesatz
letzte Stelle:	*[daß] er gestern angerufen* hat.	Nebensatz

So gibt es im Deutschen und im Französischen eine Reihe von **festen Stellungsregeln,** die besagen, dass bestimmte Satzglieder an bestimmten Stellen stehen müssen oder umgekehrt an bestimmten Stellen nicht stehen dürfen.

Aber die Wortstellung besteht nicht nur aus «Zwang» und «Verbot». Vielmehr gibt es immer Bereiche, wo **freie Wortstellung** möglich ist. Zum Beispiel darf das Subjekt im Deutschen hinter dem Verb stehen *(Gestern hat er angerufen),* was im Französischen nur bedingt möglich ist. Dafür kann man im Französischen mehrere Satzglieder an den Satzanfang stellen, was im Deutschen nicht erlaubt ist, z. B.:

Bien entendu, en cas de mauvais temps, la course sera annulée.

Und selbst wenn eine bestimmte Wortfolge auf Grund einer Verbotsregel ausgeschlossen ist, z. B. die Reihenfolge Objekt-Subjekt im Französischen, hat die Sprache manchmal die Möglichkeit, das Verbot zu umgehen, z. B.:

Diesen Film *habe ich schon dreimal gesehen.*
Ce film, *je* **l'***ai déjà vu trois fois.*

I. Die Wortstellung nach dem grammatischen Prinzip

416 Die Stellungsregeln, die bestimmen, welche Stellungsmöglichkeiten frei sind und welche nicht, sind **grammatische** Regeln, denn sie richten sich nach der **Form** des jeweiligen Satzgliedes (z. B. Stellung der Personalpronomen im Gegensatz zur Stellung der substantivischen Objekte) und nach dessen **Funktion** im Satz (z. B. Stellung von Subjekt und direktem Objekt, Stellung der Adverbien usw.).

1) Das Schema des französischen Satzes:

417 Um die Stellungsregeln zu beschreiben, muss man nicht nur die Satzglieder, sondern auch die verschiedenen Stellen oder «Felder» im Satz bezeichnen können. Man braucht also einen bestimmten «Satzbauplan», der für die Beschreibung der Stellungsregeln als Muster dienen soll. Ausgehend von einem deutschen Satz, der eine Reihe von verschiedenartigen Satzgliedern enthält:

Leider hat mir Peter die Beatles-Platte immer noch nicht zurückgegeben.

Bestandteile: 1 Verb in einer zusammengesetzten Zeit *(zurückgegeben hat);* 1 Subjekt *(Peter)*; 1 direktes Objekt *(die Beatles-Platte)*; 1 indirektes Objekt in pronominaler Form *(mir)*; 1 Verneinung *(nicht)*, kombiniert mit einem Zeitadverb *(immer noch)*; und 1 Modaladverb *(leider)*.

wird folgender Satzbauplan vorgeschlagen:

		Hauptfeld		
Vorfeld		**Zwischenfeld**		**Nachfeld**
Malheureusement, Pierre	*ne m'* **a**	*toujours pas*	**rendu**	*mon disque des Beatles.*

Erläuterungen:

a) Das **Vorfeld** umfasst alle Satzglieder, die vor dem finiten Verb stehen, mit Ausnahme der Verneinungspartikel *ne* und der Personalpronomen in Objektfunktion (zur Stellung der Pronomen, s. §§ 270–272, 277–281).
In einem üblichen Aussagesatz wird das Vorfeld vom Subjekt besetzt. Es kann aber wie in diesem Beispiel durch andere Satzglieder nach links **erweitert** werden. Fängt ein Satz mit dem Verb, mit *ne* oder mit einem Personalpronomen in Objektfunktion an, so sagen wir einfach, dass das Vorfeld unbesetzt ist, z. B.:

besetztes Vorfeld:	**Ici, il**	*fait froid.*
unbesetztes Vorfeld:	Ø	*As-tu froid?*
	Ø	*Est-ce que tu as froid?*
	Ø	*N'a-t-il pas téléphoné?*
	Ø	*Le lui as-tu dit?*

b) Das **Hauptfeld** umfasst alle übrigen Satzglieder. Steht das Verb in einer zusammengesetzten Zeit, so ist es angebracht, ein **Zwischenfeld** (zwischen Hilfsverb und Partizip) und ein **Nachfeld** (nach dem Partizip) zu unterscheiden, denn bestimmte Satzglieder können nur vor dem Partizip und andere nur nach dem Partizip stehen, z. B.:

Je n'ai **rien** *vu.* = nur Zwischenfeld
Je n'ai vu **personne**. = nur Nachfeld
Je n'ai pas **tout** *vu.* } = Zwischenfeld oder Nachfeld
Je n'ai pas vu **tout**. }

Wenn das Verb in einer einfachen Zeit steht, erübrigt sich diese Unterscheidung. In diesem Fall sprechen wir nur noch von Hauptfeld:

Je ne vois **rien**. } *rien* und *personne* stehen im Hauptfeld.
Je ne vois **personne**. }

2) Die Besetzung des Vorfeldes:

a) **Welche Satzglieder können im Vorfeld stehen?**

418 Neben dem Subjekt können folgende Satzglieder im Vorfeld stehen:

– die **Modaladverbien**, bis auf wenige Ausnahmen (s. § 406):

Incontestablement, *l'équipe de France a bien joué.*
Bien entendu, *les victimes de la catastrophe seront indemnisées.*
Certes, *il y a encore beaucoup à faire.*
Evidemment, *il n'a encore rien compris.*
Malheureusement, *ma voiture est tombée en panne.*
Manifestement, *il s'est trompé.*
Effectivement (in der Tat), *je m'en suis aperçu.*

Einige von ihnen (*peut-être, probablement, sans doute* – s. § 406 Anm. 2) erfordern eine **komplexe Inversion** oder werden mit dem Rest des Satzes durch **que** verbunden (vor allem in der gesprochenen Sprache, wo die Inversion generell gemieden wird):

Peut-être **ton frère** *viendra-t-***il.**
*Peut-être viendra-t-***il.**

Peut-être **que** *ton frère viendra.*
Peut-être **qu'***il viendra.*

Die einfache Wortstellung (ohne Inversion und ohne *que*) findet sich nur gelegentlich *(Peut-être ton frère viendra).*
Certainement und *sûrement* können nur in der gesprochenen Sprache und nur mit *que* am Satzanfang stehen:

Certainement/sûrement **que** *ton frère viendra.* (gesprochene Sprache)
Schriftsprache: nur *Ton frère viendra certainement/sûrement.*

419 – die **Umstandsbestimmungen** (auch Umstandsadverbien – s. § 409), vorausgesetzt, dass sie nicht das Verb ergänzen, sondern **sich auf den ganzen Satz beziehen** (s. §§ 396 und unten 426):

Dans trois jours, *nous serons en vacances.*
Bientôt, *nous serons en vacances.*

Dans ce restaurant, *on mange bien.*
Ici, *on mange bien.*
Ces temps derniers, *je me suis couché souvent très tard.*
Hier, *je me suis couché très tard.*
Au bout d'une heure, *j'ai fini par m'endormir.*
Ensuite, *j'ai fini par m'endormir.*
En cas de mauvais temps, *la course sera annulée.*
A Paris, *on peut aller souvent au théâtre.*
Au siècle dernier, *les personnes âgées vivaient chez leurs enfants.*
Autrefois, *les personnes âgées vivaient chez leurs enfants.*
Avec cet argent, *je compte m'acheter une moto.*
Pour elle, *il irait au bout du monde.*
Malgré son âge, *il est encore très dynamique.*

Das gilt auch für Nebensätze, die die Funktion einer Umstandsbestimmung erfüllen:

Quand je suis sorti, *il ne pleuvait pas encore.*
S'il ne fait pas beau, *la course sera annulée.*
Bien qu'il soit très âgé, *il est encore très dynamique.*
Pour réussir la mayonnaise, *il faut verser l'huile tout doucement.*
En prenant l'autoroute, *nous irons plus vite.*

420 **Aussi** kann nur in der Bedeutung von «deshalb» im Vorfeld stehen (in der Regel mit komplexer Inversion):

Ceux qui n'ont pas de qualification ont du mal à trouver un emploi.
Aussi les femmes *sont-*elles *beaucoup plus touchées par le chômage que les hommes* (= deshalb, daher, so, auf diese Weise).
vgl. *Les femmes* **aussi** *sont touchées par le chômage.*
(= **Auch** die Frauen ...)

Toujours kann nur in dem Ausdruck *toujours est-il que* ... (jedenfalls, wie dem auch sei) am Satzanfang stehen.

Encore kann nur in der Bedeutung von «allerdings» am Satzanfang stehen, meist in Verbindung mit *falloir (encore faut-il ...)*:

C'est bien, le théâtre, encore faut-il *avoir le temps d'y aller.*

b) Welche Satzglieder können nicht oder nur bedingt im Vorfeld stehen?

421 Im Gegensatz zum Deutschen können **direkte Objekte** nur dann im Vorfeld stehen, **wenn sie durch ein Personalpronomen wieder aufgenommen werden** (= Satzsegmentierung, s. § 459).

Diesen Film habe ich schon dreimal gesehen.
→ **Ce film,** *je* **l'***ai déjà vu trois fois.*

Das Auto habe ich schon in die Garage gefahren.
→ **La voiture,** *je* **l'***ai déjà rentrée au garage.*
Äpfel habe ich nicht gefunden.
→ **Des pommes,** *je n'***en** *ai pas trouvé.*
Glück hat er nie gehabt.
→ **De la chance,** *il n'***en** *a jamais eu.*
Das weiß ich besser als du.
→ **Cela** *(ça), je* **le** *sais mieux que toi.*

Der Sinn dieser Regel liegt auf der Hand: Die Reihenfolge Subjekt-Objekt ist im Französischen die einzige Möglichkeit, das Subjekt von dem Objekt zu unterscheiden, da es keine Deklination der Substantive mehr gibt. Wenn nun ein Objekt an den Satzanfang gestellt wird, muss die Reihenfolge Subjekt-Objekt im Satz durch ein Pronomen wiederhergestellt werden, wobei das Pronomen wiederum das vorangestellte Satzglied unmissverständlich als Objekt kennzeichnet.

422 Die Wiederaufnahme durch ein Pronomen ist auch dann notwendig, wenn das vorangestellte Objekt ein *que*-Satz ist:

Dass er faul ist, weiß jeder.
→ *Qu'il soit paresseux, tout le monde* **le** *sait.*

> Umgekehrt darf der Objektsatz nicht durch ein Personalpronomen «angekündigt» werden, wenn er hinter dem Verb steht:

Ich finde **es** *schade, dass du nicht kommen kannst.*
→ **Je trouve dommage que** *tu ne puisses pas venir.*
Er hat **es** *abgelehnt, uns zu helfen.*
→ **Il a refusé de** *nous aider.* (s. auch § 204)

423 Wenn die Wiederaufnahme durch ein Pronomen nicht möglich ist, kann man das direkte Objekt nicht ins Vorfeld stellen. Das ist vor allem mit indefiniten Pronomen und mit Infinitivobjekten der Fall, z. B.:

Alles habe ich nicht verstanden.	Nur: *Je n'ai pas* **tout** *compris.*
Gar nichts habe ich gesagt!	Nur: *Je n'ai* **rien** *dit du tout!*
Etwas möchte ich wissen.	*J'aimerais savoir* **quelque chose**. oder: **Il y a quelque chose que** *j'aimerais savoir.* (s. auch § 458)
Tanzen kann er nicht.	Nur: *Il ne sait pas* **danser**.

424 Ausnahmen:

– das Relativpronomen *que* (das als direktes Objekt markiert ist) steht am Anfang des Relativsatzes, z. B.: *les films que j'ai vus.*

– die Fragepronomen *qui, que, lequel* sowie *combien de* … und *quel* … stehen ebenfalls am Satzanfang:

Qui as-tu vu? Qu'as-tu fait? Lequel as-tu choisi?
Combien de temps avez-vous mis?
Quelle route avez-vous prise?

425 **Prädikative Ergänzungen** (adjektivische oder substantivische) stehen äußerst selten im Vorfeld, allenfalls:
a) mit **Wiederaufnahme** durch ein Pronomen, oder
b) mit einfacher **Inversion** (nur Schriftsprache).

a) **Bête,** *il ne* **l'***est pas.*
Député, *il* **l'***est resté pendant dix ans.*
(Diese Struktur ist nicht sehr gebräuchlich)

b) **Tels** *étaient ses sentiments.* (s. § 358)
Nombreux *sont les gens qui …/ceux qui …* } feste Wendungen
Rares *sont les gens qui …/ceux qui …*
Grande *fut ma surprise.* } sehr literarisch
Maudite *soit l'espérance!* (Nerval)
Puissante *est la souffrance.* (Claudel)
Combien vive *est ma joie!* (Duhamel)

426 **Umstandsbestimmungen** (auch Adverbien), die ausschließlich **das Verb ergänzen** («Objektfunktion», s. § 396), können nur dann im Vorfeld stehen, **wenn sie durch ein Pronomen wieder aufgenommen werden:**

aller à Paris, habiter à Paris:
A Paris, *nous* **y** *allons une fois par mois*[1].
A Paris, *j'***y** *ai habité cinq ans.*
Là-bas, *j'***y** *ai habité cinq ans* (s. auch § 408).
jouer au football:
Au football, *j'***y** *joue tous les vendredis.*

Wenn die Wiederaufnahme durch ein Pronomen nicht möglich ist, kann die Umstandsbestimmung nicht im Vorfeld stehen:

Je suis arrivé hier/la semaine dernière.
Je me suis couché très tard.
Nous n'avons pas attendu longtemps (vgl. *Lange haben wir nicht gewartet.*).
Nous ne sommes pas allés très loin (vgl. *Sehr weit sind wir nicht gegangen.*).

---

[1] Vgl. *A Paris, nous allons souvent au théâtre* (wie § 419).

427 ⇨ **Adverbien der Art und Weise und des Grades** (d. h. Adverbien, die ebenfalls das Verb ergänzen – s. § 394) können nicht im Vorfeld stehen (s. § 405):

Besser hätte ich es nicht machen können.
→ Nur: *Je n'aurais pas pu [le] faire* **mieux**.
Schlecht hat die Mannschaft nicht gespielt.
→ Nur: *L'équipe n'a pas* **mal** *joué.*
Viel haben wir nicht gegessen.
→ Nur: *Nous n'avons pas mangé* **beaucoup**.
(weitere Beispiele sowie einige Ausnahmen s. § 405)

428 ⇨ **Indirekte Objekte** mit *à* und *de* stehen selten im Vorfeld.

A mon frère, j'ai offert un disque des Beatles.
A la revendication des syndicats, le premier ministre a opposé un «non» catégorique.
De cet événement, on se souviendra longtemps.
mit einfacher Inversion:
A cela s'ajoute que ... = Hinzu kommt, dass ... (feste Wendung)

Diese Stellung des indirekten Objekts ist nicht üblich. In der Standardsprache zieht man eine pronominale Wiederaufnahme vor, wobei das indirekte Objekt meist ohne Präposition vorangestellt wird:

Mon frère, *je* lui *ai offert un disque des Beatles.*
Cet événement, *on s'*en *souviendra longtemps.*

429 *c)* Gelegentlich werden Satzglieder, die im Vorfeld stehen können, nicht links vom Subjekt gestellt, sondern **zwischen Subjekt und Verb**. Dies ist jedoch **nicht möglich, wenn das Subjekt ein unbetontes Pronomen ist**:

L'incendie, **heureusement,** *n'a causé que des dégâts matériels.*
L'automobile, **avant la guerre,** *était un luxe.*
im Relativsatz, nach *qui*:
... *un livre qui,* **il y a dix ans,** *aurait fait scandale.*
nach einem betonten Pronomen:
Lui, **heureusement,** *n'en savait rien.*
▶ nicht aber nach *il, je* usw.!

3) Die Besetzung des Zwischenfeldes:

430 Im Zwischenfeld stehen folgende Satzglieder:
– das **pronominale Subjekt** im Falle einer Inversion:

*Peut-être est-***il** *déjà parti.*

– **rien** und **tout**, wenn sie direktes Objekt sind (s. §§ 229 und 231):

Je n'ai **rien** *entendu.*
J'ai **tout** *entendu* (aber auch *J'ai entendu* **tout** – s. § 231).

– die **Modaladverbien**, einschließlich der Verneinungen *pas, point, plus, guère, jamais* (s. §§ 229 und 407):

Je ne l'ai **pas** *vu.*
Il a **sans doute** *raté son train.*
Il a **apparemment** *changé d'avis.*

Il est vrai, semble-t-il, chose curieuse, chose étrange, je crois, je pense usw. werden mitunter als Modaladverb verwendet und können im Zwischenfeld stehen, z. B.:

Le nombre des chômeurs a, **il est vrai**, *légèrement diminué depuis quelques mois.*
Ces propositions ont **semble-t-il** *été plutôt mal accueillies* (aus *Le Monde*).

– viele **Adverbien der Art und Weise und des Grades**, wobei die meisten auch im Nachfeld stehen können (s. §§ 399, 401–402):

Nous avons **bien** *mangé.*
Nous avons **beaucoup** *mangé.* auch: *Nous avons mangé* **beaucoup**.
Il s'est **poliment** *excusé.* auch: *Il s'est excusé* **poliment**.

– viele **Umstandsadverbien in situativer Funktion** (s. § 411):

J'ai **longtemps** *cru qu'il m'en voulait.*
► aber: *Je suis resté* **longtemps**, *j'ai attendu* **longtemps** (s. § 408).
Il s'est **enfin** *décidé à partir.*
Il me semble que je vous ai **déjà** *vu quelque part.*

In der Schriftsprache, vor allem in der Zeitungssprache, findet man auch längere Umstandsbestimmungen im Zwischenfeld. Dazu drei Beispiele aus Le Monde:

On lui a demandé s'il était exact que F ... avait, au cours des dernières années, *financé des partis politiques.*
Le camp était, mercredi en fin de matinée, *assiégé par les forces armées régulières.*
Ce dernier avait, dès le lendemain de la passation des pouvoirs au colonel R ..., *déclaré que la procédure était inconstitutionnelle.*

4) Die Besetzung des Nachfeldes[1]:

431 Im Nachfeld stehen alle Satzglieder, die nicht im Zwischenfeld stehen können. Die Wortstellung im Nachfeld scheint relativ frei zu sein, wie die folgenden Beispiele aus *Le Monde* zeigen:

La crise de 1972 devait amener le général R ... au pouvoir.
oder: *... devait amener au pouvoir le général R ...*

[1] bzw. des Hauptfeldes, wenn das Verb in einer einfachen Zeit steht (s. oben § 417).

Tous ces adversaires réclament avec intransigeance l'élimination de l'apartheid.
oder: ... *réclament l'élimination de l'apartheid avec intransigeance.*
Une telle attitude rend la concertation entre les deux parties pratiquement impossible.
oder: ... *rend pratiquement impossible la concertation entre les deux parties.*

Diese Freiheit wird jedoch von einigen Faktoren eingeschränkt. Einige Satzglieder haben eine Art «Vorrecht» gegenüber anderen:

432 *a)* Die **Adverbien** der **Art und Weise** und des **Grades** stehen so nahe wie möglich beim Verb. Zwar werden sie durch andere Adverbien (Modaladverbien und situative Umstandsadverbien – s. §§ 407 und 413) vom Verb getrennt, z. B.:

Il travaille sûrement *trop.*
Je me sens vraiment *mal.*
Je dors souvent *mal.*
Je me sens déjà *mieux.*

Aber sie lassen sich ansonsten höchstens durch kurze Ergänzungen vom Verb entfernen, z. B.:

Il fait correctement son travail.	oder: ... son travail *correctement.*
Je suis allé exprès chez lui.	oder: ... chez lui *exprès.*
Nous sommes allés ensemble à Paris.	oder: ... à Paris *ensemble.*

Die Adverbien, die meist vor dem Partizip stehen, wie *bien, mal, moins, assez, trop* usw. (s. § 399), lassen sich jedoch kaum vom Verb trennen:

Il pense trop aux vacances.
Ici, on sent moins le vent.
Il fait bien son travail.
(nur wenn *bien* selbst ergänzt wird, ist eine Trennung möglich: *Il fait son travail aussi bien que toi.*)

Dagegen stehen adverbiale Umschreibungen oft hinter den anderen Ergänzungen, z. B.:

Il fait son travail avec soin.
Il a écrit cette lettre en cachette.
Il a fermé la porte d'un geste brusque.
Les rebelles ont attaqué le convoi par surprise.
Il a parlé à son professeur d'un ton insolent.
J'ai fait ma valise en vitesse.

433 *b)* Das **direkte Objekt** lässt sich zwar durch Adverbien vom Verb trennen, z. B.:

Modaladv. – dir. Objekt:	*Il aura sans doute des difficultés.*
Umstandsadv. – dir. Objekt:	*Nous prendrons d'abord l'apéritif.*
Adv. der Art u. Weise – dir. O.:	*Je comprends très bien le problème.*
Adv. des Grades – dir. Objekt:	*Ici, on sent moins le vent.*

Es steht aber meistens vor allen anderen Ergänzungen, z. B.:

– vor **prädikativen Ergänzungen**:

Elle a les yeux *bleus.*
Je trouve ce film *intéressant.*
Le brouillard rend la circulation *dangereuse.*

– vor **indirekten Objekten**:

J'ai offert un livre *à mon père.*
J'ai prêté ma perceuse *au voisin du dessus.*
On a accusé Bouzigue *de haute-trahison.*

– vor **Umstandsbestimmungen in Objektfunktion** (auch Adverbien, wie *là-bas, partout, nulle part, demain* usw. – s. § 396):

J'ai mis les clés *sur le bureau.*
J'ai rentré la voiture *au garage.*
Il faudra tirer cette affaire *au clair.*
J'ai cherché les clés *partout.*
Je n'ai trouvé les clés *nulle part.*
J'irai chercher ta sœur *à la gare.*
J'enverrai ma lettre *demain.*

Umkehrungen dieser Reihenfolgen sind jedoch möglich, vor allem:

– wenn das direkte Objekt durch einen Relativsatz ergänzt wird, z. B.:

Je trouve excellents les films que Truffaut a tournés au début de sa carrière.
J'ai rendu à Jacques les cent francs qu'il m'avait prêtés.
Le ministre allemand des Affaires étrangères a envoyé à son homologue français un télégramme dont le contenu n'a pas été révélé.
J'ai mis sur le bureau tous les livres dont tu pourras avoir besoin.

– wenn das direkte Objekt mehr Gewicht bekommen soll, d. h., wenn es wichtiger erscheint als die andere Ergänzung (s. dazu unten § 444). Dies ist meist der Fall, wenn das direkte Objekt länger ist, z. B.:

Les chutes de neige de la nuit dernière ont rendu impraticables la plupart des cols des Alpes (vgl. Beispiel 3 in § 431).
J'ai offert à mon père un livre sur la peinture expressionniste.
L'ambassadeur d'Israël a remis au ministre des Affaires étrangères une note de protestation de son gouvernement.
Le gouvernement publie au Journal Officiel tous les textes de loi ainsi que les arrêtés ministériels.
Je n'ai trouvé nulle part les clés de la boîte à lettres.

Das direkte Objekt kann allerdings nicht nachgestellt werden, wenn es zusammen mit dem Verb eine **feste Wendung** bildet, z. B.:

– direktes Objekt ohne Artikel:

avoir lieu quelque part,
faire confiance à qn, faire mal/peur/plaisir à qn
mettre fin à qc
porter secours à qn
prendre parti pour qn
rendre service à qn
(usw.)

Les soldats ont porté secours aux victimes de la catastrophe.
→ Die Reihenfolge indirektes Objekt – direktes Objekt ist ausgeschlossen.

– direktes Objekt mit Artikel:

dire la vérité à qn
donner la parole à qn
faire la cour à qn
mettre un terme à qc
(usw.)

Le gouvernement veut mettre un terme aux activités des trafiquants de drogue.
→ Die Reihenfolge indirektes Objekt – direktes Objekt ist ausgeschlossen.

434 *c)* Bei **eingeschobenen Sätzen in der direkten Rede** muss das **pronominale** Subjekt im **Zwischenfeld,** das **substantivische** Subjekt im **Nachfeld** stehen **(Inversion):**

«C'est possible, a-t-il dit, *mais je ne le crois pas».*
«N'approchez pas!» nous a crié l'agent de police.

Zusammenfassung s. nächste Seite!

435 Zusammenfassung: Die Wortstellung nach dem grammatischen Prinzip

Vorfeld

[ ] , *Subjekt* | *Verb* …

→ **frei** für:
- die meisten Modaladverbien § 418
- Umstandsbestimmungen in situativer Funktion (d. h. Umstandsbestimmungen, die sich auf den ganzen Satz beziehen) § 419

→ **nicht** oder **nur bedingt frei** für:
- direkte Objekte §§ 421–424
- prädikative Ergänzungen § 425
- Umstandsbestimmungen in Objektfunktion § 426
- indirekte Objekte mit *à* und *de* § 428
- Adverbien der Art und Weise und des Grades § 427

Zwischenfeld

… *Hilfsverb* [ ] *Partizip* …

→
- pronominales Subjekt im Falle einer Inversion
- *rien* und *tout* als direktes Objekt
- Adverbien: alle Modaladverbien, viele Adverbien der Art und Weise und des Grades, Umstandsadverbien in situativer Funktion

} § 430

Nachfeld

… *Hilfsverb* (Zwischenfeld) *Partizip* [ ]

← alle übrigen Satzglieder §§ 431–434
substantivisches Subjekt im Falle einer Inversion

II. Die Wortstellung nach der Mitteilungsperspektive[1]

1) Die Mitteilungsperspektive:

436 Wenn man einen Satz ausspricht, will man in einer bestimmten Situation eine bestimmte **Mitteilung** machen. Diese Mitteilung entsteht durch das Zusammenspiel der verschiedenen Bedeutungen und syntaktischen Funktionen, die die einzelnen Elemente des Satzes haben, z. B.:

Ich fahre morgen nach Paris.

ich:	steht für den Sprecher des Satzes, Urheber der Handlung «fahren»;
fahre:	Handlung, Ortswechsel;
morgen:	Zeitpunkt der Handlung «fahren»;
nach Paris:	Ziel des Ortswechsels.

Man kann sich aber für ein und denselben Satz verschiedene Situationen vorstellen. Zum Beispiel könnte dem Gesprächspartner schon bekannt sein, dass der Sprecher (*ich*) am folgenden Tag (*morgen*) eine Fahrt unternehmen will (*fahren*), während das Ziel dieser Fahrt (*wohin?*) unbekannt ist. In diesem Fall wäre das Element *nach Paris* für die Mitteilung wichtiger als die übrigen Elemente *ich, morgen, fahren.* In anderen Worten: *Nach Paris* wäre der **Schwerpunkt der Aussage**, es hätte den höchsten **Mitteilungswert.**

Die **Mitteilungsperspektive** eines Satzes bedeutet also: Welche Elemente haben einen hohen, welche einen geringen Mitteilungswert?

Mitteilungswerte kann man selbstverständlich nicht messen, und es ist auch nicht notwendig: Es genügt zu wissen, dass das eine oder das andere Element einen höheren Mitteilungswert hat als die übrigen Elemente. Um das herauszufinden, braucht man sich nur vorzustellen, auf welche **Frage** der Satz antworten kann: Das Element, das durch das Fragewort vertreten wird (z. B. *nach Paris* → wohin?), ist der Schwerpunkt der Aussage, die anderen Elemente haben nur einen geringen Mitteilungswert.

Beispiele:

Satz: (mit starker Betonung)	mögliche **Frage**:	**Schwerpunkt** der Aussage:
1. Ich *fahre morgen nach Paris.* *Morgen fahre* ich *nach Paris.*	**Wer** *fährt morgen nach Paris?*	**ich**

[1] auch «funktionale Satzperspektive» und «Thema-Rhema-Gliederung» genannt.

Satz: (mit starker Betonung)	mögliche **Frage:**	**Schwerpunkt** der Aussage:
2. Morgen *fahre ich nach Paris.* *Ich fahre* morgen *nach Paris.*	**Wann** *fährst du nach Paris?*	**morgen**
3. Nach Paris *fahre ich morgen.*	**Wohin** *fährst du morgen?*	**nach Paris**

(mit normaler Betonung)

4. *Ich fahre morgen nach Paris.*	**Wohin** *fährst du morgen?*	**nach Paris**
	Was machst *du morgen?*	**nach Paris fahren**
5. *Morgen fahre ich nach Paris.*	**Wohin** *fährst du morgen?*	**nach Paris**
	Was machst *du morgen?*	**nach Paris fahren**
	Was geschieht *morgen?*	**ich fahre nach Paris**

437 Die Mitteilungsperspektive eines Satzes ergibt sich zunächst aus dem Kontext und aus der Situation (= was dem Sprecher und dem Gesprächspartner schon bekannt ist). Sie kann aber auch durch spezielle Mittel signalisiert werden, z. B.:

– durch prosodische Mittel (starke Betonung eines einzelnen Wortes und spezielle Intonation), z. B.:

Ich fahre morgen *nach Paris.*
= **Hervorhebung**: *morgen* wird als Element mit dem höchsten Mitteilungswert, d. h. als Schwerpunkt der Aussage gekennzeichnet. Der Satz kann nur auf die Frage *wann?* antworten.

– durch syntaktische Mittel (besonders im Französischen), z. B.:

C'est demain que je vais à Paris.
= **Hervorhebung**: durch *c'est … que* wird *demain* als Schwerpunkt der Aussage gekennzeichnet (Frage: *wann?*).

A Paris, j'y vais demain. («Satzsegmentierung»)
= Das Element *à Paris* wird hier nicht hervorgehoben, sondern im Gegenteil **als Element mit geringem Mitteilungswert gekennzeichnet**. Der Satz antwortet auf keinen Fall auf die Frage *wohin?*, sondern auf die Frage *wann?*. Die Mitteilungsperspektive ist also die gleiche wie im vorigen Beispielsatz mit *c'est … que.*

2) Der Einfluss der Mitteilungsperspektive auf die Wortstellung:

438 Die grammatischen Stellungsregeln bestimmen nicht die ganze Wortstellung, sondern lassen einen nicht unbeträchtlichen Spielraum für freie Wortstellung übrig, der zum größten Teil für die Zwecke der Mitteilungsperspektive ausgenutzt wird.

a) die **neutrale Wortstellung**:

Soweit die grammatischen Stellungsregeln es zulassen, werden die Elemente im Satz meist so angeordnet, **dass die Elemente mit geringem Mitteilungswert den Elementen mit hohem Mitteilungswert vorangehen**. In anderen Worten: Bei der neutralen Wortstellung steht der Schwerpunkt der Aussage vorzugsweise am Satzende, z. B.:

neutrale Wortstellung = geringer Mw – hoher Mw

A Paris, j'y vais demain.
Aujourd'hui, il fait drôlement froid. (vgl. *Heute ist es ganz schön kalt*)
Cette voiture n'est pas chère.

b) die **expressive Wortstellung**[1]:

Wenn die Elemente im Satz in der umgekehrten Reihenfolge stehen (hoher Mitteilungswert – geringer Mitteilungswert), ohne dass dies wegen einer grammatischen Stellungsregel notwendig ist, so hat man eine expressive Wortstellung, z. B.:

expressive Wortstellung = hoher Mw – geringer Mw

J'y vais demain, *à Paris.*
Il fait drôlement froid, *aujourd'hui.* (vgl. *Es ist ganz schön kalt heute*)
Elle n'est pas chère, *cette voiture.*

Diese Wortstellung kann aus folgenden Gründen als «expressiv» betrachtet werden:

- Sie kommt seltener vor als die neutrale Wortstellung und ist praktisch nur in der spontanen gesprochenen Sprache üblich.
- Sie wird durch eine spezielle Intonation (Satzmelodie) unterstützt, welche das Element mit dem höchsten Mitteilungswert hervorhebt.
- Sie ist oft emotional bedingt, d. h., sie wird besonders dann verwendet, wenn man ein starkes Gefühl ausdrückt (Staunen, Bewunderung, Freude, Ärger usw.), vgl.:

  C'est joli, chez vous.
  Il est rigolo (lustig), *Obélix.*
  Ils sont fous, ces Romains (vgl. *Die spinnen, die Römer* im Gegensatz zu *Die Römer spinnen*).

[1] oder «markierte» Wortstellung.

3) Die Besetzung des Vorfeldes von der Mitteilungsperspektive her betrachtet:

a) vor dem Subjekt:

439 Im Deutschen kann ein Element mit hohem Mitteilungswert am Satzanfang stehen (expressive Wortstellung), z. B.:

Ein Lügner *bist du!*
Zum Teufel *soll er gehen!*

⇨ Im Französischen stehen dagegen vor dem Subjekt nur Elemente **mit geringem Mitteilungswert.**

So kann der Satz *A Paris, j'y vais demain* nur auf die Frage «Wann?» antworten, nicht auf die Frage «Wohin?».

440 Die Elemente, die im Vorfeld vor dem Subjekt stehen, sind oft **satzverknüpfende** Elemente. Man unterscheidet zwei Arten von Satzverknüpfung:

- die Satzverknüpfung durch **anaphorische** Elemente («Anapher» = Wiederholung): Irgendein Element des vorhergegangenen Satzes wird im neuen Satz direkt (in der gleichen Form) oder indirekt (in einer anderen Form) wieder aufgenommen:

(Satz 1) E1 E2 **E3** E4 **E1** E2 E3 E4 (Satz 2)

Bouzigue s'est marié en 1963. A cette époque, *il n'était pas encore célèbre.*
Le gouvernement essaie d'encourager l'installation d'usines en Bretagne. Dans cette région, *le taux de chômage dépasse largement la moyenne nationale.*
Tous ces adversaires réclament avec intransigeance l'élimination de l'apartheid. *Or,* sur ce point précis, *M. Vorster n'a pris que de timides initiatives* ... (aus *Le Monde*)
L'ère des centrales solaires devrait débuter, à l'échelle industrielle, vers 1990. *Mais,* vers 1990, *la France sera engagée de façon irréversible dans la production d'énergie nucléaire* (aus *Le Nouvel Observateur*).

- die Satzverknüpfung durch «**charnières de discours**»[1]: Ein Element des neuen Satzes bezieht sich auf den ganzen Inhalt des vorhergegangenen Satzes:

(Satz 1) **[E1 E2 E3 E4]** ⟵ **E1** E2 E3 E4 (Satz 2)

[1] Der Ausdruck stammt von Vinay und Darbelnet, *Stylistique comparée du français et de l'anglais,* Paris 1964.

Il n'est donc plus possible, aujourd'hui, pour les détenteurs de pétrodollars, de se garantir contre l'inflation en plaçant leur argent au jour le jour. Bien au contraire, *les grandes banques américaines sont saturées d'argent et* ... (aus *L'Express*)

... *il restait huit otages, dont une femme enceinte et des personnes âgées.* Dès lors, *il n'était plus question de donner l'assaut* (aus *Le Nouvel Observateur*).

L'Etat dresse des plans pour économiser l'énergie. Dans le même temps, *il en encourage l'utilisation en vendant à perte l'électricité et le gaz* ... (aus *L'Express*)

Dans le domaine des transports, en tout cas, cette sécurité n'est pas garantie. Sur ce problème, *le président de la République veut mettre toutes les cartes sur table* ... (aus *L'Express*)

Diese Rolle übernehmen vor allem Umstandsbestimmungen oder Umstandsadverbien wie:

pour cette raison, à cause de cela, aussi (mit komplexer Inversion, s. § 420)
dans ce cas, alors, de ce fait, dans ces conditions, par conséquent, cependant, pourtant, néanmoins, toutefois, en tout cas, au contraire, en revanche, par contre, en outre, d'ailleurs, usw.

aber auch Modaladverbien wie:

bien entendu, bien sûr, effectivement, évidemment, naturellement, heureusement, malheureusement, peut-être, sans doute usw.

Solche Umstandsadverbien und Modaladverbien deuten meistens zugleich an, «in welche Richtung» die Mitteilung des neuen Satzes gehen wird, z. B.:

néanmoins	= der Inhalt von Satz 1 wird nicht die erwarteten Folgen haben;
heureusement	= der Inhalt von Satz 1 wird nicht die befürchteten Folgen haben;
effectivement	= der Inhalt von Satz 1 wird im Satz 2 bestätigt;
d'ailleurs	= Satz 2 wird ein neues Argument für Satz 1 bringen;
sans doute	= Satz 2 wird einen Grund für Satz 1 angeben (usw.)

Dadurch haben sie zwar einen höheren Mitteilungswert als die rein anaphorischen Elemente; wichtig ist aber, dass sie nicht den höchsten Mitteilungswert im Satz haben.

441 Elemente mit geringem Mitteilungswert können aber auch rein **situative** Elemente sein, d. h. Elemente, die einen Zeitpunkt, einen Ort, einen Grund, kurzum: einen **Begleitumstand** der Handlung angeben, ohne dass dieser Begleitumstand das Wichtigste an der Mitteilung ist, z. B.:

Demain, *je vais à Paris.*
Dans trois jours, *nous serons en vacances.*
Hier, au supermarché, *j'ai rencontré mon professeur de maths.*
En l'espace de quelques années, *le prix de l'essence a augmenté de plus de 50%.*
Le samedi après-midi, *les magasins sont fermés.*

Chez nous, *le chauffage ne marche plus.*
A cause de lui, *on a raté le train.*

442 Will man trotzdem ein Element mit hohem Mitteilungswert an den Satzanfang stellen, so ist das nur mit Hilfe spezieller syntaktischer Mittel möglich, z. B.:

Morgen *fahre ich nach Paris.*	→ **C'est** *demain* **que** *je vais à Paris.*
Seit zwei Stunden *warte ich schon!*	→ **Cela fait** *déjà deux heures* **que** *j'attends!*
	Voilà *déjà deux heures* **que** *j'attends!*
Eines *möchte ich gerne wissen.*	→ **Il y a** *une chose* **que** *j'aimerais bien savoir.*

443 *b)* das Subjekt:

Beim Subjekt stellt sich das Problem anders: Da die Umstellung des Subjekts durch Inversion oder durch unpersönliches *il* nur unter bestimmten Voraussetzungen möglich ist (s. §§ 445–452), kann ein Subjekt mit relativ hohem Mitteilungswert am Satzanfang stehen, z. B.:

La plus grande confusion *règne à Madagascar après l'annonce de l'assassinat du colonel R ...* (aus *Le Monde* – s. auch § 454)

Wenn aber das Subjekt *allein* den Schwerpunkt der Aussage bildet, kann der Satz unnatürlich wirken, z. B.:

Un architecte français a construit ce stade. (Mitteilungsperspektive: *Wer* hat dieses Stadion gebaut?) → unnatürlicher Satz.

In diesem Fall ist die Anwendung des Passivs (so weit es möglich ist) oder der Hervorhebung *c'est ... qui (que)* ratsam:

Ce stade a été construit par un architecte français.
C'est un architecte français qui a construit ce stade.

4) Die Wortstellung im Hauptfeld von der Mitteilungsperspektive her betrachtet:

444 Obwohl die Stellungsmöglichkeiten im Hauptfeld weitgehend festgelegt sind, besteht die Möglichkeit, ein direktes Objekt durch eine andere Ergänzung vom Verb zu trennen (s. §§ 431–434). Dies geschieht sehr häufig im Hinblick auf die Mitteilungsperspektive; d. h., dass die «eingeschobene» Ergänzung einen geringeren Mitteilungswert hat als das direkte Objekt, z. B.:

Le conseil central de la planification a défini le 28 janvier *les grands objectifs de la politique énergétique de la France.* (aus *Le Monde*)

Wichtig ist hier nicht das *wann?*, sondern das *was?*.

Le 21 novembre, deux bombes posées dans deux pubs de Birmingham tuaient à quelques minutes d'intervalle *vingt et une personnes ...* (aus *L'Express*)

Die Zahl der Opfer, d. h. das Ausmaß der Anschläge, ist hier wichtiger als der Zeitpunkt.

M. Nixon avait solennellement promis à M. Brejnew d'accorder à l'U.R.S.S. *un traitement commercial non discriminatoire* (aus *Le Monde*).

A l'U.R.S.S. bringt keine neue Information: Es wurde durch *à M. Brejnew* angekündigt; die eigentliche Information ist: *Was* hat Nixon der Sowjetunion versprochen?

5) Die Inversion:

445 *a)* Die Formen der Inversion:

Man unterscheidet:

– die **komplexe Inversion**:

Le facteur *est*-**il** *déjà passé?*

Sans doute **le facteur** *est*-**il** *déjà passé.*

Die komplexe Inversion, die darin besteht, dass das substantivische Subjekt durch ein Personalpronomen wieder aufgenommen wird, ist im Grunde genommen eine «vorgetäuschte» Inversion.

– die **einfache Inversion** mit besetztem Vorfeld:

Quand part **ton train**?

Au même instant arriva **la police.**

oder mit leerem Vorfeld (auch **absolute Inversion** genannt):

Entre **un page.**

Die Bedingungen für den Gebrauch dieser Inversionstypen sind so festgelegt, dass man immer weiß, ob man es mit einer Frage oder mit einem Aussagesatz zu tun hat:

– *Entre un page* kann nur ein Aussagesatz sein, denn eine Frage ohne Fragewort erfordert eine komplexe Inversion (s. § 321): *Un page entre-t-il?*
– *Le facteur est-il déjà passé?* kann nur eine Frage sein, denn die komplexe Inversion kommt im Aussagesatz nur nach bestimmten Adverbien vor (s. §§ 418 und 420): *Sans doute le facteur est-il déjà passé.*

Im Aussagesatz ist die einfache (auch die absolute) Inversion stilistisch bedingt, weil sie fakultativ ist, vgl.:

Au même instant, la police arriva.	*Au même instant arriva la police.*
Un page entre.	*Entre un page.*

446 *b)* die **absolute Inversion**:

Entre *un page* (Bühnenanweisung).

Vint *la tragédie de 1914.*

Apparaît *Charlemagne, qui reconstitue l'empire romain d'Occident.*

Suit une interminable phrase de dix-neuf lignes.

Toutes les difficultés ne s'étaient pas trouvées aplanies. Restait *la grave question des places.*[1]

---

[1] Beispiele aus: Le Bidois R., *L'inversion du sujet dans la prose française contemporaine,* Paris 1952.

Die absolute Inversion kommt äußerst selten vor und gehört der Schriftsprache an (außer mit *rester*). Die Bedingungen für ihren Gebrauch hängen eng mit der Mitteilungsperspektive zusammen:

- Das **Subjekt** muss das Element **mit dem höchsten Mitteilungswert** sein: Alle oben zitierten Sätze antworten auf die Fragen « *Wer* kommt?», « *Was* erscheint?», « *Was* folgt?», « *Was* bleibt?».
- Das **Verb** ist **bedeutungsschwach**. Es bedeutet lediglich, dass etwas existiert *(rester)* oder zum Vorschein kommt *(entrer, venir, apparaître, suivre),* und kann als ein Ausdruck betrachtet werden, dessen einzige Funktion es ist, das Subjekt einzuleiten oder anzukündigen, ähnlich wie die «**présentateurs**» *il était une fois, il y a, voilà:*

  Il était une fois une jolie princesse. (Es war einmal ...)
  Il y a une voiture devant la porte.
  Voilà ton argent. (vgl. *Hier ist dein Geld*)

447 *c)* die **einfache Inversion** (mit besetztem Vorfeld):

A ce moment entra M. de Grouchy. (Proust)
Vers cette époque se produisit un scandale qui ... (Proust)
Une semaine plus tard avait lieu un nouvel attentat.
Pendant la période coloniale se développa une bourgeoisie côtière qui ...
Alors commença une journée d'une folle agitation. (Proust)
A nouveau ont retenti les grands mots sonores et fourbus que l'on ressort à l'occasion de tout événement qui nous prend au dépourvu. (P. Guimard)
De plus en plus se répand l'idée que les inversions ne sont que des licences. (Le Bidois)
Dans la salle attendaient trois personnes.
Dans cet hôpital sont soignés chaque année plus de 3000 malades.
Dans les organes centraux du parti, notamment dans la Pravda, sont apparus ces derniers temps des articles très précisément consacrés à la discipline idéologique. (aus *Le Monde*)
A son admiration se mêlait de l'attendrissement. (A. France)
A cela s'ajoute que ... (feste Wendung)

Ebenso wie die absolute Inversion gehört die einfache Inversion der Schriftsprache an. Die Bedingungen für ihren Gebrauch sind mit denen der absoluten Inversion vergleichbar:

- Ebenso wie bei der absoluten Inversion muss das **Subjekt** das Element **mit dem höchsten Mitteilungswert** sein: Alle oben zitierten Sätze antworten auf die Fragen: «*Wer* kam herein?», «*Was* geschah?», «*Was* kam zustande?», «*Was* begann?» usw.
- Ebenso wie bei der absoluten Inversion ist das **Verb** ein «**présentateur**». Zwar

dürfen in der einfachen Inversion Verben verwendet werden, die nicht so bedeutungsschwach sind wie bei der absoluten Inversion (vgl. *retentir, se répandre, attendre, se mêler*), aber auch hier drückt das Verb in erster Linie die Existenz oder das Erscheinen des Subjekts aus.

- Das **Vorfeldelement** muss einen **geringen Mitteilungswert** haben. Es handelt sich meistens um ein situatives Element (s. § 441), das einen Begleitumstand ausdrückt, oft auch um ein satzverknüpfendes Element (s. § 440), d. h. ein Element, das auf den vorhergegangenen Satz hinweist (vgl. *à ce moment, vers cette époque, dans cet hôpital, à cela*).

448 Sehr selten entspricht die Inversion einer expressiven Wortstellung (= das Vorfeldelement hat einen höheren Mitteilungswert als das Subjekt). Dies ist zum Beispiel der Fall, wenn ein prädikatives Adjektiv im Vorfeld steht:

Combien vive est ma joie! (Duhamel)
Maudite soit l'espérance! (Nerval)

Im Gegensatz zur üblichen Inversion dient dieses (sehr literarische) Verfahren nicht dazu, das Subjekt nachzustellen, sondern eher dazu, das Adjektiv an den Satzanfang zu stellen.

449 Die Inversion kann auch in einem **Nebensatz** vorkommen, vor allem in einem Relativsatz:

Pendant les quinze premiers jours que dura *la maladie de ma tante* ... (Proust)
toutes les qualités que suppose *un pareil sport* ...
l'interruption que provoqua *la guerre* ...
le rôle qu'a joué *la Grande-Bretagne* ...
C'est aussi du respect qu'inspirait *à Odette la situation* qu'avait *Swann dans le monde.* (Proust)
les problèmes que pose *à la Turquie l'élargissement du Marché commun* ...
la vigilance accrue dont fait preuve *la police* ...
cet impératif urgent que constitue *l'usage de techniques modernes* ...
les lieux où vivent *ces personnages* ...
la conclusion à laquelle ont conduit *trois études industrielles* ..

- In diesem Fall spielt die Konjunktion bzw. das Relativpronomen die Rolle des satzverknüpfenden Elements.
- Das Verb drückt zwar nicht mehr die Existenz bzw. das Erscheinen des Subjekts aus, ist aber immer noch bedeutungsschwach, insofern es durch das vorhergehende Substantiv angekündigt wird und somit vorhersehbar ist, vgl.: *durer quinze jours, supposer des qualités, provoquer une interruption, jouer un rôle, inspirer du respect,* usw. Außerdem kann man in einigen Fällen die Gruppe Relativpronomen + Verb durch die Präposition *de* ersetzen, z. B.:

les quinze premiers jours de *la maladie de ma tante*
le rôle de *la Grande-Bretagne*
la situation de *Swann*

les problèmes de *l'élargissement du Marché commun*
la vigilance de *la police*
les lieux de *ces personnages*
la conclusion de *trois études industrielles*

6) Die Umstellung des Subjekts durch das unpersönliche *il:*

450 *Il est arrivé (il s'est produit) un grand malheur.*
Il est arrivé une lettre pour vous.
Il est venu plus de touristes que les années précédentes.
Il va se passer quelque chose.
Il ne s'est rien passé.
Il est passé plus de 3000 véhicules.
Il est apparu des complications.
Il existe un procédé moins coûteux.
Il reste un morceau de rôti.
Il est sorti un nouveau livre.
Il est tombé beaucoup de neige.

Die Struktur mit dem unpersönlichen *il,* das die Funktion eines «Scheinsubjekts» erfüllt, darf nicht mit dem *il* der unpersönlichen Verben verwechselt werden (*il pleut, il neige, il fait froid,* usw.). Es handelt sich um einen «Trick», der darin besteht, das Vorfeld besetzt zu halten und das eigentliche Subjekt ans Satzende zu stellen. In dieser Hinsicht ist das unpersönliche *il* mit dem deutschen *es* vergleichbar:

Es *ist ein Unglück geschehen.* — **Il** *est arrivé un malheur.*

451 Zwischen *il* und *es* bestehen jedoch einige Unterschiede:

– Im Gegensatz zu *es* fällt *il* nicht weg, wenn das Vorfeld besetzt ist:

Es *ist ein Unglück geschehen.*	**Il** *est arrivé un malheur.*
Gestern ist ein Unglück geschehen.	*Hier,* **il** *est arrivé un malheur.*

– Im Gegensatz zum Deutschen richtet sich das Verb nach dem Scheinsubjekt, d. h., **das Verb steht immer im Singular**:

Es sind *viele Touristen gekommen.* — *Il* **est** *venu beaucoup de touristes.*

– Das deutsche *es* kann in vielen Fällen verwendet werden, wo *il* ausgeschlossen ist, z. B.:

(Das Wort zum Sonntag). Es spricht Pfarrer X.
Es dirigiert Herbert von Karajan.
} → *il* ausgeschlossen

452 Die Struktur mit dem unpersönlichen *il* erfüllt im Hinblick auf die Mitteilungsperspektive die gleiche Funktion wie die Inversion:

– Das nachgestellte **Subjekt** muss das Element **mit dem höchsten Mitteilungswert** sein (*Was* ist geschehen? *Wer* ist gekommen? usw.).
– Das **Verb** drückt lediglich die Existenz bzw. das Erscheinen des Subjekts aus (*exister, rester, apparaître, arriver* usw.). Man kann also sagen, dass die Gruppe *il* + Verb die Funktion eines «**présentateur**» erfüllt, ähnlich wie *il y a,* vgl.:

Il y a eu un grand malheur.
Il y a une lettre pour vous.
Il y a eu plus de touristes que les années précédentes.
Il va y avoir quelque chose.
Il n'y a rien eu.
(usw.)

Wenn das Vorfeld ein situatives Element enthält, ist diese Struktur mit der einfachen Inversion vergleichbar. Der einzige Unterschied besteht darin, dass das unpersönliche *il* auch in der gesprochenen Sprache verwendet wird:

Cette semaine est sorti un nouveau livre.	= nur Schriftsprache
Cette semaine, il *est sorti un nouveau livre.*	= Standardsprache

7) Das Passiv von der Mitteilungsperspektive her betrachtet:

453 Einer der wichtigsten Gründe für den Gebrauch des Passivs ist das «Verschweigen des Urhebers» (s. § 222). Aber auch hinsichtlich der Mitteilungsperspektive erweist sich das Passiv als eine interessante Struktur, denn das Passiv ermöglicht eine **Umkehrung der Abfolge S V O** (Subjekt – Verb – Objekt): Das aktivische Subjekt wird zum Agens (*A*) und steht hinter dem Verb, während das aktivische Objekt zum passivischen Subjekt (*Sp*) wird und am Satzanfang steht:

Aktiv: S V O	Passiv: Sp V A
Le commissaire a interrogé Bouzigue.	*Bouzigue a été interrogé par le commissaire.*

Betrachten wir nun folgende Sätze:

Ce stade a été construit par un architecte français.
Ce point de vue est adopté par monsieur X.
L'avion a été pris d'assaut par une unité spéciale de la police.

Diese Passivsätze sind viel natürlicher als die entsprechenden Aktivsätze, weil die Wortfolge *Sp V A* in Einklang mit der Mitteilungsperspektive steht: **Das Element mit dem höchsten Mitteilungswert steht am Satzende**:

Von wem ist dieses Stadion gebaut worden?	… *par un architecte français.*
Von wem wird diese Ansicht vertreten?	… *par monsieur X.*

Von wem ist das Flugzeug gestürmt worden? oder:	... *par une unité spéciale de la police.*
Was geschah mit dem Flugzeug?	... *a été pris d'assaut par une unité spéciale de la police.*

Im Deutschen ist es nicht immer notwendig, das Passiv zu verwenden, um eine ähnliche Wortfolge zu erzielen, vgl.:

Dieses Stadion hat ein französischer Architekt gebaut. = O V S
Diese Ansicht vertritt Herr X. = O V S

> Das **Passiv** ist besonders dann angebracht, wenn das **Agens** allein oder zusammen mit dem Verb **den Schwerpunkt der Aussage bildet.**

Weitere Beispiele (aus *Le Monde*):

Avant la colonisation française, l'île (= Madagascar) était dominée par une oligarchie Mérina. (= **Von wem** wurde die Insel beherrscht?)
Selon la radio malgache, l'attentat contre le colonel R. a été commis par un commando du «groupe mobile de la police». (= **Von wem** wurde das Attentat verübt?)
L'ancien premier ministre a souhaité que le secrétaire général du mouvement gaulliste soit à l'avenir élu par l'ensemble des militants. (= **Von wem** soll in Zukunft der Generalsekretär der gaullistischen Bewegung gewählt werden?)
Le camp était, mercredi en fin de matinée, assiégé par les forces armées régulières. (= **Von wem** wurde das Lager gestürmt? oder: **Was geschah** mit dem Lager?)

Wenn das Agens **allein** den höchsten Mitteilungswert hat, kann man auch einen **Aktivsatz mit Hervorhebung** des Subjekts verwenden:

C'est *un architecte français* **qui** *a construit ce stade.*
Avant la colonisation française, **c'est** *une oligarchie Mérina* **qui** *dominait l'île.*
Selon la radio malgache, **c'est** *un commando du «groupe mobile de la police»* **qui** *a commis l'attentat contre le colonel R.*
L'ancien premier ministre a souhaité que **ce soit** *l'ensemble des militants* **qui** *élise à l'avenir le secrétaire général du mouvement.*
Ce sont *les forces armées régulières* **qui**, *mercredi en fin de matinée, ont assiégé le camp.* (Dieser Satz antwortet aber nur noch auf die Frage «*Wer ...?*», und nicht auf die Frage «*Was geschah ...?*».)

Aber oft wirkt die Hervorhebung zu stark, z. B. in *C'est monsieur X qui adopte ce point de vue* (man hat den Eindruck, daß er allein diese Ansicht vertritt)

454 Das Passiv wird auch oft **ohne Agens** verwendet, um den Urheber zu verschweigen (s. § 222). In diesem Fall hat das Passiv natürlich nichts mehr mit der Umkehrung der Abfolge S V O zu tun und die Mitteilungsperspektive wird zur «Nebensache», so dass das Subjekt des Passivsatzes einen hohen Mitteilungswert haben kann, vgl.:

Au cours des recherches, un important dépôt de haschisch et d'héroïne a été découvert.
Des appartements ou des pavillons loués, souvent en banlieue, en particulier dans le nord-ouest de Paris et dans les environs de l'aéroport d'Orly, sont également surveillés (aus *Le Nouvel Observateur*).

8) Die Hervorhebung:

455 Wenn irgendein Element der Aussage hervorgehoben werden soll, verwendet man im Französischen die Wendung **c'est ... qui** (wenn das hervorgehobene Element das Subjekt ist) oder **c'est ... que** (in allen anderen Fällen). Dabei wird das hervorgehobene Element zum **Schwerpunkt der Aussage**:

Ich fahre morgen *nach Paris.*
= **Wann** fährst du nach Paris? → **C'est demain que** *je vais à Paris.*
Ich *fahre morgen nach Paris.*
= **Wer** fährt morgen nach Paris? → **C'est moi qui** *vais à Paris demain.*
Nach Paris *fahre ich morgen.*
= **Wohin** fährst du morgen? → **C'est à Paris que** *je vais demain.*

456 Man kann auf diese Weise fast alle Typen von Satzgliedern hervorheben, selbst Nebensätze (Ausnahmen s. unten § 457):

– Subjekt:

C'est lui qui *me l'a raconté.*
C'est cela qui *m'inquiète le plus* (Gerade das ...).
Ce sont les enfants qui *souffrent le plus d'un divorce.*
Ce sont les films policiers que *je préfère.*
Ce sont eux qui *en souffrent le plus.*
C'est nous qui *avons le plus de travail.*
C'est vous qui *avez raison.*

Merke: Wenn das Subjekt oder das direkte Objekt (s. 4. Beispielsatz) im Plural steht, muss man **ce sont**[1] verwenden, außer mit **nous** und **vous** (s. Beispiele oben).
Im Relativsatz richtet sich das Verb nach dem hervorgehobenen Subjekt, also:

c'est **moi** *qui* **suis** ...
c'est **nous** *qui* **sommes** ...
c'est **vous** *qui* **êtes** ... usw.

[1] *C'est* ist nur in der gesprochenen Sprache möglich.

– direktes Objekt[1]:

C'est lui que *nous attendons.*
C'est sa façon de parler que *je n'aime pas.*

– indirektes Objekt:

C'est à moi qu'*il l'a raconté.*
C'est de toi que *nous parlions à l'instant.*

– adverbiale Wendung, Umstandsbestimmung:

C'est avec intérêt que *j'ai lu ce livre.*
C'est seulement par curiosité que *je vous le demande.*
C'est hier que *l'accident s'est produit.*
C'est ici que *nous avons mangé l'année dernière.*
C'est à la maison que *je me sens le mieux.*
C'est en Autriche que *nous sommes allés faire du ski.*
C'est en descendant l'escalier que *je me suis tordu le pied.*
C'est pendant que nous dormions que *l'incendie s'est déclaré.*

457 Folgende Satzglieder können jedoch **nicht** durch *c'est... que* hervorgehoben werden:
– Modaladverbien
– Adverbien des Grades und der Menge
– Adverbien der Art und Weise: Die Hervorhebung ist nur dann möglich, wenn das Adverb durch *assez, très, bien* usw. ergänzt wird, z. B.:

C'est très gentiment *qu'il nous l'a demandé.*

– prädikative Adjektive
– *que*-Sätze, außer wenn sie von einem Substantiv abhängen (in diesem Fall wird die Gruppe Substantiv + *que*-Satz hervorgehoben):

C'est le fait qu'il n'ait pas écrit qui m'inquiète le plus.

458 Die Struktur *c'est ... qui (que)* ist **nicht immer eine Hervorhebung**:
a) In einigen Wendungen wird *c'est... que* nicht als Hervorhebung empfunden, so in *c'est alors que* (daraufhin) und *c'est ainsi que* (s. § 359).

b) C'est kann ein Substantiv einleiten, z. B. *C'est un bon film.* Wenn nun dieses Substantiv von einem Relativsatz ergänzt wird, hat der Satz oberflächlich gesehen die gleiche Struktur wie bei der Hervorhebung:

C'est *un film que je vous recommande.*	*Es ist ein Film, den ich Ihnen empfehle*

[1] Hier ist *que* Relativpronomen, in allen anderen Fällen Konjunktion.

C'est *la lettre que l'administration des impôts m'a envoyée.*	*Das ist der Brief, den mir das Finanzamt geschickt hat.*
C'est *quelque chose qui ne me plaît pas.*	*Das gefällt mir nicht* (wörtlich: *Es ist etwas, was mir nicht gefällt*).

Nicht verwechseln mit:

Etwas *gefällt mir nicht.*	**Il y a** *quelque chose qui ne me plaît pas.* (s. auch § 238)
Eines *möchte ich wissen.*	**Il y a** *une chose que j'aimerais savoir.*
Jemand *möchte Sie sprechen.*	**Il y a** *quelqu'un qui voudrait vous parler.*

9) Die Satzsegmentierung:

459 Die Satzsegmentierung besteht darin, dass ein Satzglied an den Satzanfang oder an das Satzende gestellt wird, wobei es im Satz durch ein Pronomen vertreten wird (s. auch §§ 421 und 426), z. B.:

J'ai déjà vu ce film.	→ **Ce film,** *je* **l'***ai déjà vu.* *Je* **l'***ai déjà vu,* **ce film.**
Je vais à Paris *demain.*	→ **A Paris,** *j'***y** *vais demain.* *J'***y** *vais demain,* **à Paris.**

Syntaktisch gesehen wird das betreffende Satzglied in zwei Teile «zerlegt»:

- der erste Teil wird vom Satz abgetrennt und ist nur noch eine Apposition;
- der zweite Teil (das Pronomen) vertritt den ersten Teil (die Apposition) im Satz.

Man kann auf diese Weise sogar ein Subjekt oder ein Personalpronomen «zerlegen»:

Ce film *est excellent.*	→ **Ce film, il** *est excellent.* **Il** *est excellent,* **ce film.**
Obélix *est gros.*	→ **Obélix, il** *est gros.* **Il** *est gros,* **Obélix.**
Je *reste à la maison.*	→ **Moi, je** *reste à la maison.* **Je** *reste à la maison,* **moi.**
Je le *connais bien.*	→ **Lui,** *je* **le** *connais bien.* *Je* **le** *connais bien,* **lui.**

Und man kann im selben Satz mehrere Satzglieder «zerlegen»:

Moi, Obélix, je le *trouve gros.*
Je le *trouve gros,* **moi, Obélix.**
Obélix, je le *trouve gros,* **moi.**
Moi, je le *trouve gros,* **Obélix.**

Im Hinblick auf die Mitteilungsperspektive kann die Satzsegmentierung drei Funktionen erfüllen:

460 *a)* Die Satzsegmentierung ist ein **redundantes Zeichen der Mitteilungsperspektive**: Da nur solche Elemente im Vorfeld stehen können, die einen geringen Mitteilungswert haben (s. § 439), wird ein durch Satzsegmentierung vorangestelltes Element automatisch als Element mit geringem Mitteilungswert gekennzeichnet:

La voiture, je l'ai rentrée au garage.
= Was hast du mit dem Auto gemacht?
→ *la voiture* hat einen geringen Mitteilungswert.

Die gleiche Mitteilungsperspektive könnte man aber auch ohne Satzsegmentierung haben:

J'ai rentré la voiture au garage.

Beide Sätze unterscheiden sich also darin, dass im segmentierten Satz die Mitteilungsperspektive (der geringe Mitteilungswert von *la voiture*) **zusätzlich** durch die syntaktische Struktur signalisiert wird: In diesem Sinne ist die Satzsegmentierung ein redundantes Zeichen der Mitteilungsperspektive. Und das ist auch der Grund, warum die Satzsegmentierung eine typische Struktur der **gesprochenen Sprache** ist, denn die gesprochene Sprache verwendet viel mehr redundante Zeichen als die Schriftsprache, vgl. im Deutschen:

Peter schafft das schon.	= nicht redundant
Der Peter, der *schafft das schon.*	= redundant, nur gesprochene Sprache

So erklärt sich, dass selbst das Subjekt mittels einer Satzsegmentierung zerlegt werden kann, was im Französischen häufiger vorkommt als im Deutschen:

Mon père, il *dit qu'il faut se coucher à neuf heures.* **Moi, je** *trouve que c'est tôt.*[1]
Qu'est-ce que vous avez eu pour Noël? – On a eu … **moi, j'***ai eu un pantalon,* **ma sœur, elle** *a eu une poupée. Et puis* **nous, on** *a offert un cadeau à nos parents, on a offert une plante.*[1]
Alors **le loup, il** *dit: on va faire une course.* **Toi, tu** *pars, tu vas prendre ce chemin-là, et* **moi, je** *vais prendre ce chemin-là. Alors* **le petit chaperon rouge, il** *dit oui et puis* **le loup, il** *s'en va à toutes jambes …*[1]
(In diesen Beispielen unterstreicht die Segmentierung zugleich den ständigen Subjektwechsel)

461 *b)* Die Satzsegmentierung mit **Voranstellung** ermöglicht eine **neutrale Wortstellung** (geringer Mitteilungswert – hoher Mitteilungswert; s. § 438):
Da bestimmte Satzglieder normalerweise hinter dem Verb stehen müssen (direktes Objekt und Umstandsbestimmungen, die das Verb ergänzen), kann man die Satzsegmentierung als einen «Trick» betrachten, der es ermöglicht, bestimmte Satzglieder an

---

[1] aus: *Enquête sur le langage de l'enfant français* (Transcription de conversations d'enfants de dix ans), Ecole Normale Supérieure de Saint-Cloud 1968.

den Satzanfang zu stellen, wenn sie einen geringen Mitteilungswert haben. Dies ist im Deutschen ohne zusätzliches syntaktisches Mittel möglich, vgl.:

Das Auto habe ich in die Garage gefahren.
→ **La voiture**, *je* **l'***ai rentrée au garage.*
Den Peter kenne ich gut.
→ **Pierre,** *je* **le** *connais bien.*
Geldsorgen hat er immer gehabt.
→ **Des soucis d'argent**, *il* **en** *a toujours eu.*
Ins Restaurant gehen wir selten.
→ **Au restaurant**, *nous* **y** *allons rarement.*
Fußball spiele ich jeden Freitag.
→ **Au football**, *j'***y** *joue tous les vendredis.*

Als Mittel zur Verwirklichung einer neutralen Wortstellung findet sich die Satzsegmentierung auch in der Schriftsprache, vgl.:

C'est encore aux premières heures du jour que, six mois plus tard, le 19 novembre, un troisième assaut devait être mené contre Beith Shean, chef-lieu de la vallée du Jourdain. **Ces scènes de délire collectif**, *le monde entier* **les** *a vues sur les écrans de télévision* (aus *L'Express*).

462 *c)* Die Satzsegmentierung mit **Nachstellung** ermöglicht eine **expressive Wortstellung** (hoher Mitteilungswert – geringer Mitteilungswert; s. § 438):
Durch die Nachstellung eines Subjekts, eines Objekts oder einer anderen Ergänzung, die einen geringen Mitteilungswert haben, entsteht eine expressive Wortstellung. Dies ist nur in der gesprochenen Sprache üblich:

Je **le** *trouve gros,* **Obélix.**
Il *est rigolo,* **Obélix.**
Elle *n'est vraiment pas chère,* **cette voiture.**
Je *n'en sais rien,* **moi**!
Je ne peux pas **le** *sentir,* **ce type-là.**
C'*est drôlement bien,* **ça**!
Ils *sont fous,* **ces Romains**! (vgl. *Die spinnen, die Römer!*)
Je *n'ai pas envie d'***y** *aller,* **moi, au cinéma.**

463 Zum gleichen Zweck kann man auch situative Umstandsbestimmungen (s. § 419) ans Satzende stellen. In diesem Fall handelt es sich jedoch nicht mehr um eine Satzsegmentierung, da die Umstandsbestimmung nicht durch ein Pronomen angekündigt wird:

Il fait drôlement froid, aujourd'hui.
On est bien, ici.
C'est joli, chez vous.
On n'a eu que des ennuis, avec cette voiture.

GRUPPE 1: Verben auf -er

1. **parler**	parle	parles	parle	parlons	parlez	parlent
	parlerai	parleras	parlera	parlerons	parlerez	parleront
	parlerais	parlerais	parlerait	parlerions	parleriez	parleraient
	parlais	parlais	parlait	parlions	parliez	parlaient
	parlai	parlas	parla	parlâmes	parlâtes	parlèrent
	parlasse	parlasses	parlât	parlassions	parlassiez	parlassent
	parle	parles	parle	parlions	parliez	parlent
	parlant					
	parlé					
2. **appeler**	*appelle*	*appelles*	*appelle*	appelons	appelez	*appellent*
	appellerai	*appelleras*	*appellera*	*appellerons*	*appellerez*	*appelleront*
	appellerais	*appellerais*	*appellerait*	*appellerions*	*appelleriez*	*appelleraient*
	appelais			appelions		appelaient
	appelai			appelâmes		appelèrent
	appelasse		appelât	appelassions		appelassent
	appelle	*appelles*	*appelle*	appelions	appeliez	*appellent*
	appelant					
	appelé					

ebenso: *(se) rappeler, atteler (dételer), épeler*
aber: *geler (dégeler), celer (déceler, receler), modeler, peler* wie *lever*

jeter	*jette*	*jettes*	*jette*	jetons	jetez	*jettent*
	jetterai	*jetteras*	*jettera*	*jetterons*	*jetterez*	*jetteront*
	jetterais	*jetterais*	*jetterait*	*jetterions*	*jetteriez*	*jetteraient*
	jetais			jetions		jetaient
	jetai			jetâmes		jetèrent
	jetasse		jetât	jetassions		jetassent
	jette	*jettes*	*jette*	jetions	jetiez	*jettent*
	jetant					
	jeté					

ebenso: *projeter, rejeter;* aber *acheter* wie *lever*

lever	*lève*	*lèves*	*lève*	levons	levez	*lèvent*
	lèverai	*lèveras*	*lèvera*	*lèverons*	*lèverez*	*lèveront*
	lèverais	*lèverais*	*lèverait*	*lèverions*	*lèveriez*	*lèveraient*
	levais			levions		levaient
	levai			levâmes		levèrent
	levasse		levât	levassions		levassent
	lève	*lèves*	*lève*	levions	leviez	*lèvent*
	levant					
	levé					

ebenso: *acheter, achever, celer (déceler, receler), élever (enlever, relever, soulever), geler (dégeler), mener (amener, se démener, emmener, promener, ramener, surmener), modeler, peler* (nicht aber *épeler* – wie *appeler,* s. oben!), *peser, semer (parsemer).*

3. **espérer**	*espère*	*espères*	*espère*	espérons	espérez	*espèrent*
	espérerai[1]			espérerons[1]		espéreront[1]
	espérerais[1]			espérerions[1]		espéreraient[1]
	espérais			espérions		espéraient
	espérai			espérâmes		espérèrent
	espérasse		espérât	espérassions		espérassent
	espère	*espères*	*espère*	espérions	espériez	*espèrent*
	espérant					
	espéré					

ebenso: *désespérer, céder (accéder, décéder, excéder, procéder), exagérer, gérer, posséder, régner, répéter, révéler.*

[1] Die der Aussprache eher entsprechende Schreibung mit Accent grave statt mit Accent aigu wird seit dem Erlass des Ministère de l'Education Nationale vom 28. 12. 1976 (§ 31) geduldet.

4. **nettoyer**	*nettoie*	*nettoies*	*nettoie*	nettoyons	nettoyez	*nettoient*
	nettoierai	*nettoieras*	*nettoiera*	*nettoierons*	*nettoierez*	*nettoieront*
	nettoierais	*nettoierais*	*nettoierait*	*nettoierions*	*nettoieriez*	*nettoieraient*
	nettoyais			nettoyions	nettoyiez	nettoyaient
	nettoyai			nettoyâmes		nettoyèrent
	nettoyasse		nettoyât	nettoyassions		nettoyassent
	nettoie	*nettoies*	*nettoie*	nettoyions	nettoyiez	*nettoient*
	nettoyant					
	nettoyé					

ebenso: alle Verben auf **-oyer** (z. B. *déployer, employer, noyer – envoyer* s. unten) und auf **-uyer** (z. B. *ennuyer, essuyer);* die Verben auf **-ayer** (z. B. *déblayer, essayer, payer)* können das *y* behalten, also: *je paie, je paierai, nous paierons* oder *je paye, je payerai, nous payerons.*

envoyer	Futur und Conditionnel:					
	enverrai	*enverras*	*enverra*	*enverrons*	*enverrez*	*enverront*
	enverrais	*enverrais*	*enverrait*	*enverrions*	*enverriez*	*enverraient*
	(alle übrigen Formen wie *nettoyer*)					
5. **aller**	*vais*	*vas*	*va*	allons	allez	*vont*
	irai	*iras*	*ira*	*irons*	*irez*	*iront*
	irais	*irais*	*irait*	*irions*	*iriez*	*iraient*
	allais			allions	alliez	allaient
	allai			allâmes		allèrent
	allasse		allât	allassions		allassent
	aille	*ailles*	*aille*	allions	alliez	*aillent*
	allant					
	allé					

GRUPPE 2: Verben auf -enir

tenir	*tiens*	*tiens*	*tient*	tenons	tenez	*tiennent*
	tiendrai			*tiendrons*		*tiendront*
	tiendrais			*tiendrions*		*tiendraient*
	tenais			tenions		tenaient
	tins	tins	tint	tînmes	tîntes	tinrent
	tinsse	tinsses	tînt	tinssions		tinssent
	tienne	*tiennes*	*tienne*	tenions	teniez	*tiennent*
	tenant					
	tenu					

ebenso: *venir* und alle Komposita mit *tenir* und *venir* (z. B. *contenir, détenir, entretenir, maintenir, retenir, soutenir; convenir, devenir, revenir, se souvenir* u. a.).

GRUPPE 3: Verben auf -ir

1. choisir

choisis	*choisis*	choisit	*choisissons*	*choisissez*	*choisissent*
choisirai			choisirons		choisiront
choisirais			choisirions		choisiraient
choisissais			*choisissions*	*choisissiez*	*choisissaient*
choisis	choisis	choisit	choisîmes	choisîtes	choisirent
choisisse	choisisses	choisît	choisissions	choisissiez	choisissent
choisisse	*choisisses*	*choisisse*	*choisissions*	*choisissiez*	*choisissent*
choisissant					
choisi					

So werden die meisten Verben auf -ir conjugiert, z. B. *atterrir, avertir, convertir, finir, franchir, grandir, grossir, maigrir, pourrir, sévir* usw.
Besonderheiten: a) die Stammerweiterung (-iss-) b) die zufällige Ähnlichkeit von Passé simple und Présent in den ersten 3 Personen und von Imparfait du Subjonctif und Présent du Subjonctif in allen Personen mit Ausnahme der 3. Pers. Sing.

2. couvrir

couvre	*couvres*	*couvre*	*couvrons*	*couvrez*	*couvrent*
couvrirai			couvrirons		couvriront
couvrirais			couvririons		couvriraient
couvrais			couvrions		couvraient
couvris			couvrîmes		couvrirent
couvrisse		couvrît	couvrissions		couvrissent
couvre	couvres	couvre	couvrions	couvriez	couvrent
couvrant					
couvert, couverte					

ebenso: *découvrir, recouvrir; offrir; ouvrir; souffrir.*
Besonderheiten: Présent de l'Indicatif wie Verben auf -er; Participe Passé auf *-ert (couvert, offert, ouvert, souffert).*

3. **assaillir**	*assaille*	*assailles*	*assaille*	*assaillons*	*assaillez*	*assaillent*
	assaillirai			assaillirons		assailliront
	assaillirais			assaillirions		assailliraient
	assaillais			assaillions		assaillaient
	assaillis			assaillîmes		assaillirent
	assaillisse		assaillît	assaillissions		assaillissent
	assaille	assailles	assaille	assaillions	assailliez	assaillent
	assaillant					
	assailli					

ebenso: *tressaillir.*
Besonderheit: Présent de l'Indicatif wie Verben auf -er.

cueillir Futur und Conditionnel:

cueillerai	*cueilleras*	*cueillera*	*cueillerons*	*cueillerez*	*cueilleront*
cueillerais	*cueillerais*	*cueillerait*	*cueillerions*	*cueilleriez*	*cueilleraient*

(alle übrigen Formen wie *assaillir*)

ebenso: *accueillir* und *recueillir.*

4. **fuir**	fuis	fuis	fuit	fuyons	fuyez	fuient
	fuirai			fuirons		fuiront
	fuirais			fuirions		fuiraient
	fuyais			fuyions	fuyiez	fuyaient
	fuis	fuis	fuit	fuîmes	fuîtes	fuirent
	fuisse		fuît	fuissions		fuissent
	fuie	fuies	fuie	fuyions	fuyiez	fuient
	fuyant					
	fui					

ebenso: *s'enfuir.*

5. **acquérir**	*acquiers*	*acquiers*	*acquiert*	acquérons	acquérez	*acquièrent*
	acquerrai			*acquerrons*		*acquerront*
	acquerrais			*acquerrions*		*acquerraient*
	acquérais			acquérions		acquéraient
	acquis			acquîmes		acquirent
	acquisse		acquît	acquissions		acquissent
	acquière	*acquières*	*acquière*	acquérions	acquériez	*acquièrent*
	acquérant					
	acquis					

ebenso: *conquérir, s'enquérir, requérir.*

6. **vêtir**	*vêts*	*vêts*	*vêt*	vêtons	vêtez	vêtent
	vêtirai			vêtirons		vêtiront
	vêtirais			vêtirions		vêtiraient
	vêtais			vêtions		vêtaient
	vêtis			vêtîmes		vêtirent
	vêtisse		vêtît	vêtissions		vêtissent
	vête	vêtes	vête	vêtions	vêtiez	vêtent
	vêtant					
	vêtu					

ebenso: *(se) dévêtir* und *revêtir.*

7. **courir**	cours	cours	court	courons	courez	courent
	courrai			*courrons*		*courront*
	courrais			*courrions*		*courraient*
	courais			courions		couraient
	courus			*courûmes*		*coururent*
	courusse		courût	courussions		courussent
	coure	coures	coure	courions	couriez	courent
	courant					
	couru					

ebenso: *accourir, concourir, parcourir, recourir, secourir.*

mourir Présent de l'Indicatif, Présent du Subjonctif und Participe Passé:

meurs	*meurs*	*meurt*	mourons	mourez	*meurent*
meure	*meures*	*meure*	mourions	mouriez	*meurent*
mort, morte					

(alle übrigen Formen wie *courir*)

Besonderheit: Wechsel *eu/ou*

8. **dormir**	*dors*	*dors*	*dort*	dormons	dormez	dorment
	dormirai			dormirons		dormiront
	dormirais			dormirions		dormiraient
	dormais			dormions		dormaient
	dormis			dormîmes		dormirent
	dormisse		dormît	dormissions		dormissent
	dorme	dormes	dorme	dormions	dormiez	dorment
	dormant					
	dormi					

ebenso: *mentir (je mens), partir (je pars), sentir (je sens), servir (je sers), sortir (je sors).*
Besonderheit: verkürzter Stamm in den ersten 3 Personen im Présent de l'Indicatif.

GRUPPE 4: Verben auf -tre

1. **connaître**	connais	connais	connaît	*connaissons*	*connaissez*	*connaissent*
	connaîtrai			connaîtrons		connaîtront
	connaîtrais			connaîtrions		connaîtraient
	connaissais			*connaissions*		*connaissaient*
	connus			connûmes		connurent
	connusse		connût	connussions		connussent
	connaisse	*connaisses*	*connaisse*	*connaissions*	*connaissiez*	*connaissent*
	connaissant					
	connu					

ebenso: *paraître* und alle Komposita mit *connaître* und *paraître (méconnaître, reconnaître; apparaître, comparaître, disparaître, reparaître, transparaître).*
Besonderheit: Stammerweiterung *(-ss-).*

naître

Passé simple, Imparfait du Subjonctif und Participe Passé:

naquis	*naquis*	*naquit*	*naquîmes*	*naquîtes*	*naquirent*
naquisse	*naquisses*	*naquît*	*naquissions*	*naquissiez*	*naquissent*
né, née					

(alle übrigen Formen wie *connaître*)

croître

Présent:

croîs	*croîs*	*croît*	croissons	croissez	croissent

Futur: *croîtrai* — Passé simple: *crûs*
Part. passé: *crû* (aber *crue, crus* sowie *accru, décru*)
(alle übrigen Formen wie *connaître*)

ebenso: *accroître, décroître.*

2. **mettre**	*mets*	*mets*	*met*	mettons	mettez	mettent
	mettrai			mettrons		mettront
	mettrais			mettrions		mettraient
	mettais			mettions		mettaient
	mis			mîmes		mirent
	misse		mît	missions		missent
	mette	mettes	mette	mettions	mettiez	mettent
	mettant					
	mis					

ebenso: alle Komposita mit *mettre*, z. B. *admettre, commettre, compromettre, permettre, promettre, soumettre, transmettre* u. a.

3. **battre**	*bats*	*bats*	*bat*	battons	battez	battent
	battrai			battrons		battront
	battrais			battrions		battraient
	battais			battions		battaient
	battis			battîmes		battirent
	battisse		battît	battissions		battissent
	batte	battes	batte	battions	battiez	battent
	battant					
	battu					

ebenso: *abattre, combattre, débattre, rabattre.*

4. **être**	*suis*	*es*	*est*	*sommes*	*êtes*	*sont*
	serai	*seras*	*sera*	*serons*	*serez*	*seront*
	serais	*serais*	*serait*	*serions*	*seriez*	*seraient*
	étais	*étais*	*était*	*étions*	*étiez*	*étaient*
	fus	*fus*	*fut*	*fûmes*	*fûtes*	*furent*
	fusse	*fusses*	*fût*	*fussions*	*fussiez*	*fussent*
	sois	*sois*	*soit*	*soyons*	*soyez*	*soient*
	étant					
	été					

GRUPPE 5: Verben auf -dre

1. **tendre**	tends	tends	*tend*	tendons	tendez	tendent
	tendrai			tendrons		tendront
	tendrais			tendrions		tendraient
	tendais			tendions		tendaient
	tendis			tendîmes		tendirent
	tendisse		tendît	tendissions		tendissent
	tende	tendes	tende	tendions	tendiez	tendent
	tendant					
	tendu					

ebenso: alle Verben auf **-endre** (außer *prendre*), **-andre** und **-ondre,** z. B. *attendre, fendre, pendre, vendre; répandre; fondre, tondre, pondre* sowie *perdre, mordre, tordre (je perds, il perd, nous perdons; je mords, il mord, nous mordons).*

2. **craindre**	crains	crains	craint	*craignons*	*craignez*	*craignent*
	craindrai			craindrons		craindront
	craindrais			craindrions		craindraient
	craignais			*craignions*		*craignaient*
	craignis			*craignîmes*		*craignirent*
	craignisse		*craignît*	*craignissions*		*craignissent*
	craigne	*craignes*	*craigne*	*craignions*	*craigniez*	*craignent*
	craignant					
	craint					

ebenso: alle Verben auf **-aindre, -eindre** und **-oindre,** z. B. *contraindre, plaindre; atteindre, éteindre, feindre, peindre, restreindre, teindre; joindre (disjoindre, enjoindre, rejoindre).*
Besonderheiten: Stammänderung *(-gn-);* Endungen *-s, -s, -t* (Wegfall des *d*).

3. **prendre**	prends	prends	prend	*prenons*	*prenez*	*prennent*
	prendrai			prendrons		prendront
	prendrais			prendrions		prendraient
	prenais			prenions		prenaient
	pris			prîmes		prirent
	prisse		prît	prissions		prissent
	prenne	*prennes*	*prenne*	prenions	preniez	*prennent*
	prenant					
	pris					

ebenso: *apprendre, comprendre, entreprendre, se méprendre, reprendre, surprendre.*

4. **coudre**	couds	couds	coud	*cousons*	*cousez*	*cousent*
	coudrai			coudrons		coudront
	coudrais			coudrions		coudraient
	cousais			cousions		cousaient
	cousis			cousîmes		cousirent
	cousisse		cousît	cousissions		cousissent
	couse	*couses*	*couse*	*cousions*	*cousiez*	*cousent*
	cousant					
	cousu					
5. **résoudre**	résous	résous	résout	*résolvons*	*résolvez*	*résolvent*
	résoudrai			résoudrons		résoudront
	résoudrais			résoudrions		résoudraient
	résolvais			résolvions		résolvaient
	résolus			résolûmes		résolurent
	résolusse		résolût	résolussions		résolussent
	résolve	*résolves*	*résolve*	*résolvions*	*résolviez*	*résolvent*
	résolvant					
	résolu (aber *absous, absoute* und *dissous, dissoute*)					

ebenso: *absoudre, dissoudre* (außer im Participe Passé, s. oben)

GRUPPE 6: Verben auf -re

1. dire

dis	dis	dit	disons	*dites*	disent
dirai			dirons		diront
dirais			dirions		diraient
disais			disions	disiez	disaient
dis	dis	dit	dîmes	dîtes	dirent
disse		dît	dissions		dissent
dise	dises	dise	disions	disiez	disent
disant					
dit					

ebenso: *redire (vous redites)* und *contredire, interdire, médire, prédire,* die jedoch die 2. Pers. Pl. auf *-disez* haben: *vous contredisez, vous interdisez, vous médisez, vous prédisez.*

suffire

2. Pers. Pl. Présent: *suffisez*
Participe Passé: *suffi*
(alle übrigen Formen wie *dire*)

maudire

Présent, Imparfait, Présent du Subjonctif, Participe Présent:

maudis	maudis	maudit	*maudissons*	*maudissez*	*maudissent*
maudissais			*maudissions*		*maudissaient*
maudisse	*maudisses*	*maudisse*	*maudissions*	*maudissiez*	*maudissent*
maudissant					

(alle übrigen Formen wie *dire*)
Besonderheiten im Vergleich zu *dire: -ss-* statt *-s-,* dadurch zufällige Ähnlichkeit von Imparfait du Subjonctif und Présent du Subjonctif mit Ausnahme der 3. Pers. Sing.

2. **rire**	ris	ris	rit	rions	riez	rient
	rirai			rirons		riront
	rirais			ririons		riraient
	riais			riions	riiez	riaient
	ris	ris	rit	rîmes	rîtes	rirent
	risse		rît	rissions		rissent
	rie	ries	rie	riions	riiez	rient
	riant					
	ri	(ebenso: *sourire*)				
3. **suivre**	suis	suis	suit	suivons	suivez	suivent
	suivrai			suivrons		suivront
	suivrais			suivrions		suivraient
	suivais			suivions		suivaient
	suivis			suivîmes		suivirent
	suivisse		suivît	suivissions		suivissent
	suive	suives	suive	suivions	suiviez	suivent
	suivant					
	suivi	(ebenso: *s'ensuivre, poursuivre*)				
4. **faire**	fais	fais	fait	faisons	*faites*	*font*
	ferai			*ferons*		*feront*
	ferais			*ferions*		*feraient*
	faisais			faisions		faisaient
	fis			fîmes		firent
	fisse		fît	fissions		fissent
	fasse	*fasses*	*fasse*	*fassions*	*fassiez*	*fassent*
	faisant					
	fait	(ebenso: *contrefaire, défaire, parfaire, refaire, satisfaire* (auch in der 2. Pers. Pl.).)				

5. **conduire**	conduis	conduis	conduit	conduisons	conduisez	conduisent
	conduirai			conduirons		conduiront
	conduirais			conduirions		conduiraient
	conduisais			conduisions		conduisaient
	conduisis			conduisîmes		conduisirent
	conduisisse		conduisît	conduisissions		conduisissent
	conduise	conduises	conduise	conduisions	conduisiez	conduisent
	conduisant					
	conduit					

ebenso: *construire (reconstruire), cuire, déduire, détruire, éconduire, enduire, induire, instruire, introduire, produire (reproduire), réduire, séduire, traduire.*

luire, nuire Participe Passé: *lui, niu*
(alle übrigen Formen wie *conduire*)

6. **écrire**	écris	écris	écrit	*écrivons*	*écrivez*	*écrivent*
	écrirai			écrirons		écriront
	écrirais			écririons		écriraient
	écrivais			écrivions		écrivaient
	écrivis			écrivîmes		écrivirent
	écrivisse		écrivît	écrivissions		écrivissent
	écrive	écrives	écrive	écrivions	écriviez	écrivent
	écrivant					
	écrit					

ebenso: *décrire, inscrire, prescrire, proscrire, souscrire.*

7. **rompre**	romps	romps	rompt	rompons	rompez	rompent
	romprai			romprons		rompront
	romprais			romprions		rompraient
	rompais			rompions		rompaient
	rompis			rompîmes		rompirent
	rompisse		rompît	rompissions		rompissent
	rompe	rompes	rompe	rompions	rompiez	rompent
	rompant					
	rompu	(ebenso: *corrompre, interrompre*)				
vaincre	vaincs	vaincs	*vainc*	*vainquons*	*vainquez*	*vainquent*
	vaincrai			vaincrons		vaincront
	vaincrais			vaincrions		vaincraient
	vainquais			vainquions		vainquaient
	vainquis			vainquîmes		vainquirent
	vainquisse		vainquît	vainquissions		vainquissent
	vainque	vainques	vainque	vainquions	vainquiez	vainquent
	vainquant					
	vaincu	(ebenso: *convaincre*)				
8. **lire**	lis	lis	lit	lisons	lisez	lisent
	lirai			lirons		liront
	lirais			lirions		liraient
	lisais			lisions		lisaient
	lus	lus	lut	lûmes	lûtes	lurent
	lusse	lusses	lût	lussions	lussiez	lussent
	lise	lises	lise	lisions	lisiez	lisent
	lisant					
	lu	(ebenso: *élire, relire*)				

9. **plaire**	plais	plais	plaît	plaisons	plaisez	plaisent
	plairai			plairons		plairont
	plairais			plairions		plairaient
	plaisais			plaisions		plaisaient
	plus	plus	plut	plûmes	plûtes	plurent
	plusse	plusses	plût	plussions	plussiez	plussent
	plaise	plaises	plaise	plaisions	plaisiez	plaisent
	plaisant					
	plu					

ebenso: *complaire, déplaire.*

taire 3. Pers. Sing. Présent: *il tait* (ohne Accent circonflexe)
(alle übrigen Formen wie *plaire*)

10. **conclure**	conclus	conclus	conclut	concluons	concluez	concluent
	conclurai			conclurons		concluront
	conclurais			conclurions		concluraient
	concluais			concluions	concluiez	concluaient
	conclus	conclus	conclut	conclûmes	conclûtes	conclurent
	conclusse		conclût	conclussions		conclussent
	conclue	conclues	conclue	concluions	concluiez	concluent
	concluant					
	conclu (aber *inclus, incluse*)					

ebenso: *exclure* (Participe Passé: *exclu*) und *inclure*

11. **boire**	bois	bois	boit	*buvons*	*buvez*	*boivent*
	boirai			boirons		boiront
	boirais			boirions		boiraient
	buvais			*buvions*		*buvaient*
	bus	bus	but	bûmes	bûtes	burent
	busse		bût	bussions		bussent
	boive	*boives*	*boive*	*buvions*	*buviez*	*boivent*
	buvant					
	bu					
12. **croire**	crois	crois	croit	croyons	croyez	croient
	croirai			croirons		croiront
	croirais			croirions		croiraient
	croyais			croyions	croyiez	croyaient
	crus	crus	crut	crûmes	crûtes	crurent
	crusse		crût	crussions		crussent
	croie	croies	croie	croyions	croyiez	croient
	croyant					
	cru					

13. **vivre**	vis	vis	vit	vivons	vivez	vivent
	vivrai			vivrons		vivront
	vivrais			vivrions		vivraient
	vivais			vivions		vivaient
	vécus	*vécus*	*vécut*	*vécûmes*	*vécûtes*	*vécurent*
	vécusse		*vécût*	*vécussions*		*vécussent*
	vive	vives	vive	vivions	viviez	vivent
	vivant					
	vécu	(ebenso: *revivre, survivre*)				

14. **traire**	trais	trais	trait	trayons	trayez	traient
	trairai			trairons		trairont
	trairais			trairions		trairaient
	trayais			trayions	trayiez	trayaient
	---[1]	---	---	---	---	---
	---	---	---	---	---	---
	traie	traies	traie	trayions	trayiez	traient
	trayant					
	trait					

[1] keine Form

ebenso: *abstraire, distraire, extraire, soustraire.*

GRUPPE 7: Verben auf -oir

1. **asseoir** (Die kursiv gedruckten Formen sind die im Standardfranzösischen am meisten gebrauchten):

assois	*assois*	*assoit*	assoyons	assoyez	*assoient*
assieds	assieds	assied	*asseyons*	*asseyez*	asseyent
assoirai	*assoiras*	*assoira*	*assoirons*	*assoirez*	*assoiront*
assiérai	assiéras	assiéra	assiérons	assiérez	assiéront
assoirais	*assoirais*	*assoirait*	*assoirions*	*assoiriez*	*assoiraient*
assiérais	assiérais	assiérait	assiérions	assiériez	assiéraient
assoyais	assoyais	assoyait	assoyions	assoyiez	assoyaient
asseyais	*asseyais*	*asseyait*	*asseyions*	*asseyiez*	*asseyaient*
assis	assis	assit	assîmes	assîtes	assirent
assisse	assisses	assît	assissions	assissiez	assissent
assoie	*assoies*	*assoie*	assoyions	assoyiez	*assoient*
asseye	asseyes	asseye	*asseyions*	*asseyiez*	asseyent
assoyant					
asseyant					
assis					

2. **voir**

vois	vois	voit	voyons	voyez	voient
verrai			*verrons*		*verront*
verrais			*verrions*		*verraient*
voyais			voyions		voyaient
vis			vîmes		virent
visse		vît	vissions		vissent
voie	voies	voie	voyions	voyiez	voient
voyant					
vu					

ebenso: *entrevoir, revoir; prévoir* hat einen regelmäßigen Futur- und Conditionnel-Stamm *(je prévoirai).*

pourvoir	Futur, Conditionnel, Passé Simple und Imparfait du Subjonctif:					
	pourvoirai			pourvoirons		pourvoiront
	pourvoirais			pourvoirions		pourvoiraient
	pourvus			*pourvûmes*		*pourvurent*
	pourvusse		*pourvût*	*pourvussions*		*pourvussent*
	(alle übrigen Formen wie *voir*)					
3. **apercevoir**	*aperçois*	*aperçois*	*aperçoit*	apercevons	apercevez	*aperçoivent*
	apercevrai			*apercevrons*		*apercevront*
	apercevrais			*apercevrions*		*apercevraient*
	apercevais			apercevions		apercevaient
	aperçus			aperçûmes		aperçurent
	aperçusse		aperçût	aperçussions		aperçussent
	aperçoive	*aperçoives*	*aperçoive*	apercevions	aperceviez	*aperçoivent*
	apercevant					
	aperçu (aber *dû, due, dus, dues*)					
	ebenso: *concevoir, décevoir, devoir* (Participe Passé s. oben), *percevoir, recevoir.*					
4. **pleuvoir**	*il pleut, il pleuvra, il pleuvrait, il pleuvait, il plut, qu'il plût, qu'il pleuve, --, il a plu*					

mouvoir	*meus*	*meus*	*meut*	mouvons	mouvez	*meuvent*
	mouvrai			*mouvrons*		*mouvront*
	mouvrais			*mouvrions*		*mouvraient*
	mouvais			mouvions		mouvaient
	mus	mus	mut	mûmes	mûtes	murent
	musse		mût	mussions		mussent
	meuve	*meuves*	*meuve*	mouvions	mouviez	*meuvent*
	mouvant					
	mû, mue (aber *ému, promu*)					

ebenso: *émouvoir, promouvoir.*
Besonderheiten: Wechsel *eu/ou*

5. **pouvoir**	*peux*[1]	*peux*	*peut*	pouvons	pouvez	*peuvent*
	pourrai			*pourrons*		*pourront*
	pourrais			*pourrions*		*pourraient*
	pouvais			pouvions		pouvaient
	pus			pûmes		purent
	pusse		pût	pussions		pussent
	puisse	*puisses*	*puisse*	*puissions*	*puissiez*	*puissent*
	pouvant[2]					
	pu					

[1] Inversionsfrage: *puis-je?*
[2] *puissant* bedeutet «mächtig»

6. **vouloir**	*veux*	*veux*	*veut*	voulons	voulez	*veulent*
	voudrai			*voudrons*		*voudront*
	voudrais			*voudrions*		*voudraient*
	voulais			voulions		voulaient
	voulus			voulûmes		voulurent
	voulusse		voulût	voulussions		voulussent
	veuille	*veuilles*	*veuille*	voulions	vouliez	*veuillent*
	voulant					
	voulu					

7. **savoir**	*sais*	*sais*	*sait*	savons	savez	savent
	saurai			*saurons*		*sauront*
	saurais			*saurions*		*sauraient*
	savais			savions		savaient
	sus			sûmes		surent
	susse		sût	sussions		sussent
	sache	*saches*	*sache*	*sachions*	*sachiez*	*sachent*
	sachant[1]					
	su					

[1] *savant* bedeutet «gelehrt».

8. **valoir**	*vaux*	*vaux*	*vaut*	valons	valez	valent
	vaudrai		*vaudra*	*vaudrons*		*vaudront*
	vaudrais		*vaudrait*	*vaudrions*		*vaudraient*
	valais		valait	valions		valaient
	valus		valut	valûmes		valurent
	valusse		valût	valussions		valussent
	vaille	*vailles*	*vaille*	valions	valiez	*vaillent*
	valant[1]					
	valu					

[1] *vaillant* bedeutet «tapfer».

ebenso: *équivaloir.*

prévaloir	Présent du Subjonctif (regelmäßig):					
	prévale	prévales	prévale	prévalions	prévaliez	prévalent
	(alle übrigen Formen wie *valoir*)					

falloir *il faut, il faudra, il faudrait, il fallait, il fallut, qu'il fallût, qu'il faille, --, il a fallu*

9. **avoir**	*ai*	*as*	*a*	*avons*	*avez*	*ont*
	aurai	*auras*	*aura*	*aurons*	*aurez*	*auront*
	aurais	*aurais*	*aurait*	*aurions*	*auriez*	*auraient*
	avais	*avais*	*avait*	*avions*	*aviez*	*avaient*
	eus	*eus*	*eut*	*eûmes*	*eûtes*	*eurent*
	eusse	*eusses*	*eût*	*eussions*	*eussiez*	*eussent*
	aie	*aies*	*ait*	*ayons*	*ayez*	*aient*
	ayant					
	eu					

Wort- und Sachregister

Abkürzungen:		COND	Conditionnel	SUBJ	Subjonctif
ADJ	Adjektiv	IND	Indicatif	SUBST	Substantiv
ADV	Adverb	INF	Infinitiv		
ART	Artikel	MOD	Modus		Die Zahlen verweisen auf Paragraphen.

D

E

G

H

J

K

L

M

N

O

P

Q

R

S

U

V

W

Y

Z